教育部人文社科项目基地重大项目
项目名称：多层次资本市场体系相关法律问题研究

民商法论丛

Civil and Commercial Law Series

多层次资本市场法律问题研究

On the Legal Issues of Multi-level Capital Market

董安生　何以　等著

北京大学出版社
PEKING UNIVERSITY PRESS

图书在版编目(CIP)数据

多层次资本市场法律问题研究/董安生等著. —北京:北京大学出版社,2013.6

(民商法论丛)

ISBN 978-7-301-22683-4

Ⅰ.①多… Ⅱ.①董… Ⅲ.①资本市场-金融法-研究-中国 Ⅳ.①D922.280.4

中国版本图书馆 CIP 数据核字(2013)第136945号

书　　名:多层次资本市场法律问题研究

著作责任者:董安生　何　以　等著

责 任 编 辑:邓丽华

标 准 书 号:ISBN 978-7-301-22683-4/D·3358

出 版 发 行:北京大学出版社

地　　址:北京市海淀区成府路205号　100871

网　　址:http://www.pup.cn

新 浪 微 博:@北京大学出版社

电 子 信 箱:law@pup.pku.edu.cn

电　　话:邮购部 62752015　发行部 62750672　编辑部 62752027
出版部 62754962

印　刷　者:北京大学印刷厂

经　销　者:新华书店

965毫米×1300毫米　16开本　16.75印张　266千字

2013年6月第1版　2013年6月第1次印刷

定　　价:34.00元

前　言

根据2004年国务院发布的《关于推进资本市场改革开放和稳定发展的若干意见》(简称"国九条")和2005年修改后的《证券法》,将单一的主板证券市场发展为多重资本市场是我国经济生活中极端重要的基本任务。而这一任务的实现不可避免地涉及多种交易制度的变革,不可避免地涉及现有经纪制度的变革,不可避免地涉及多种交易产品的发展;可以说,我国资本市场的发展之路是任重道远。

然而,我国理论界和证券界对于多层次资本市场的研究却并不尽如人意,不仅对于多种交易制度和经纪制度的研究乏善可陈,而且对于多层次资本市场基本含义的认识也见仁见智。这显然是我国资本市场难以突破单一市场模式桎梏的重要根源,是我国证券市场实践"类主板"化的重要根源。

资本市场的发展是以制度发展为先导的,而相关的法律制度和交易制度必然以服从证券商的实践需求为前提,离开了证券商的实践需求就不会有证券交易所,就不会有任何交易制度;政府监管部门对于证券交易所的许可完全离不开证券商会员间的协议。鉴于我国资本市场发展中的制度性问题较多,市场功能极端不稳定,经常处于顾此失彼的状况;但是发展多重资本市场却是国家审慎确定的一项正确的长期的战略任务。应当说,我国资本市场发展中新生的大部分制度、机构、行为、纠纷均与其有关,它是解决我国资本市场长期发展的关键环节。

本书根据教育部2007年重大科研课题的成果改编而成,课题组成员在本书撰写中经过充分地讨论、质证与论证,深感多重资本市场建设之意义重大和论证之艰难。社会科学实践不同于自然科学实践,欲证明一社会科学结论可能将伴随着巨大的社会实践代价,日本为创业板证券市场实践已经付出的代价实为世人感慨。

本书作者分工为:第一章:董安生、何以;第二章:董安生、杨巍;第三章:何以、张瑞、宋俐芝;第四章:何以;第五章:何安然、杜健、翟彦杰;第六章:何以、潘睿、孙丽娟;第七章:杨巍、何以。初稿完成后,由董安生、何以统稿,白牧蓉、何海涛、刘士光、吕羽晶为本书的文字修订和资料收集提供了诸多帮助。

董安生

2013 年 5 月

目　　录

第一章　经济发展与多层次资本市场

资本市场的基本功能在于:其不仅应能够满足不同类型、不同规模、不同发展阶段的企业所具有的不同融资需求,同时也应当起到为公司股权流转交易和资本退出提供基本平台以及保护投资者的利益的作用。各国成熟的证券市场大都建立和发展了多种交易市场体系,为不同金融需求和风险收益特征的企业提供不同的交易平台,以此加强市场的流动性,提高市场的吸引力,同时根据不同交易市场的特点采取了多种交易制度以充分发挥相应市场的基本功能。随着国际资本市场开放程度的不断加深和我国国民经济的高速发展,相对于国际成熟资本市场而言,我国以股票融资为主的资本市场和以集中竞价交易制度为特征的单一证券交易制度已经显得相当滞后,并且我国资本市场融资多向国有企业和大中型企业倾斜,大量的中小型企业、民营企业和创业企业等新兴企业很难通过资本市场融资。[①] 以往的实践经验告诉我们,单一的证券交易所主板市场体系与单一的集中竞价交易制度,不仅已经无法使得我国企业的融资需求得到有效满足,也无法高效地满足股权大量流动的需求,严重限制了市场流动性的进一步提高。因此,改变单一的证券市场模式,设立多层次交易市场体系,采纳与之配套的多种交易制度,发展多样化的证券交易品种,为不同的投资者提供不同的交易场所和各类型的交易制度,以增强市场流动性,促进市场的发展,业已成为我国资本市场发展的目标和方向。

---

① 主力军:《多层次资本市场法律体系研究》,载《法制与社会》2007 年第 1 期,第 76 页。

一、构建多层次资本市场的意义

首先,多层次资本市场与多种交易制度既能满足不同发展水平企业的融资需求,推动中小企业壮大和平等发展,又可以满足不同投资者的需求,提供投资和致富机会。

一方面,多层次资本市场为创新企业提供了多元化的融资渠道,与之相适应的多种交易制度将促进风险资本与创新企业的融合,推动科技创新与高新技术成果产业化。从发达国家的经验看,大多数科技企业,尤其是成长中的科技企业的融资方式都是首先进入非证券资本市场,待企业发展壮大后,再争取进入证券资本市场,依次从场外市场再到主板市场或二板市场。无论是在非证券市场还是证券市场,通过交易增加了资本的流动性,反过来,又吸引更多的投资者进入市场交易,形成良性循环。同时,多层次资本市场还为风险投资提供了便捷的退出通道。风险投资的活力在于资金的循环流动,其核心机制就是退出机制。公开上市是风险投资最理想的退出方式。创业板市场最重要的功能即是支持处于成长期的企业和高新技术企业进行中小额规模的融资,而三板市场的功能不仅在于为不符合主板、创业板上市条件的企业提供融资功能,也是最主要的资本退出渠道。

另一方面,满足不同投资者需求,为投资者增加财富是资本市场的一项重要功能。资本市场的投资者是一个多层次、多样化的群体,他们在资金数额、信息处理能力、投资心理、投资取向、资金期限等方面不尽相同。不同类型的投资者对证券市场的风险承受力是不同的,有的风险偏好较强,有的风险偏好较弱,因而他们都会选择与自己的风险偏好相吻合的投资场所和投资品种。同时,证券市场上投资对象本身的风险状况是不同的,仅就股票市场而言,处于不同成长阶段的企业的风险不同,其交易所具备的流动性也不相同。因此,站在投资主体的角度来看,应该将不同风险状况的投资品种进行分类发行与分场所交易。多层次资本市场体系要求建立具有不同风险收益特征的金融产品交易场所并采用多种交易制度,满足了不同类型投资者对风险收益的偏好;与此同时,信息披露更加充分,扩大了投资者的选择范围,减少了投资者的意见分歧,提高了信息搜寻者的预期利润,从而在一定程度上加大了操纵者的操纵成本，抑制操纵的发生，实现对投资者的保护。

其次，多层次的证券交易市场为各种类型的证券提供便利而充分的流转和交易条件，在扩大资本市场总体容量、完善多种证券交易制度的同时，推动现代企业制度的建立与完善。

自由进行的股权交易将促进所有权的重新配置和相对集中，使资本所有者与经营者的利益相互独立、相互制衡，实现资本长期效率的最大化。不可流动、不可交易的股权不是市场经济中规范的股权，无法在流动中达到资源的优化配置和组合，从而无法实现效率的改进和提高。因此，若不为中小企业股权的流动性提供充足的空间，这些企业将无法进一步发展、壮大。股权的可交易性成为一种自然而现实的要求，对资本市场提出了制度性的要求。

从世界各国证券市场的发展来看，证券交易市场亦具有广泛的含义，它既包括集中交易的证券交易所，如纽约证券交易所、东京证券交易所、伦敦证券交易所等；也包括仅对机构投资人开放的无形交易市场，例如全美证券商自动报价系统（NASDAQ）、英国证券商交易报价系统（SEAQ）等；还包括店头市场（OTC）等场外市场。而在世界范围内，同一层次或类型的资本市场内部也出现了进一步细分层次的发展趋势，配合多种交易制度，形成了多层级的市场结构，其中以美国的纳斯达克市场最为典型，其内部又分为三个层次：纳斯达克全球精选市场、纳斯达克全球市场（即原来的纳斯达克全国市场）、纳斯达克资本市场（原来的纳斯达克小型资本市场），类似的还有美国 OTCBB 市场、粉单市场等。此外，欧洲近年来发展迅速的债券交易系统和某些发展中国家近年来出现的国际金融市场也极为重要。这种多层次的证券交易市场为公募证券、私募证券、无记名证券以及各种类型的债券和各种类型的交易方式提供了交易条件，对于地区繁荣提供了支持。

在全球范围内，美国的多层次资本市场体系最为健全，机制和功能发挥最为完善。其发达程度在市场规模、横向多元化以及纵向多层次化方面都得以充分体现。美国多层次资本市场体系主要包括：主板市场（纽约证券交易所）、创业板市场（纳斯达克市场）、三板市场（OTCBB 和粉单市场）、区域性交易所及私募股票交易市场。英国证券市场包括伦敦证券交易所与交易所外市场两个层次。伦敦证券交易所内部又分为若干层次，第一层次是主板市场，为英国金融服务局批准正式上市的国内外公司提供交易服务；第二层次是选择性投资市场(AIM),在该市场挂牌的证券不需要金融服务局审批,属于未上市证券;第三层次是全国性的三板市场(未上市证券市场)。英国的资本市场中,除了由伦敦证券交易所创办的,为中小企业进行股权融资服务的选择投资市场外,还有为更初级的中小企业融资服务的场外市场。在日本,以 JASDAQ 及多个中小企业市场的成立为标志,建立起了比较完善的多层次资本市场体系。日本证券市场包括交易所市场及店头市场两大层次,其内部又进一步分为若干层次。一般认为日本的证券交易所内部分为三个层次:第一层次是第一部市场,即主板市场,具有较高的上市标准,主要为本国大型成熟企业服务;第二层次是第二部市场,上市标准低于第一部市场,为具有一定规模和经营年限的本国企业服务。市场一部、市场二部均以日本国内的公司为主要的上市对象,但市场一部的上市标准比市场二部的标准高许多,因此,大多数日本公司通常先在市场二部上市,待发展壮大后再到市场一部上市。第三层次是外国部。日本店头市场又称 JASDAQ 市场,内部分为两个层次:第一层次为第一款登记标准市场;第二层次为第二款登记标准市场,指为未上市、上柜的公司,但经券商推荐具有成长发展前景的新兴事业的股票提供交易平台的市场。[①] 近年来,日本业界普遍认识到多层次资本市场合理构建的重要性,开设了包括 MOTHERS、TOKYO AIM 等针对创业型企业的市场[②],后文将对此进行详细介绍。

由此可知,多数国家在建立其证券市场过程中,基于法律体系协调、满足交易群体需求以及股权充分流转的考虑均保留了场外交易制度,并且建立了与之相联系的投资人分类管理与证券法基本规则统一适用体系。这就是说,证券市场包括主板市场,也包括创业板或二板市场,还包括三板或柜台交易市场。为保障投资者的利益,对于投资人应当进行分类监管与培训,例如美国市场将投资人分为一般投资人与“合格的机构投资人(QIB)”两大类,日本市场将投资人分为一般投资人、机构投资人、境外机构投资人、特定投资人等四类;对于各类证券市场的各类投资人均统一适用证券法的基本原则,仅在某些具体问题上确定了宽严有异的规则,例如对于创业板市场与

① 刘文娟:《多层次资本市场建设的国际比较与经验总结》,载《哈尔滨商业大学学报》2010 年第 4 期,第 14 页。

② 刘道远:《多层次资本市场改革语境下证券交易制度研究》,载《法学论坛》2010 年 1 月,第 72 页。

场外交易市场上的投资人来说，在信息披露、必要条款、虚假陈述构成细则、发行交易方式上适用与公众投资人不尽相同的规则。

而我国资本市场的现实是深沪两地证券交易所实行严格的公司上市标准，使得上市成为一种稀缺资源，大量中小企业不能满足上市要求而使其股权无法有效流动。本书认为，场外证券交易是不符合主板、创业板上市条件的股份公司股权自由流动的客观需求，是场外证券交易者的客观需求，是法律应当给予市场的一项基本证券法制度。在我国证券法已经确立了多层次市场原则的条件下，场外证券交易规则的制度化仅仅是时间问题。与此相联系，在多层次证券市场成为现实的条件下，多种交易制度和证券经纪人的改革也将是不可避免的，中国证券法制的进一步发展将由此展开。

总体而言，中国的政策和法制环境已经为多层次资本市场的形成和发展提供了良好的契机。从政策面上讲，我国已经明确立了建设多层次资本市场的经济战略性目标。党的十六届三中全会决策要求："积极推进资本市场的改革开放和稳定发展，扩大直接融资。建立多层次资本市场体系，完善资本市场结构，丰富资本市场产品。"2004 年国务院《关于推进资本市场改革开放和稳定发展的若干意见》也同样指出，要在"统筹考虑资本市场合理布局和功能定位的基础上，逐步建立满足不同类型企业融资需求的多层次资本市场体系"。这标志着我国关于资本市场的政策层面已经将发展多层次资本市场作为战略性的目标。建设多层次资本市场体系已经提上日程，限制多层次资本市场建设的法律障碍逐渐在清除。在法律层面上，我国《公司法》和《证券法》的最新修订，已经为多层次资本市场的形成、培育及其制度建设预留了法律空间，铺平了法律道路。我国将在未来的一段时间内竭力推行多层次证券市场制度，改变我国过去实行的错误的单一集中竞价证券市场之政策。按照世界各国的实践经验，各国的证券交易市场可分为以下几类：其一，实行以集中竞价交易制度为主而以证券商报价制度为辅的主板证券交易所，如纽约证券交易所；其二，实行以证券商报价制度为主而以集中竞价交易制度为辅的二板证券交易所，如美国 NASDAQ 证券交易所；其三，实行以联网柜台交易和证券商报价制度为基本特征的三板市场，如美国目前交易量极大的 OTCBB 柜台交易市场。本书认为，这三方面的证券市场制度均应当得到发展；在交易制度上，法律不仅应当允许集中竞价的证券交易，而且应当允许采取证券商报价制度的大宗证券交易，还应当允许以协议转让制度和证券商报价制度为特征的控制权转让交易。从理论上说，证券市场的发展应当首先考虑多层次证券交易投资人的需求，应当首先考虑到多层次证券市场和多种证券交易制度发展的要求，当然也应当考虑到避免市场震荡、合理保护中小股东投资利益的要求。

二、我国证券市场的发展历史与基本问题

（一）我国证券市场的发展历史

国外证券市场的产生可以追溯到15世纪[①]，世界上第一个股票交易所于17世纪初在阿姆斯特丹成立。相较而言，我国证券市场起步很晚，虽然在20世纪初叶的旧中国就出现了由外商开办的证券交易机构"上海股份公所"和"上海众业公所"，但其主要交易对象为外国证券。北洋政府时期颁布的《证券交易所法》推动了北平证券交易所、上海证券物品交易所等中国人自己创办的证券交易所的成立和发展[②]，逐渐形成了当时的证券市场。

新中国的证券市场萌芽于20世纪80年代的经济改革大潮中。1982年，股票和债券的柜台交易陆续在全国各地出现。1987年，中国成立了第一家专业证券公司——深圳特区证券公司。1990年末，上海证券交易所与深圳证券交易所相继成立，这是我国证券市场建设中的标志性事件。随后，股票占据了证券市场的主导地位。不可否认，我国证券市场取得了举世瞩目的成就，在短时间内发展成为世界上的重要市场之一。然而，我国股票市场自其伊始就并非完全市场化，长期被人为地分为两个市场、两类股份和两种定价机制。[③] 同时，由于缺乏监管经验和整体制度框架的不完善，20世纪

---

① 早在15世纪，意大利的商业城市中就有商业票据的买卖。16世纪里昂等地有了证券交易所，用来交易国家债券。1602年，荷兰的阿姆斯特丹成立了世界上第一个股票交易所。参见中国证券业协会：《证券市场基础知识》，中国财政经济出版社2008年版，第13页。

② 1914年北洋政府颁布的《证券交易所法》推动了证券交易所的建立。1918年，在北平成立了中国人自己创办的证券交易所——北平证券交易所。1920年，上海证券物品交易所成立，是旧中国历史上规模最大的证券交易所。参见同上书，第20页。

③ 股份被分为流通股和非流通股，它们分别以协议交易的形式和集中竞价的形式交易，并且定价机制完全不同，流通股的价格远远高于非流通股的价格。

90年代初期就曾出现“8·10”、“327国债”等重大事件。另外，由于我国修订前的《证券法》对交易场所、交易品种和交易制度进行了严格的限制，使得众多场外交易、其他品种的交易形式无法获得合法的地位，单一现货交易观念和单一集中竞价交易观念成为证券市场健康发展的大敌，造成了我国证券市场中做庄横行、市场暴涨暴跌的不良现象。我国市场还存在其他一些影响其健康发展的障碍，包括上市公司改制不彻底，治理结构混乱，股权过于集中；证券商规模小，运作不规范；交易产品结构畸形，缺乏适合机构投资者的证券品种和避险工具，等等。

为改变上述局面，国务院于2004年1月发布了著名的《关于推进资本市场改革开放和稳定发展的若干意见》（国九条），为中国证券市场的发展和改革指明了市场化的方向。2005年10月，全国人大常委会修订了《证券法》和《公司法》，为证券市场的顺利发展铺平道路。2005年开始，我国进行了影响深远的股权分置改革，逐步实现全流通，意图扫清阻止证券市场进一步发展的障碍。2009年创业板的推出和2010年融资融券业务、股指期货交易品种的运行都标志着我国证券市场在现代化、市场化的进程中迈出了坚实步伐。

一般认为，健康成熟的证券市场能够实现筹措资本、发现价格、资源配置和创造投资渠道的功能，而我国证券市场同时还肩负着国有企业脱困、改制和促进公司治理的特殊使命。我国证券市场发展的特殊背景是导致其诸多问题的深层次原因。

（二）我国证券市场的基本问题

我国证券市场的基本问题可以概括为：多重市场制度不完善、交易品种匮乏和多种交易制度缺乏改革与创新，这是阻碍我国证券市场向纵深发展的主要原因。我国的证券市场交易制度长期以来形成了场内交易、集中竞价、现货交易占垄断地位的格局，这种单一性的制度特点导致我国的证券市场无法充分发挥市场机制的作用，人为操控的痕迹明显。2005年修改后的《证券法》仅仅是对交易制度进行了极端原则的修改，仅仅是解除了原有证券法的生硬限制，市场的基本问题并未改观，而实际上上述问题的解决有赖于非凡的改革魄力和一系列具体规则的支持。

1. 交易市场单一

从形式上看,目前我国的股票交易市场包括沪深主板市场、深圳中小企业板市场、深圳创业板市场和以原代办股份转让系统(旧三板)、中关村科技园区代办股份转让系统(新三板)、天津滨海新区非上市公司股权交易市场为代表的三板市场;债券与固定收益产品市场包括全国性银行间债券市场和上海证券交易所的债券市场;金融衍生品交易方面,也建成了金融期货交易所。然而,我国交易市场存在严重类同化的问题,不同市场对自身定位缺乏清晰的认识,投资人分类管理制度形同虚设。以股票市场为例,首先,中小企业板和创业板市场的发行和交易制度几乎成为主板市场的翻版,仅在上市条件上有所下降,类主板化问题导致资本市场的重复建设和资源浪费;其次,我国目前没有严格意义上的三板市场。代办股份转让系统采投资者指令驱动的集合竞价交易制度,主要为退市后的上市公司股份和原 STAQ、NET 系统历史遗留的公司的法人股提供继续流通的场所,不能完全实现作为非上市公司股份交易平台的基本功能。中关村科技园区代办股份转让系统虽引入证券商报价机制,但其对非上市公司股东人数的限制规定严重制约了交易规模的扩大,削弱了交投的活跃程度,未来必须进行变革,否则也难以担负三板市场所应有的功能。分散各地的产权交易中心以实物产权为主要交易对象,而未来的三板市场应当是全国性、电子化的场外交易市场,其交易对象必须是可以自由流动的股权。天津滨海新区非上市公司股权交易市场目前正处于草创阶段,其对上柜交易对象的定位与证券商报价制度的引入代表了未来三板市场发展的必然趋势。

事实上,目前对创业板、三板市场的制度建设仍旧沿袭了证券法修改以前以场内交易为核心的思维模式。这种单层次的市场结构使证券交易集中在交易所内进行,形式上虽有利于监管部门维持资本市场的稳定,但同时造成我国股票供给和需求的矛盾突出,股票发行价过高的局面。在世界范围内,场外交易市场因其发行交易制度灵活、能够容纳大量达不到上市标准的证券的特点而占据了市场交易量的主要份额。随着现代通讯技术的发展,制约场外交易效率的诸多障碍早已不复存在。以电子化、全国性的统一三板为代表的现代场外市场必将在未来得到极大的发展。由证券上市标准的类同化导致的实质单层市场结构,剥夺了大量具备发展潜力的中小企业和不成熟企业通过证券市场直接融资的权利,违反了为公众公司股权流转提供渠道、创造融资机会的资本市场基本原理。单一的交易市场也造成我国证券发行与上市制度的区分缺乏实质意义。场外交易市场发展的滞后导致公开发行的股票只能上市交易，以致发行与上市不分，发行即意味着上市，从而阻碍了证券市场进一步发挥支持经济发展的作用。

我们认为，改变单一的证券市场模式，设立多重交易市场体系，加强实质意义上二板市场、三板市场的建立，为不同的投资者提供不同的交易场所，以增强市场流动性，促进市场发展，建立包括主板、创业板、场外交易市场和柜台交易市场的多层次市场结构是我国资本市场当前必须解决的迫切问题。场外交易市场的监管应当本着开放的学习精神，通过对法律制度和具体规则的不断完善在实践中探索和提高，面对资本市场急剧发展的国际趋势，固步自封或削足适履的态度都是不可取的。本书将在第三章和第四章分别对如何解决创业板市场、三板市场建设过程中的类主板化和同质性问题，如何建立实质意义上的符合市场和投资人需求的不同层次的资本市场体系进行详细讨论。

2. 交易品种单一

我国证券交易品种匮乏，主要表现在两个方面：一是债券市场不发达，债券产品种类单一；二是金融衍生品种类较少，双边市场发展中存在政策保守的问题。

首先，我国证券市场以股票为主体[①]，相较而言，我国债券市场规模较小，品种单一，结构也不合理。而在发达资本市场中，债券市场的重要程度不亚于股票市场，债权市场的规模和容量远远大过股权市场的状况屡见不鲜。我国企业（公司）债券市场规模与国债市场，甚至金融债券市场相比几乎是微不足道的。我国大多数的债券是风险和收益都极低的国债和金融债券，缺乏中间风险的企业债券。2007 年，我国国债发行规模达 2.35 万亿[②]，

---

① 即使是股票，实际上其品种总数也是非常少的。到目前，我国的股票总数也不到两千支。而美国公开市场上流通的股票多达几万支。我国“只开精品店，不开百货店”，这远远满足不了大量中小企业的融资需求。同时，导致了大多数投资者没有更多的选择，制造了股票供不应求的假象，造成股票市场虚假繁荣。应当说，我国股市畸高的市盈率也是与此有关系的。

② 中国证券业协会：《证券市场基础知识》，中国财政经济出版社 2008 年版，第 72 页。

而企业债券共计才发行 5059 亿元,扣除短期债券后,中长期债券仅 1710 亿元。[①] 相比同期,股票市场融资达 8522 亿。[②] 在发达国家的资本市场中,债券市场所占的比重在 90% 左右,股市所占的比重在 10% 左右。[③]

债券市场规模的扩大和债券种类的多样化,有利于促进利率市场化和中央银行货币政策传导效力的提高,有利于改善商业银行的资产结构,为其流动性管理提供便利,同时提高化解金融市场风险的能力。我国债券市场的极端萎靡间接助推了股市的火爆,一是导致股市投机盛行,指数走势起伏,积累了过高的风险;二是致使企业融资过度依赖银行,银行积聚了较大的信贷风险。从融资需求的角度,企业需要发行债券作为银行贷款和股票发行以外的重要手段;从投资需求的角度,投资者也需要多样化的债券交易品种以平衡收益和风险,而目前我国债券市场的发展与上述需求仍相去甚远。发展债券市场必须放松现有的过于严苛的法律管制,同时结合本国市场的实际情况完善债券市场的交易制度和经纪人制度,本书第五章将对上述问题进行详细讨论。

其次,我国金融衍生产品种类单一,且发展过程中存在由于保守政策导致的低效率问题。

目前在证券交易的多品种演变中,首推的就是股指期货。2006 年 9 月 8 日,中国金融期货交易所在上海正式成立,这是我国内地成立的第四家期货交易所,也是第一家金融衍生品交易所,2010 年 4 月以沪深 300 指数为标的的股指期货成为首个上市交易的品种。根据集中交易原则,未来还将推出同类性质的期权产品和互换掉期产品等。从理论上看,股指期货的引进对市场将产生重大影响,例如使得股指走势客观真实,并且趋于平缓;使得长期盛行的个股做庄模式退出历史舞台;为机构投资人提供避险工具,使得对冲交易产生,催生蓝筹股,等等。对中国证券市场而言,股指期货推出的意义不仅仅在于增加了一个新品种,更重要的是它将结束我国证券市场单边现货交易的局面,结束我国只有商品期货的现状,促进证券和期货两大行业实现真正融通,从而彻底改进我国期货市场运行格局。股指期货推出后,将

---

① 中国证券业协会:《证券市场基础知识》,中国财政经济出版社 2008 年版,第 81—85 页。

② 中国证券业协会:《中国证券业发展报告》,中国财政经济出版社 2008 年版,第 12 页。

③ 邹德文等:《中国资本市场的多层次选择与创新》,人民出版社 2006 年版,第 248 页。

推动我国期货市场规模快速增长,我国将由纯商品期货进入金融期货时代。

问题在于,目前的沪深300股指期货过于强调一般代表性和反操纵性,相较国外已经存在的中国A股股指期货产品(如新华富时50指数)而言,引领性不足,从而导致其在对定价权的争夺中处于劣势,受外国同类衍生品影响严重。保证金比例过高,客观上造成中国股指期货产品难以与境外的A股同类产品相抗衡。除沪深300股指期货外,现阶段我国股票市场上,虽然不乏针对个股的认股权证、股权类期权金融衍生产品,但对整体市场稳定具有重要意义的衍生品总体上仍较为稀少。[①] 而从当前我国各主要金融资产的风险状况来看,股票类资产的风险也相对较大,因此,加快以股指期货为代表的股票类金融衍生品的发展,仍是未来中国股票市场发展的必由之路。

总之,交易品种的极度单一使得我国证券市场既不能为不同企业提供不同用途的筹资工具,也不能为不同偏好的投资人提供不同风险和收益的交易品种。投资人投资渠道狭窄,缺乏选择余地。市场中充斥着高风险的股票,或是低风险的国债,缺少中间性产品和必要的避险工具。

3. 交易制度单一

在我国证券市场中,尤其是股票交易所内,无论是散户交易,还是机构投资人大宗交易,抑或是控制权转让交易,目前都无一例外地适用投资者指令驱动制度,在经纪制度上,基本适用证券经纪商简单代理制度。这实际上抑制了上市公司并购,抑制了证券商报价制度与做市商制度的发展,将各类市场都变成了散户或类散户投机的赌场。究其原因,即在于交易制度始终未能服从实践与交易的需求,反而呈现出交易需求服从单一生硬的法律规定的怪状。

证券交易制度的核心是价格形成机制,证券交易制度对证券价格的形成具有重要作用。[②] 一般认为,现行实践采取的交易所单一集中竞价规则具有快捷、安全的特点[③],能够有效地发挥价格发现功能,有助于保障证券交易

---

① 谢圣姬:《中国金融衍生品市场发展研究》,复旦大学2008年硕士学位论文,第37页。

② 程玉峰:《证券交易制度比较研究——竞价制和做市商制》,浙江大学2001年硕士学位论文,第7页。

③ 该规则由1999年《证券法》确立。该法第33条规定,证券在证券交易所挂牌交易,应当采用公开的集中竞价方式。

的公开性、公平性、公正性与高效率。[①] 我国主板市场的发展和对集中竞价规则优点的过分夸大，使得监管层对其他交易规则的意义缺乏清醒的认识。各国证券市场上通行的竞价交易、证券商报价、大宗交易、证券协议转让交易并行的制度，在我国尚未建立，这将在我国未来的证券市场发展中造成极大的问题。目前，我国证券交易所内部实行投资者指令驱动制度，包括中小板、创业板都采取同一的集合竞价交易制度；对大宗交易制度和控制权协议转让制度，法律规定比照集中竞价交易的价格成交。上述制度上的缺陷必将成为影响我国证券市场健康发展的毒瘤。

2005 年修订的《证券法》已经为多种证券交易制度建设奠定了基础。[②] 它不再强调单一的集中竞价交易原则，允许其他的集中竞价以外的交易方式同时存在，打破了传统的单一现货交易的局面，这就为我国未来发展多重证券市场和多种交易制度，为现货交易与国务院规定的其他交易打开了通道，克服了我国单边证券市场的发展趋向，为期权、股指期货等多种金融衍生品种的出现奠定了法律上的基础，刺激了做空机制和对冲交易的出现。但迄今为止，我国尚未引入证券商报价制度，并且协议交易制度和大宗交易制度也极不完善。[③]

依目前我国主板、中小板和创业板的设计，集中竞价交易系统成为股票市场上最主要的交易制度；现阶段在政策层面认为，未来三板市场上，集中竞价交易与券商报价制皆可采用。本书认为，证券商报价制度的缺失是三板市场难以发展壮大的根源，不采用证券商报价制度将导致三板市场发育受到严重制约。我国证券市场早期由日本引入集中竞价交易制度后，历经二十年发展，再未创设新的交易制度，集中竞价成为国内各交易场所反复沿用的单一模式。在世界范围内，三板市场的发展无不与证券商报价机制紧密联系，目前仍未有无券商报价和做市功能而成功之先例。引入证券商报价制度，发展多种交易制度，是发展三板市场的必由之路，而技术的发展、规

---

① 范健、王建文：《证券法》，法律出版社 2007 年版，第 157 页。

② 我国 2005 年《证券法》第 40 条："证券在证券交易所上市交易，应当采用公开的集中交易方式或者国务院证券监督管理机构批准的其他方式。"

③ 两个交易制度最大的问题是国资部门为提高股票发行价格和股票交易价格，不惜否定各国证券市场公认的当事人意思自治，不惜否定各国证券市场上通行的协议定价原则，不惜否定法律应当公平对待所有市场主体的基本市场原则，强行确定交易价格。

则的完善和由此引发的证券经纪人制度之变革，又决定了这必然是一个相当漫长的过程。

根据《证券法》的规定，为解决我国始终面临的发展多种证券交易制度的问题，未来在制度建设上应当：首先，在主板、创业板和三板市场中引入证券商报价机制，从而催生我国证券经纪人制度的重大变革，本书将在第二、三、四章中分别就其意义和设计结构进行详细论述。其次，积极推进大宗交易制度。随着中国证券市场的快速发展，投资者结构逐步发生变化，机构投资者日益成为市场交易的主体，无论从其投资组合还是从交易行为的具体需求，都亟需有与之相适应的新交易模式。大宗交易制度有助于提高市场稳定性和流动性，降低机构投资者的交易成本，并有利于满足投资者大宗股票转让的需求，增强交易制度的适应性，同时有利于二级市场上兼并重组的实施，提高证券市场的资源配置效率。第三，完善控制权转让协议制度。控制权转让一般适用于控制权交易人，采取协议定价的方式。目前我国的实践操作中，并不存在真正的"控制权转让交易"。在我国股权分置改革完成之后，协议转让不再以当初的目的存在，而是已经成为交易方式的一种。对于大宗交易和控制权协议转让，最基本的应当是改变当前对其价格形成的强制性规定，允许当事人之间以符合市场规律和公平合理的方式自由议定价格，本书第二章将对此问题进行详细讨论。

从根本上说，我国证券市场的基本问题是相互联结的。交易品种单一的重要原因在于我国单层次的证券市场不能为各种交易品种提供必要的交易场所。强调证券市场同一化并不能反映复杂多样的证券交易品种的交易要求。证券市场必须为不同的投资者提供不同类型的投资品种。法律也必须为不同类型、不同品种的证券交易引入不同交易制度和设立不同交易场所预留足够的制度空间，以满足不同类型投资人的需求。同时，不同层次市场之间的界分的重要标准之一正是不同的证券交易制度，多样化的交易制度的不同组合和不同功能的发挥形成了不同层次的市场。因此，从某种意义上说，多层次证券市场必然意味着多种交易制度和多样的证券交易品种。

三、企业发展的不同阶段与证券市场支持

根据生命周期理论，企业从其诞生到最终衰亡经历了不同的成长阶段，在每个成长阶段，企业的发展速度、组织形式以及经营战略都呈现出不同的特点，相应地，企业的资本结构和融资方式也不尽相同。目前管理学界对企业生命周期已有20余种讨论模型问世，总体而言，所有模型的共同之处在于：企业的生命周期遵循大致相同的规律，不同生命周期阶段企业具有不同的特征与问题，这是企业生命周期理论的核心思想。一般认为，可以将企业的发展阶段划分为引入期（或称幼稚期、婴儿期、初创期、创业期）、成长期、成熟期、衰退期。图1-1和表1-1分别展示了企业在不同发展阶段的成长曲线和资本结构决策特点。

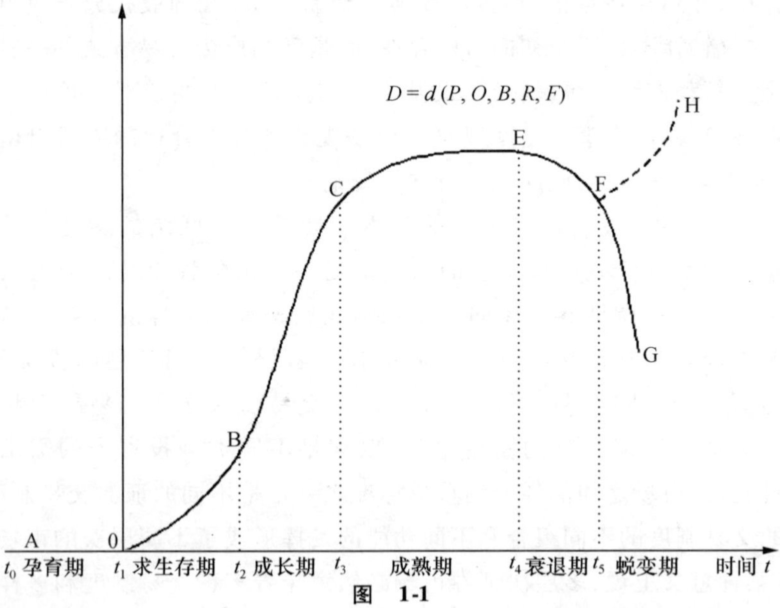

图 1-1

注：企业发展过程中的孕育期和求生存期合称为企业的创业期/幼稚期/婴儿期/引入期，初创期企业和成长期企业合称为创业企业。

表 1-1　产业生命周期与企业资本结构决策的互动关系

产业生命周期	经营风险	财务风险	融资决策	负债比率
引入期	非常高	非常低	权益资本(风险投资)为主	低
成长期	高	低	权益资本(增长的投资者)为主	较低
成熟期	中等	中等	债务与权益资本(留存收益)并重	中等
衰退期	低	高	债务为主	较高

资料来源:Ruth Bender and Keith Ward,"Corporate Financial Strategy", Butterworth Heinemann, 2003, 70—95。

我们认为,企业生命周期的客观规律决定了处于不同发展阶段的企业需要不同层次资本市场的融资支持,资本市场的功能也决定了其仅支持处于特定发展阶段企业的融资需求。解决中小企业和高新技术企业的融资障碍是我国建立多层次证券市场的内在要求。单一的证券市场布局没有考虑企业发展的不同阶段,无法为众多不成熟的中小企业和高新技术企业提供资金支持。

(一)证券市场难以支持创业期企业

创业期企业的特点是:成活率低,破产率高,被收购兼并率高;实力较弱,依赖性强;发展速度不稳定,波动大。[①] 这时期的企业处于建设阶段,资金需求量较大,但缺乏外源融资与内源融资的能力,仅靠业主的权益性资本势必存在巨额缺口。由于现金以流出为主,企业的经营风险巨大,难以满足主板、创业板市场的上市要求。即使对于拥有信息优势的机构投资者而言,判断该时期企业的发展趋势也存在巨大的困难。因而,从保护投资人利益和维护证券市场稳定的角度考虑,证券市场不支持创业期企业的发展。

创业期企业主要依靠从天使投资和风险投资等专业投资机构获取的资

---

① 美国平均每年倒闭的20万家企业中,55%是开业不到5年的新企业。在20世纪70年代,日本倒闭的企业中,绝大多数也是开业不久的小企业,其中资本不足1000万日元的企业占90%,资本不足500万日元的占70%。进入80年代以来,日本小企业平均每月倒闭数保持在1000家以上,我国每年也有10多万家小企业倒闭。参见陈佳贵:《关于企业生命周期与企业蜕变的探讨》,载《中国工业经济》1995年第11期。

金支持，在重重风险（如技术风险、市场风险、资金风险以及管理风险等）中获得发展，同时为投资者创造高额回报。正是基于初创企业的这种高风险、高收益的特性，在世界范围内，创业投资基金已经成为支持该企业成长阶段的主要力量。创业投资是支持“新创事业”，并为未上市企业提供股权资本的投资活动，但并不以经营产品为目的，其特点是投资额极小，投资面广阔。创业投资主要是以私人股权方式从事资本经营，并以培育和辅导企业创业或再创业，来追求长期资本增值的高风险、高收益的行业。

（二）创业板市场对成长期企业和高新技术产业发展的支持作用

首先，创业板市场为成长期企业融资提供重要平台。成长期企业的特点是：企业呈高速发展，波动较引入期小，经营风险仍然较大；企业实力增强，形成了自己的主导产品；管理逐步规范化。[①] 此阶段，企业决策者迫切希望迅速增加产量、扩大销量、拓宽业务面、提高知名度，而这些决策的实施都必须以一定的资本实力为后盾。在内源融资、债权融资和风险资本融资都无法满足需要的情况下，创业板市场就成为高成长性企业融资不可替代的重要渠道。相较主板市场，创业板具有上市条件宽松、上市费用较低、转板升降级制度等优势。创业板市场一方面容纳风险较大的成长期企业股权进行交易，为该阶段企业提供较风险投资更为充裕的资金支持，同时发挥为资本市场培育优质上市资源的功能。

其次，高新技术产业发展和产业升级需要创业板的支持。高新技术企业投入大、风险大，且初创阶段无利润或者利润极少，但具有很大的成长前景。按照一般规律，一国经济结构、产业产品结构的调整总是从高新科技成果的商品化、产业化开始的，而高新科技成果又大多被创新型企业或中小企业所吸纳。[②] 因此，高新技术产业对改造传统产业，促进产业结构调整和生产方式的根本转变并进一步发展科学技术作用巨大。然而，其自身快速发展的特点决定了不可能采取速度较慢的自我积累方式筹集所需的较大规模的资本；同时小规模和高风险又决定了其不可能利用现有的主板市场乃至

---

① 高增银：《从企业生命周期谈中国企业融资体系的完善》，西南财经大学 2005 年硕士学位论文，第 9 页。

② 王松奇等：《中国创业投资体系研究》，载《科技进步与对策》2000 年第 9 期，第 10 页。

银行市场进行融资。[1]

再次，在发达国家的实践中，创业（风险）投资是高新技术企业融资的重要渠道。创业（风险）投资需要顺畅的进入和退出通道，以方便投资和降低风险。创业板正是应这种需要而设立的，其既可以为高新技术企业提供合适的融资渠道，又能为先前进入高新技术企业的风险资本提供退出渠道。

因此，发育良好的创业板市场，对于支持成长期企业和高新技术企业拥有决定性的深远意义。建设符合该类企业融资需求的创业板市场，对我国产业的进一步升级换代，对经济增长方式的转变、建成创新型的国家以及我国经济的可持续发展和国际化进程将起到不可替代的重大作用。

（三）成熟期企业的做大做强需要主板市场的支持

企业发展进入成熟期以后，成长性下降，几乎呈平走形态，经营风险大幅度降低，同时经过成长期的积累，资金需求逐步增大。此时，通过发行股票进行的股权融资，不仅可以筹集企业发展所需的长期资本，改善企业财务状况，还能够提高公司地位和市场形象，提升客户与供应商的信任；同时，成熟期企业通过证券市场募集股权性资金，也有利于向银行进行债务性融资。[2] 处于成熟期的企业，其规模较大、技术成熟、产品市场稳定，投资风险最小，收益固定，适宜在全国性的主板市场上市。客观上，由于一般而言，主板市场的融资能力远大于二板和三板市场，只有主板市场才具备为该发展阶段的企业进行融资的平台和实力。因此，完善主板市场的制度建设是成熟期企业得以维持和发展的基础和前提，主板市场功能的充分发挥有助于延长优质企业的生命周期。

（四）建立全国性的三板市场是解决中小企业融资困境的重要途径

如同大企业的发展需要证券市场支持一样，中小企业也迫切希望能够通过证券市场融资，并进而改善公司的治理结构。处在企业发展早期的中小企业，往往既不能够为主板市场所接纳[3]，也不能满足创业板市场的条件。

---

① 邹德文等：《中国资本市场的多层次选择与创新》，人民出版社 2006 年版，第 255 页。

② 同上书，第 246 页。

③ 同上书，第 79 页。

在许多国家和地区，该类企业的股票主要是在容量巨大的场外柜台市场上进行交易。中小企业对于一国的经济发展和就业发挥着举足轻重的作用，资金短缺成为目前我国中小企业发展的重大障碍。由于实力小、风险大，其通过银行等间接方式融资亦非常困难。现阶段，我国的场外交易市场呈现出分散性和不规范的特点。因此，我国必须建立全国性的场外交易市场，为中小企业通过股票、债券等方式进行融资提供渠道。

不仅如此，股权的流动性也要求法律制度为其提供适当的平台，三板市场的建立将为大量目前无法流转的股权提供流通渠道。我国 2005 年 10 月 27 日修订的《证券法》尽管规定了依法公开发行的股票应当在依法设立的证券交易所或者在国务院批准的其他证券交易场所转让，但是，未上市股票的转让问题依然没有得到解决，大量规模较小的未上市股份公司的股权缺乏相应的流通平台，现在的主板市场和创业板市场都无法提供与之相配套的制度。这些未上市公司既不能利用股票市场从事融资活动，又不能开展必要的并购活动，实现优胜劣汰，其发展受到了极大的约束；同时，当股权不能流动、不能交易时，缺乏退出机制，股东实际上被剥夺了“用脚投票”的权利，也使得企业的股份制改造徒有虚名，这实际上是对公司法制的重大损害。

上述情况表明，不同规模、不同发展阶段的企业，都需要证券市场为其提供融资的渠道。单一性的类主板证券市场只能为较成熟的大型企业提供资金支持，基本剥夺了中小企业和不成熟企业通过证券市场直接融资的权利，违反了为股份公司股权提供流转渠道的基本原理。《国务院关于推进资本市场改革开放和稳定发展的若干意见》提出了在统筹考虑资本市场合理布局和功能定位的基础上，逐步建立满足不同类型企业融资需求的多层次资本市场体系的主张。总之，企业需要多样化、多层次的资本市场支持，为此，必须发展具有高度的灵活性和包容性的证券市场，为不同企业发行不同类型的有价证券提供平台，以满足不同发展阶段、不同规模和不同背景企业的多样化融资要求。

四、证券市场投资人结构分析

作为证券交易制度的构成要素之一,市场参与者的类型即投资人结构,将对市场的稳定和交投程度产生决定性的影响。证券市场中不同类型投资人的存在,客观上对于证券转让的具体制度、交易门槛的准入和投资者适当性将提出不同的要求。多层次证券市场应当在制度设计上满足不同类型的投资人的投资需要,同时通过目的性的投资结构规范引导也将有利于良性的投资环境的形成和市场的稳定与成熟。

(一)完善投资人结构的意义

1. 完善投资人结构的重要性

投资者结构问题是新时期我国证券市场面临和亟待解决的重要课题,这不仅关系到投资者自身发展,对维护资本市场稳定和促进经济增长同样具有重要意义。调整和优化投资者结构,建立与投资人结构相适应的交易制度以及对应不同市场的投资人分类管理体制,首先,有利于活跃交易,促进市场稳定和成熟,有利于市场价值投资理念的培育;其次,有利于满足市场上广泛存在的资金管理需求,提高资金使用效率;再次,有利于公司法人治理结构的改善,促进上市公司质量的提高。此外,市场中个人投资者比例过高将会制约交易品种的创新,而投资者结构的调整与优化有利于金融衍生产品的发展。

具体而言,第一,创业板、三板市场的高风险性特征不适宜对所有类型投资者开放。以创业板为例,其企业大多处于成长期,经营期限短,盈利能力不稳定,前景不明朗,创业失败的风险很大。同时,市场的低门槛也可能导致一些素质较差的企业包装上市。上述两个原因都使得其投资风险要远大于主板市场。因此,从保护投资者利益的角度出发,我国未来的创业板、三板市场应当以专业投资者为主,即应当由熟悉投资技巧,有能力对公司财务状况及所涉风险作出独立、客观判断的机构投资者占主导地位。

第二,高比重的机构投资者是稳定市场的重要力量。证券市场的稳定与否与市场的投资人结构密切相关。国际清算银行认为,一个金融体系的稳定性取决于目标分散、行为互补的参与者之共存。其一项统计发现,机构投资者比例高的发达国家,其股票市场的波动性相对较低。主要原因在于,个人投资者专业知识有限、投资经验不足,往往盲目跟风、追涨杀跌,这种不成熟的投机行为通常会加剧证券市场的波动;而机构投资者往往精通专业知识,投资经验丰富,信息资料齐备,分析手段先进,其投资决策建立在对上市公司的深入分析和对宏观经济的详细研究之上,投资行为较为理性,不会过多受市场波动的影响,客观上起到了稳定市场的作用。而且,为了尽可能降低投资风险,机构投资者往往会经过慎重研究、分析建立合理有效的投资组合,这些投资组合一经确定就不会频繁变动。也就是说,机构投资者往往恪守长期的投资理念,不会频繁在证券市场上进出,减少了股市的波动,而又由于其资金规模较大,从而发挥了市场"稳定器"的作用。

第三,机构投资者的参与程度关乎创业板、三板市场交易制度的成败。高比重的机构投资者有利于证券商报价驱动制度和做市商功能的成功运作。证券商报价驱动制度充分贯彻了"买者自负"的原则,在证券商进行报价后,投资人根据自身状况作出是否愿意承担这种交易风险的判断。通常来说,机构投资者拥有雄厚的财力和专业的知识背景,其承受风险的能力要远远强于一般散户投资人。

2. 投资人结构与公司法制度缺失

我国公司、证券法制中已经开始涉及投资人结构的调控,从现有设计考察,较为明显的制度缺失主要为公司法对三板市场投资人之筛选与控制。

三板市场一方面为下市公司股票提供交易平台,有利于完善上市公司的退出机制,为主板、创业板培育上市后备力量,发挥孵化器功能。另一方面,其主要发挥为不符合主板、创业板上市条件的股份有限公司的股权提供融资和流通渠道的功能。对于此项功能,我国公司法和证券法在完善投资人结构方面,缺乏有效制度,小额募集制度的缺失无疑构成了对公司法制的严重损害。目前我国公司法中对三板市场公司的股东人数进行了硬性限制,这对于三板发行公司的持股分散度构成了重大影响,持股分散度不足将导致交投清淡,从而根本上损害市场的健康发展。

三板市场制度设计中应当引入小额发行豁免制度,为小额发行公司提供交易条件,突破对非公开发行公司股东人数的限制,使其具备合理的投资人结构。更深层次而言,引入小额募集发行制度,可以通过豁免证券监管部门对其发行证券的审核，有效加快其融资速度，节省成本、提高效率。鼓励小额募集发行，完善投资人结构，必然使得发起设立制度更为顺畅，有利于促进三板市场中小企业融资，对于恢复公司法功能有重大意义，同时也是三板市场功能定位的应有之义。同时，建立我国的小额发行制度对于有效缓解中国证券市场供求矛盾，改善投资者类型单一化局面，丰富证券投资品种，增加市场的深度和广度，扩大金融产品范围也有着重大而深远的意义。

3. 投资人分类与市场完善

根据不同标准可以对证券市场中的投资者作如下分类：第一，按照投资人的自然属性，可以分为机构投资人和个人投资人。机构投资人主要包括各类基金（如证券投资基金、社保基金、主权财富基金等）、非基金金融机构（如证券公司、商业银行、保险公司、信托公司等）、企业及政府机构等。因此，机构投资人又可以分为金融机构投资人和非金融机构投资人。上述机构拥有强大的资金优势和特殊的经营地位，但由于性质不同，可投资的具体证券品种也不相同。在实行金融分业管理和分业经营的条件下，商业银行在证券市场中仅限于买卖国债和地方政府债券等固定收益产品；投资基金公司可投资于各类债券和股票；证券公司、信托投资公司可以自有资金进行各类证券交易品种的投资；保险公司可投资于固定收益产品，而对股票的投资在多数国家受到法律的限制；带社会福利性质机构的投资渠道往往受到更多约束。发达国家股票市场的投资人多以各类基金和证券经营机构为主体。相比个人投资者，机构投资人资金雄厚，风险承受能力强，具有投资经验，更富有理性。从数量上看，机构投资者可能在证券市场中不占优势，但因其运作的资金规模巨大，且能够进行专业化操作，故而是主宰市场动态的主要力量。因此，在证券市场运作中，机构投资者的比重以及能否发挥功能，成为衡量证券市场成熟程度的重要指标。缺乏足够的机构投资者，是中国证券市场的一个重要缺陷。因此，发展机构投资者，是促进中国证券市场规范化和进一步发展的重要内容。

第二，按照交易习惯，可以分为散户交易人、大宗交易人与控制权交易人。在集中交易市场，大宗交易人主要通过大宗交易平台进行交易。大宗交易是指单笔交易超过规定数量的交易。[①] 大宗交易突破了按照“价格优先、时间优先”原则进行撮合交易的单一竞价交易体制，采用协商定价的方式，可以降低谈判购进和交易成本，是机构投资人十分乐于采用的交易方式。大宗交易制度的出现，有助于提高市场稳定性和流动性，降低机构投资者的交易成本，并有利于提高证券市场的资源配置效率。[②] 控制权交易人购买股票通常出于控制目标公司的目的。如前所述，证券市场的重要功能之一是优化资源配置，而优化资源配置的重要途径就是通过控制权交易收购目标公司。在多数国家市场中，控制权交易采取以协议转让制度和证券商报价制度为主，要约收购为辅的方式实现。

第三，按照投资人的风险偏好，可以分为高风险交易人与低风险交易人。相比较而言，证券市场中的衍生产品和股权类产品，由于具备较高的价格波动性和交易杠杆率，意味着较高的风险和收益率，适合于高风险偏好的投资人；而债券类固定收益产品则迎合了低风险交易人的投资需求。多层次的证券市场应当为高风险交易人提供高风险、高回报的市场，例如金融期货市场；同时为低风险的交易者提供低风险及稳定收益的投资渠道，例如债券市场。目前单一性的市场状况是高风险交易人通过操纵市场和内幕交易的形式来谋取非法利益的内在动因之一。

第四，以投资人对产品的流动性偏好为标准，可以分为高流动性交易人与低流动性交易人。当投资人有闲散资金又不准备长期投资时，可以投资于流动性较高的证券产品，以利于随时变现；当投资人对资产流动性要求较低时，则可以投资于低流动性产品以获取较高的回报。目前，股票主板市场

---

① 《上海证券交易所大宗交易实施细则》第 2 条规定：“在上海证券交易所（以下简称本所）市场进行的证券单笔买卖达到如下最低限额，可以采用大宗交易方式：（一）A 股交易数量在 50 万股（含）以上，或交易金额在 300 万元（含）人民币以上；B 股交易数量在 50 万股（含）以上，或交易金额在 30 万美元（含）以上；（二）基金交易数量在 300 万份（含）以上，或交易金额在 300 万元（含）人民币以上；（三）债券交易数量在 2 万手（含）以上，或交易金额在 2000 万元（含）人民币以上；（四）回购交易数量在 5 万手（含）以上，或交易金额在 5000 万元（含）人民币以上。根据市场情况，本所可以调整大宗交易的品种和最低限额。根据市场情况，本所可以调整大宗交易的品种和最低限额。”

② 董安生等：《中国资本市场战略转型的法制环境：高透明度与国际化的法律与规则体系》，载中国民商法律网，http://www.civillaw.com.cn/article/default.asp? id = 32025，最后访问时间 2009 年 2 月 16 日。

是我国流动较强的较为完善的证券市场，但风险较大，不能满足企业短期保值增值的需求。短期债券市场、票据市场的发展将极大地满足企业的上述需求。同时，长期债券市场的充分发展和完善也将为低流动性交易人提供更多适宜的投资场所。发展多层次证券市场应为高流动性交易人和低流动性交易人提供充分的投资渠道，以满足其对资产保值增值和对冲风险的需要。

此外，有些国家和地区的法律将投资人区分为普通投资人、资深投资人、受信投资人等等。上述投资主体的结构差异是客观存在的事实，反映了市场中交易主体的不同类型和层次的需要。投资群体性质的差异意味着法律调整应当在尊重事实的基础上，作出相应的交易结构设计以适应多方位的交易需求。目前我国证券市场在投资人结构上存在散户投资者和机构投资者比例失衡，证券市场投资者老龄化问题突出，机构投资者类型单一，国外投资者在我国证券市场的参与度过低[①]等诸多问题。归根结底，是我国长期要求不同的投资人统一适应单一类型的证券市场、单一性的交易制度、单一化的交易品种的思想的结果。法律制度属于上层建筑范畴，这种要求客观实际适应上层建筑的方法无异于削足适履。建设和发展多重证券市场，应当设计多种交易制度和多种交易品种来适应不同交易需求的投资人结构。

（二）建立与投资人结构相适应的交易制度

1. 散户交易人、大宗交易人与控制权交易人

基于投资人存在不同需求类型的事实，各国资本市场多在交易制度上作出一定的安排以鼓励或抑制某些投资人的进入。这意味着，法律设计者不仅应当在尊重投资人需求的基础上制定相适应的规则，而且根据特定市场的功能定位，可以通过法律规范的引导作用体现出对投资人结构的鼓励倾向。从法律调整的角度看，上述倾向主要通过交易制度、投资者准入和分类管理实现。以交易习惯对投资人的分类标准为例，如前已述，我国虽然设立了大宗交易和控制权转让市场，但对于交易制度的划一规定实质上剥夺

---

① 王毅：《具有中国特色的证券市场投资者结构缺陷问题研究》，载《特区经济》2009 年 10 月，第 124 页。

了投资人从事大宗交易和控制权转让交易所应享有的权利。本书认为,建立适应投资者结构和不同投资人需求的证券市场,在交易制度上必须设计适合于散户投资人的集中竞价交易系统,适合于大宗交易人的大宗交易制度以及适合于控制权购买者的控制权交易制度。目前以单一的类集中竞价交易制度适用于所有交易对象的规定是极端错误的,造成了客观上大宗交易人、控制权交易人与散户交易人在交易活动中无差别化的恶劣后果,对我国的机构投资人培育、公司并购业务发展和证券市场的稳定都产生了严重的不良影响。就如何具体设计合理的大宗交易和控制权交易平台,本书第二章将进行详细探讨。

2. 每手交易单位

前述大宗交易和控制权转让交易的问题主要集中于价格形成的法律规则方面,除此以外,应当注意到在每手交易单位的规定上,我国内地证券市场与香港地区市场、美国市场等先进国家或地区也存在一定差别。香港联合交易所市场、美国纽约交易所市场、纳斯达克市场对于交易时委托报价的最小单位数量未作出统一的强制性规定,也就是说,对于每手交易股数并无硬性规定,而视个别公司本身的情况而定(100 股一手到 2 万股一手的情况都存在)。上述规定一方面是由于细价股的存在和最佳售卖区理论的作用,而另一方面主要是从投资人结构上对于公司股东资质进行限制,每手交易单位的变化体现出公司对于投资人实力和经验的不同要求。较大的每手交易单位实际上限制了资金实力较弱的投资人进入发行人公司的股票交易市场,从而客观上起到了投资人资质筛选和投资人结构引导的作用。

我国现行规定对通过竞价交易买入股票、基金或权证的,要求申报数量应当为 100 股(份)或其整数倍;卖出股票、基金或权证时,余额不足 100 股(份)部分,应当一次性申报卖出;通过竞价交易买入债券的,应当以 10 张或其整数倍进行申报;买入、卖出债券质押式回购的,应当以 10 张或其整数倍进行申报。卖出债券时,余额不足 10 张部分,应当一次性申报卖出。上述不区分不同公司证券每手交易单位的强制做法,在某种程度上构成了对发行人限制股东资质权利的剥夺,同时也忽视了以交易单位进行市场投资人结构优化的可能路径。我们认为,未来对于投资人结构的政策导向可通过渐进地开放每手交易单位限制的方式达到,应当探寻由发行人公司自行决定每手交易单位的可行模式。

3. 不同层次证券市场的投资人结构

如前所述,我国证券市场与发达国家或地区的市场相比,机构投资人比重过低,主板市场、创业板市场、股指期货市场中散户资金泛滥。虽然已有的研究成果无法普遍性地证实将散户交易人划分为非理性投资人这种假设的有效性①,但实证检验表明以散户为主的市场与机构投资人为主的市场在稳定性上确实存在差异。② 投资人结构的类同也是现阶段我国股票市场单一性的重要表现,而事实上,对于不同市场的投资人结构,现有的法律规定仍然未显示出足够的导向性。本书认为,不同层次市场中的交易状况和风险状况对其中的投资人结构提出了不同的要求,法律规定应当引导和规范不同层次市场中的投资人群体。总体而言,发达国家的资本市场中,主板、创业板和三板市场分别呈现出不同的投资人结构:主板市场中,交投较为活跃,散户投资人比重相较其他市场而言最高;创业板市场中,散户投资人比重下降,呈现出以机构投资人为主的市场格局;三板市场中,机构投资人发挥着决定性作用,极少存在散户投资人。不仅如此,发达国家资本市场在法律制度上,通过投资者准入制度、交易单位限制和投资者适当性规定等,体现出在主板市场鼓励散户和各种类型机构投资人进入,在创业板市场和三板市场鼓励机构投资人进入,限制散户投资人交易的政策倾向。本书认为,未来的多层次资本市场设计中,应当考虑不同层次市场间不同类型投资人的交易需求和不同市场功能对投资人类型的定位,通过建立多重交易制度和投资者准入制度,完善不同层次市场的投资人结构,体现出主板市场对各种类型投资者进入的鼓励,创业板对机构投资人的重视和三板市场对散户交易人的排斥。

(三) 投资人分类管理

从比较法角度考察,对证券市场投资者实行分类管理是发达国家较为通行的做法:美国市场中,把投资者分为普通投资者和高深投资者(Sophisticated Investors),并根据投资者的不同类型,对证券和资产管理业务给予了

---

① 许承明、王玉宝:《关于投资者分类与投资者情绪的新思考》,载《管理评论》2004 年第 12 期,第 47 页。

② Lee, Charles, Andrei Shleifer, and Richard Thaler: Investor Sentiment and the Closed-EndFund Puzzle, *Journal of Finance*, Vol. 46, 1991, pp. 75—109.

一定的豁免。[①] 美国证券法中规定,如果发行者完全是向“受信投资者(Accredited Investors)”销售证券,发行证券的总价格不超过500万美元,且没有广告和公开推销活动,则免于履行证券法下的注册。“受信投资者”包括:所有的银行、保险公司、注册的投资公司(基金)、商业开发公司、小企业投资公司,也包括各种雇员福利计划。美国证券交易委员会(SEC)还有权根据财务状况、净资产值、知识、金融事务的经验、接受管理的资产的数量等指定其他人为“受信投资者”。英国《金融服务与市场法案草案》(Draft Financial Services and Markets Bill)对金融服务监管局(FSA)的监管目标的描述中强调:充分考虑投资者的经验和专长,根据投资者所负的投资决定的责任和由此相连的投资风险进行区别,从而对不同类型的投资者给予不同程度的恰当保护。目前英国金融服务监管局的做法有以对手为基础的分类和以交易为基础的分类,但各自都有其优缺点。[②] FSA正在研究探讨新的投资者分类和监管方法,使不同的监管规则适用于不同类别的投资者。欧盟制定的投资服务指导原则(Investment Services Directive)要求成员国制定行为规则,考虑被提供服务的投资者的职业性质。在与投资者从事服务和交易活动时,必须评估投资者的职业性质。[③] 目前欧洲委员会(European Commission)正在对已经根据该指导原则提出的“高深投资者”定义加紧进行完善。[④] 我国目前在监管文件中尚未提出对投资者进行明确分类的概念。为了保护投资者,我国法律对证券类经营机构的业务活动限制相当严格,现有规定对保护普通投资者无疑是正确的和必要的,但对“高深投资者”或有特殊要求和偏好的投资者却限制了他们服务需求的满足。

在投资者准入方面,为培育成熟理性的合格投资人队伍,2008上海证券交易所专门制订并发布实施了《上海证券交易所个人投资者行为指引》,以进一步规范市场投资行为。随着我国多层次资本市场体系建设的逐步推

---

① Final Rule: Exemption To Allow Investment Advisors To Charge Fees Based Upon a Share of Capital Gains Upon or Capital Appreciation of a Client's Account, Securities and Exchange Commission, Release No. IA-1731. File No. S7-29-97.

② Differentiated Regulatory Approaches: Future Regulation of Inter-Professional Business, October 1998, FSA, UK.

③ See Article 11 of the Investment Services Directive.

④ Implementation of Article 11 of the ISD: Categorization of Investors for the Purpose of Conduct of Business Rules, November 1999.

进,建立以适当性安排为内容的投资者保护制度,使投资者的风险认知和风险承受能力与所投资的产品相适应,日益成为市场发展的迫切要求。与主板市场相比,创业板市场发行上市的标准相对较低,企业普遍具有规模较小、经营业绩不够稳定的特点,在退市制度方面也有差异,投资风险相对较高。从国际经验看,创业板市场公司退市比例通常大于主板,投资风险突出。大量不了解创业板市场风险、不具备风险承受能力的投资者盲目参与,将引发一系列问题。为了保护投资者的合法权益,提示投资者审慎作出投资选择,创业板市场建立了投资者适当性管理制度,适度设置了投资者入市要求。目前我国创业板投资者适当性管理制度体系包括三个方面,一是中国证监会制定的《创业板市场投资者适当性管理暂行规定》,二是深交所制定的《创业板市场投资者适当性管理实施办法》,三是中国证券业协会制定的《创业板市场投资风险揭示书(必备条款)》。目前规定中对参与创业板投资的投资者分为两类:以第一次购买股票的时点起算满两年的投资者,即可至证券公司申请投资创业板;不满两年的,经过更为严格的程序后也可申请,即所有投资者可有条件参与创业板投资。与欧美国家投资者分类方法相比,我国对投资者的分类规则没有设计投资者的资金门槛,“股龄”条件也相对宽松。对参加创业板的投资者,法律作出了程序上的规定:对于已有两年交易经验的投资者,必须亲自去证券公司营业部签署风险揭示书;对于不到两年交易经验的投资者,应当就自愿承担市场风险抄录“特别声明”。本书认为,目前创业板市场的投资人适当性规定仍显得较为宽泛,引导性不强,对投资人结构的优化作用较低。就资本市场而言,合理的投资者分类管理制度不仅将进一步完善资本市场功能,达到全面提升资本市场质量的目的,一方面,满足处于不同发展阶段公司的融资需求,另一方面,也满足了风险偏好不同的投资者对多元化投资产品的需求。而且对风险偏好不同的投资者和风险承担能力不同的投资者进行分类,并相应推出风险不同的产品,创建不同风险类型的市场,有利于资本市场在稳定中不断创新。

有学者认为,划分投资者的标准可以考虑两个因素:一是净资产水平(衡量风险承受能力和具有资金能力选择专业咨询机构获得特定风险的知识);二是知识与行业参与程度(衡量风险认识能力,包括自身对风险的认识能力以及具有选择专业机构咨询得到关于特定风险知识的能力)。由此,可将投资者按照市场参与者、中等投资者、普通投资者的标准进行准入门槛设置和相应的法律保护，同时处在不同类别的投资者应当允许有上下移动的弹性。[①] 本书认为，在投资者适格性上的法律强制，固然可以起到明显的规范投资人分层结构的效果，同时，如前文已述，通过交易制度方面（如价格形成机制、每手交易单位）的任意性规范的设计可以使市场机制在投资人结构布局方面更好地发挥作用。具体而言，可以在根据投资人的资金条件和行业经验水准，对不同层次的证券市场设置准入门槛的同时，对不同市场中不同交易需求的投资人适用不同的交易制度，包括采用区别于集中竞价的大宗交易和控制权协议转让定价以及对每手交易单位进行区别性的最低限制等方式，从而以准入制度和交易制度为核心建立起合理的投资人分类管理制度。

综上，正在形成之中的投资者分类管理制度，是适应我国资本市场发展要求的体现。随着我国多层次资本市场体系建设的逐步推进，建立以适当性安排为内容的投资者保护制度，使投资者的风险认知和风险承受能力与所投资的产品相适应，积极探索投资者分类管理模式，以证券品种和业务创新及分类为切入点，依照投资者的风险承受能力、投资知识与市场经验等标准，进行分类监管，包括在充分考虑中国国情，准确分析投资者特点的基础上，引入投资者资格准入制度，将成为未来我国证券市场的必由之路。

五、我国多层次证券市场的格局及其不同功能

我国未来的证券市场，应当大力发展债券市场和金融衍生品市场，在交易品种上形成股票市场、债券市场、金融衍生品市场的多层次格局。在不同交易品种市场内部，通过发行和交易制度的差异规则，建设不同层级的细分市场。以股票市场为例，应当朝着建设和完善主板市场、创业板市场、三板和场外交易市场的多层级交易市场格局迈进。不同市场依功能定位的区别而设计不同的法律规则以体现其层次性，这里对后文重点论述的若干市场的格局和功能作简要介绍。

---

① 李仲翔、佟郁文：《基金投资者的分类监管》，载《中央财经大学学报》2002 年第 7 期，第 65 页。

（一）主板市场

主板市场是证券交易所为具有较大资本规模以及稳定盈利能力的大型成熟企业的股份提供交易的市场。作为多层次证券市场的重要一环，其对一国资本市场与虚拟经济的发展起着举足轻重的作用。主板市场主要面向规模较大、经营稳定、业绩优良的发行人，对发行人的营业期限、股本规模、盈利水平、最低市值等方面的都有较高要求。经过二十多年的发展，我国主板市场已经形成了一套相对成熟的制度。我们认为，未来构建多层次证券市场体系的过程中，应当致力于建立规模宏大、交易产品丰富、交易制度完善和交易功能齐全的国内统一的主板证券市场。

第一，建立一国范围内统一的主板市场对于一国资本市场的发展具有十分重要的现实意义。统一的主板市场将为各类市场投资者提供多样的投资对象和充分的制度保护并减少市场内部成本消耗，从而达到优化一国资本市场、提高资源利用效率和推动实体经济发展的重要作用。

第二，顺应建立统一主板市场这一历史趋势，在我国国内股票市场尽快建立新型统一的股票指数，发展编制指向性明确、计算方法科学和调整及时的行业类指数（如50指数），不仅能够解决市场投资的基础性需求，而且将为我国股指期货交易继沪深300指数后推出多样化、高效率的新型品种打下良好的基础，营造适合的市场土壤。

第三，建立以证券商报价驱动为基础的大宗交易制度，完善市场化的控制权转让制度，以弥补目前主板市场交易制度单一、交易功能缺失的现状。对大宗交易和控制权转让的价格形成不应进行过多行政意义上的机械干预，但必须辅之以严格的信息披露与监管，维护证券市场公平。

第四，发行制度方面，在主板市场逐步探索以市盈率定价为主，其他定价方法为辅的多种定价机制；逐步减少证监会发行审核过程中的实质审核，而辅之以专业性、技术性较强的长期督导跟踪监管制度；在一定范围内适度放权，培育交易所上市审核功能等都将成为未来主板市场改革发展的方向。

（二）创业板市场

创业板市场对推进我国经济结构战略性调整、实现经济持续发展和落实自主创新战略、促进科学技术向现实生产力转化具有至关重要的意义。

自其开通后，已经在发行和交易规模方面取得了举世瞩目的成绩。但是，在热络的市场交易背后，高市盈率、高发行价和严重超募的畸状不能不引起人们对其未来发展的担忧。创业板市场制度设计的类主板化，未来将成为考验其走向的严峻问题。本书认为，应当创造符合创业板市场上市公司定位的发行和交易体制，引导市场形成适合创业企业发展的投资人结构，借鉴纳斯达克市场的成功经验，避免类主板化的资源浪费。

第一，创业板市场的宗旨和基本原则必须要建立在为高成长型中小企业与新兴高科技企业提供灵活便捷的融资渠道以扶持其发展这一基础之上，只有明确的基本市场功能定位，才能为创业板市场日后的发展和成长指明价值取向与前进方向。创业板的首要功能即在于为成长期的中小企业提供融资支持。

第二，根据企业成长阶段特点，创业板市场应定位为中小额融资。因此，创业板的发行制度应适应成长型中小企业的特点，在发行定价方式、注册审核机制和上市标准等方面作出适合创业板企业的规定。创业板市场的上市企业，成立时间通常较短并且盈利记录低于主板的上市要求，因此传统估值技术特别是市盈率估值方法并不适于这些企业。创业板市场股票发行定价应有其自身的特殊规则，本书拟从创业板企业的特点出发，探索真正适合创业板企业的估值方式。要解决小额融资市场的问题，根本措施在于使创业板市场定价遵循商业条件市值的规律，避免出现超募以及券商冷淡的现象，本书将针对符合商业条件的市值问题提出具体解决方案。

第三，建立符合创业板市场发展的交易制度。如何提高市场股票交易活跃程度是世界范围内创业板市场的共同难题，从各国创业板市场的发展来看，多样性的二级市场交易制度成为了首选。我们认为，应当建立以证券商报价为基础的强制性做市商制度，通过做市商的报买报卖为创业板市场提供持续的流动性，保证交投稳定活跃，同时辅之以投资者指令驱动的集中竞价交易，以此增强投资者入场信心。

第四，创业板的投资人定位问题。机构投资者在风险判断和投资技巧以及风险承受能力上较散户有明显的优势，创业板更适合专业的机构投资者。海外创业板投资者结构的一个显著特点就是机构投资人占主要地位。总结国外创业板的经验教训，我国创业板市场应坚持以机构投资人为主的投资人定位。创业板市场交易制度的完善也应从创业板的投资者定位和市场特点出发，作出符合创业板市场发展规律的制度选择，建立适合投资人需要的交易机制。

另外，本书对创业板市场在引入强制性做市商机制以后对经纪人制度的冲击以及未来创业板内部的层次细分问题也进行了初步探讨。

创业板市场是对主板市场的有效补充，在资本市场中占据着重要的位置。目前，高新技术对传统产业的改造在国内刚刚兴起，越来越多的风险投资涉足高科技领域，这就需要证券市场为金融资本与高新技术产业的结合提供一种流动机制，为风险投资提供退出渠道。同时，创业板市场的完善也将为整个证券市场内部注入竞争性，促进主板市场和三板市场等其他市场的发展，从而推动我国资本市场向更高层次发展。①

（三）三板市场

作为资本市场中的基础性层级，三板市场与场内证券市场相互补充，适应了不同主体多层次的市场需求。在全球范围内，三板市场法律制度的建设一直以来都是理论和实务中的难题，众多发达资本主义国家在三板市场建设中亦不同程度地遭遇困难和挫折。目前，我国三板市场发展处于萌芽阶段，以发行和交易制度为核心构建何种类型的市场，不仅关系到三板市场本身能否健康发展和持续运转，更涉及整个资本市场能否拥有强大的后备资源和稳定基础。

第一，我国三板市场的功能应当主要定位于为不符合主板、创业板上市条件的股份有限公司和小额发行公司的股权提供融资和流通的渠道，其次才为下市公司股票提供交易平台，为主板、创业板培育上市后备力量，发挥孵化器功能。

第二，从上述功能出发，建立全国联网的三板交易模式，不仅可以有效避免因柜台分散可能导致的交投清淡状况，提高三板市场证券交易的整体效率，而且符合政府对全国金融发展的宏观规划和不同地区间的利益分配，还可以妥善解决如三板市场内证券统一过户和经纪商会员资格等技术性问题。因此，基于现代电子技术的全国联网模式是未来三板市场发展的必然

① 董安生：《中国资本市场改革法律问题研究》，载《甘肃社会科学》2008 年第 5 期，第 54—55 页。

选择。

第三,在审核体制上,仍可维持由证券监管部门统一进行上柜审核的模式,但对于小额发行公司可以实行注册制,以降低其上柜成本。在具体上柜条件方面,总体上应远低于主板和创业板的上市条件。

第四,交易制度上,未来我国三板市场应当实行证券商报价驱动与非强制性做市商相结合的制度,集中竞价交易模式将无立足之地。采取证券商报价制度,不同的柜台交易市场可以拥有自己的报价会员,自行撮合买卖,从而对当前证券经纪人制度造成冲击。三板市场在证券的交割与资金的结算上,采取不同的方式:证券过户经过联网中心,与中央证券登记公司进行统一的交割;资金结算方面,在每个柜台交易市场内进行的流转交易,当天本市场的会员间即可进行结算,凡是涉及其他市场交易会员的,则需再进行一次结算。

第五,对于上柜公司的财务状况应当通过强制审计的方法予以信息披露,有关其法律状况的信息在未来三板市场中也应当予以充分重视。三板市场信息披露制度的建立,总体上可以参考主板市场,其严格程度基本与主板、创业板市场相当。由于三板市场上柜公司规模较小,也不宜对其科以过重的信息披露负担,否则将使得上柜成本过高,从而有碍具备潜力的上柜公司的迅速发展。因此,总体而言,强制审计是三板公司应负担的最起码的上柜成本。

(四)债券市场

前文已述,我国债券市场发育迟缓,债券品种和市场规模方面都有广阔的提升空间。事实上,债券市场的成熟度将决定我国资本市场在进行宏观经济调控、优化金融资产结构、推动利率市场化进程、调节资金转移等方面的表现。本书认为,相比其他市场,债券市场作为固定收益类产品市场风险较小、收益稳定,符合公司法、证券法规定条件的公司或者企业应当允许其公开发行债券。债券市场是资本市场的“稳定器”,一方面可以吸引大量的银行存款,另一方面,抑制过度投机可以有效削弱整个证券市场的风险。债券市场的发展为中央银行货币政策的实施从直接方式转为间接方式奠定了市场基础,有利于货币政策传导效力的提高。同时,债券产品开发对改善商业银行的资产结构,提高化解金融市场风险的能力和支持积极财政政策的实施,保证国家重点建设资金的到位都将产生积极的促进作用。

第一,目前我国债券市场的核心问题是证券业监督管理机构和银行业监督管理机构分别管理两个市场所导致的体制问题。依现阶段体制,债券市场在统一上存在巨大障碍。银行间债券市场采用证券商报价制度反映了债券市场发展的方向,但受制于非证券业的管理体制,对于证券市场规则及经纪关系、经纪规则、经纪人规则采取回避的态度,极易在市场发展过程中埋藏风险。我们认为,债券市场之经纪人本质上是证券经纪人,其适用证券法律调整应为题中应有之义。通过证监会形式授权银行间债券市场履行一线监管职责的模式将较为妥当地解决上述问题。应当明确的是,银行间债券市场的制度和规则应属于证券业范畴,现行管理体制限制了银行间债券市场的正常发展。证监会可以授权委托银行间债券市场负责完善交易规则、负责管理经纪人和交易会员、负责制定经纪人规则以持续监管,最终发展出以信托关系为核心的证券经纪人制度。

第二,对于银行间债券市场的交易制度,应该在坚持报价驱动制的基础上使交易双方能且仅能在网上进行匿名制的询价交易,一并废除 8 个轮次的对话条件和有“交谈权”的一方对交易成立具有最终确定权的规定,使同业中心在未来流动性大幅提升、交易产品种类进一步丰富的情况下提供由中介机构作为中央对手方的双向匿名撮合配对服务,并且银行间债市场回购交易中的担保模式应当成为我国未来担保交易市场的基本模式。

第三,商业银行在银行间债券市场上从事债券经纪业务具有巨大优势,对降低交易成本、提高市场效率、提高流动性发挥着极端重要的作用。未来可以将债券经纪业务从商业银行中剥离出来,成立独立的债券经纪公司,并建立以商业银行、债券经纪公司等为核心,以资本为纽带的金融控股公司以拓展债券经纪业务。另一方面,应当改造当前的结算代理业务,将债券经纪人与投资者之间的法律关系构建为信托关系,使经纪人可以根据市场情况及时、灵活地进行证券交易,从而活跃交投,并实现投资者权益的最大化。

第四,积极研究推出债券衍生产品,构建品种丰富、功能强大的固定收益产品市场。推动衍生产品的繁荣,并配合现货产品,有利于进一步促进市场效率的提高与市场流动性的增强。不仅如此,充分利用银行间债券市场由同业拆借中心提供的前台交易系统与中央结算公司提供的后台托管结算系统,可以搭建起我国统一的固定收益产品市场。

第五，在信息披露制度方面，负担持续性信息披露责任的信息披露义务人应当包括发行人与信用评级机构。债券衍生品的杠杆率和风险状况应当成为信息披露的重要内容，同时坚持风险可控原则。在信息披露的具体实现上，需要仰赖信用评级制度发挥作用。借助评级机构的专业能力和独立、客观、公正的判断，投资者才可能对衍生品的风险度和价值有一个直观的了解，从而最大限度地控制债券市场上的风险。

（五）金融衍生品市场

金融衍生品市场的发展对中国金融的崛起具有重大而深远的意义。虽然从表面上看，过度的金融创新和泛滥成灾的金融衍生品是2008年美国金融危机爆发的直接原因，但是针对中国衍生品极度匮乏的现状，我们仍应在加强监管的前提下发展中国的金融衍生品市场。

总体上看，由于发展时间较短、市场活跃程度不足，中国的金融衍生品种类不能满足投资者对产品多元化的要求，尤其是在股票、债券、外汇、利率等主要市场中。同时，金融危机后以美国金融监管改革法案为代表的各国金融监管变革昭示着未来金融衍生品发展的趋势。

金融衍生品市场的发育与多种交易制度有着紧密的内在联系。其中，证券商报价制度发挥着至关重要的作用：部分金融创新产品只可能适用证券商报价系统作为交易制度，比如期权类交易，只能以证券商报价制和信托制为基础，依先进国家之经验，甚至只能采以手报单的方式而排除了电子化交易和集中竞价的可能。从长远来看，只有引入证券商报价制度和信托制度作为基础，金融衍生品市场的发展才有可能真正走向成熟。

首先，我国金融衍生品市场的发展应当鼓励场内交易。从市场安全角度看，对于场外市场的金融衍生品须持谨慎态度，尽可能将杠杆性产品控制在交易所内，场外市场仅应存在合同性固定收益产品。

其次，应该在坚持风险空间预留原则、信息披露原则、全面系统原则、符合法律与公共利益原则和监管效率原则的基础上，在满足实体经济之需与金融风险管理之求的根本宗旨之下，以加强对衍生品杠杆率的控制作为重要监管手段。

第三，遵循优先发展对国民经济发展和金融稳定具有重要意义的金融创新，在沪深300股指期货的基础上，继续推出其他股票类期货、国债期货、利率期货、外汇期货等衍生产品，使衍生品市场在中国迈向金融大国的崛起之路中发挥应有的作用。

第四，通过发展结算会员制和投资者准入制度，采取诸如保证金交易制度、当日无负债结算制度、涨跌停板制度、持仓限额和大户持仓报告制度、风险准备金制度等市场稳定和风险控制措施，兼顾效率与安全，科学合理地监管我国金融衍生品市场，维护市场安全，促进市场发展。

尽管《证券法》的修改为我国多层次证券市场的建立扫除了法律障碍，但市场制度的建设仍然有赖于具体法律规范的设计。基本功能定位的区别应当成为界分不同层次市场的前提，在此基础上创造出适用的不同法律规则和规范体系，才能避免资源重复消耗，构建起实质意义上的多层次资本市场。多层次证券市场将提供全方位的融资功能、层次性的资源配置功能和大范围的资本风险定价的功能，并支持产品创新和制度创新。[①] 大力发展多重证券市场，既是证券市场自身完善的需要，也是促进经济发展的需要。各国资本市场发展的经验告诉我们，资本市场的层次性应当在满足不同交易主体需求的情况下，发挥特异性的具体功能，面对目前我国单一性、同质性的市场格局，法律制度建设仍然任重而道远。

---

① 邹德文等：《中国资本市场的多层次选择与创新》，人民出版社 2006 年版，第 37—38 页。

第二章　主板证券市场问题研究

一、我国主板证券市场的基本问题与发展趋势

所谓主板证券市场是相对于创业板证券市场而言的，一般是指上市标准最高、信息披露最好、透明度最强、监管体制最完善的证券交易全国性大市场，主要适于规模较大、基础较好、已步入成熟期和扩张期且占有一定市场份额的收益高、风险低的蓝筹公司。[①] 毫无疑问，主板证券市场作为多层次证券市场的基础性市场对一国资本市场与虚拟经济的发展起着举足轻重的作用。因此，建立规模宏大、交易产品丰富、交易制度完善和交易功能齐全的国内统一的主板证券市场成为构建多层次证券市场体系的前提与基础性条件。

我国的主板市场目前是以沪深两市为代表的主板证券市场，自上交所与深交所建立至今，经过二十多年的快速发展，我国的主板证券市场已经颇具规模，并对市场经济的发展起到了重要的推动作用。自两市主板市场并立的局面发展至今，深交所以创业板市场的开启为导向停止了主板市场新股发行，上交所在发展主板市场的同时积极探索国际板的创设思路，可以说，沪深两市的建立与发展初步打下了构建我国多层次证券市场体系的基础。但是在肯定成绩的同时我们必须看到，与国外发达资本市场相比我国的主板证券市场仍存在诸多问题。例如，虽然市场分工已逐步明朗化，但不论是国际板建设、主板市场现状还是创业板市场均存在一系列问题，主板市

① 周正庆主编：《证券知识读本》（修订版），中国金融出版社 2006 年版，第 16 页。

场的股票指数种类繁多，作为统一指数的沪深300指数虽然一定程度上起到了市场投资导向的基本作用，但由于指数本身在采样范围、调整时间方面仍不能充分满足市场化的要求，故建立新型灵活的统一股票指数以满足市场需求并为未来的股指期货打下基础是大势所趋；同时，主板市场内部交易制度单一，长期以来以指令驱动为基础的集中竞价交易制度虽然得以发展，但以证券商报价制为基础的大宗交易制度则完全没有建立，而机构投资者也不得不适应上述制度的要求，由此造成机构投资人投资模式散户化和市场交易功能单一的严重问题；以股权协议转让制度为基础的控制权转让市场受到诸多限制，致使上市公司治理结构优化缓慢，一股独大与大股东侵权现象屡见不鲜，难以与国际市场接轨；主板市场的发行定价技术单一，且发行审核制度行政干预性强，有待于逐步推进市场化改革，等等。如上所述，由于主板市场处于证券市场结构的核心位置，故构建和发展我国的多层次证券市场体系的首要问题便在于有效解决上述一系列问题。因此，我们将针对以上问题逐一进行深入的分析。

二、建立全国范围的统一主板证券市场为大势所趋

（一）明确沪深两市分工 做大做强国内主板市场

如前所述，建立一国范围内统一的主板市场对于一国资本市场的发展具有十分重要的现实意义。具体说来，规模宏大的主板市场能够为大型企业提供良好的上市融资渠道，而丰富的交易产品与完善统一的交易制度又能在此基础上为各类市场投资者提供多样的投资对象选择和充分的制度保护并减少市场内部成本消耗，从而达到优化一国资本市场、提高资源利用效率和推动实体经济发展的重要作用。

我国证券市场起步的主导因素在于基于外生性的政府推动。[①] 在我国证券市场发展初期沪、深证券交易所筹备建立的过程中，政府作为推动者设

① 不能否认的是，证券市场发展的根本因素在于市场经济发展的实质性需求，但从历史发展和与国际比较来看，我国的证券市场发展模式政府强制推动因素占有重要作用。

计了大量相关的制度规则。而中央政府作为证券市场的发起者,又是国有产权的所有者,必然有其利益诉求①,加之企业的融资需求与地方政府利益等诸多因素的影响,便形成了以向国有企业提供融资渠道助其脱贫解困为主要目的的沪深两市并存的主板市场基础格局。换句话说,我国主板证券市场从建立初期就已经埋下了诸多的隐患:一方面,证券市场建立的初衷偏向于为大型国企开辟融资渠道,而忽略了企业机制转换、市场风险管理与优化资源配置等功能和投资者合法权益保护这一证券市场的根本宗旨;另一方面,沪深两市并立的局面使我国主板证券市场内耗严重,沪、深交易所功能重叠,规则设计与人员管理等非市场成本消耗过大,而政策的失当与市场上的消极内部竞争不仅弱化了沪深两个交易所参与国际证券市场竞争的能力,而且不利于建立全国范围内统一的主板证券市场。

承上所述,全国范围内统一的主板市场是现代多层次证券市场结构中的基础性前提要求,不论从美、英、日②等金融发达国家的市场发展现状来看,还是从我国政府构建针对证券市场统一监管机制的长远发展目标来看,建立国内统一的主板市场以消除内耗、充分发挥证券市场自身的基本功能以配合我国市场经济的发展需求并整合国内市场资源、参与国际竞争都是大势所趋。因此,在对沪、深交易所进行市场结构与业务内容整合的过程中,可以参照纽约证交所与纳斯达克的分工模式,同时考虑上海和深圳各自的经济特征与城市定位,将上海证券交易所定位为中国股市的主板市场和蓝筹股市场③,并将深交所主板上市公司逐步移至上交所,以进一步扩大上交所作为主板市场的容量与融资能力,将其培养成为我国具有代表性的能够参与国际市场竞争的证券市场。与此同时,随着国际板的创设,境外企业的挂牌上市将使上交所上市股票结构从单一走向复合,其必然会很大程度上化解国内的流动性过剩以及投资渠道狭隘的问题。而随着国际板日益增多的国际优质上市资源不断涌现,势必会加大主板市场的开放性,促使良性

---

① 韩德宗:《从制度变迁看我国证券市场层次结构的演进》,载《浙江社会科学》2005 年第 5 期,第 204—209 页。

② 美国的纽约证券交易所、英国的伦敦证券交易所以及日本的东京证券交易所皆为各自国内统一的主板证券交易市场。

③ 任志安:《中国证券市场层次结构创新研究》,载《市场经济研究》2004 年第 2 期,第 28—32 页。

竞争机制有效运转，在推动上市公司整体资质不断提高、主板市场进一步健康发展壮大的同时，为广大投资者提供更为丰富的市场投资选择。另一方面，深交所应该在现有中小企业板以及创业板的基础上，吸取国际市场经验，充分利用网络技术、风险投资等先进因素，进一步完善和建立起符合多层次证券市场体系要求的真正意义上的创业板市场。具体来说，则应从明确创业板市场基本功能定位，即为中小企业及高科技企业提供灵活便捷的融资渠道以及鼓励中小额发行等几个方面扩展铺开创业板市场的建设思路。概而论之，应当明确沪深两市的分工，在有利于国家整体市场经济发展的前提下，真正使沪深两市分工协作、共同发展。而从主板市场角度来说，做大做强主板证券市场、提高其国际竞争力是构建多层次证券市场体系的基础条件，势在必行。

（二）统一指数问题

股票指数又称股价指数，是由证券交易所或金融服务机构基于一定的统计学计算方法编制的，反映股市总体价格或某类型股价变动和走势的指示数字。投资者可以根据股指的变动检验投资效果并对未来股市走向作出相应预期。概括而言，股票指数一般具有以下功能：作为宏观角度观察、预测整体社会经济发展走势的重要参考指标；作为投资业绩的衡量标准，尤其用于衡量基金运作的业绩；作为开发股指类金融产品的标的物基础载体。因此，根据所需功能的不同侧重，对股指有着不同的要求：反映宏观市场活动的指数必须具备高度精确跟踪市场的能力；作为评价投资业绩的指数则须既反映市场趋势和与之相关的经济活动，又具有现实可投资性，能够有效地为被动投资策略（如指数基金）服务；而用于金融产品标的物的指数必须具有可交易性，并具有便于进行新产品开发的灵活性。

目前世界范围内各国主板证券市场都普遍存在大量的股票指数，其中比较著名的包括道·琼斯指数（以纽约证券交易所挂牌上市的部分具有代表性的公司股票作为编制对象，由工业、交通运输业、公用事业以及相关产业四种股价平均指数构成）、伦敦金融时报指数（英国《金融时报》根据伦敦证券交易所的行情变动编制）、日经指数（也称“日经道·琼斯股价指数”，是由日本经济新闻社编制并公布的反映日本东京证券交易所股票价格变动的股价平均指数）等等。

我国目前以沪深两市为代表的主板证券市场在发展壮大的过程中诞生了大量股票指数,其中比较重要的包括:上证综合指数、上证 50 指数、上证 180 指数、深证综合指数、深证 100 指数以及沪深 300 指数等等。长期以来,沪深两市各自均有独立的综合指数和成份指数,这些指数在投资者中有较高的认同度(如上证综指、深证成指等),但市场缺乏反映沪深两市整体走势的统一市场指数,全国范围内本应统一的市场无形中被人为分割开,沪深两个交易所使用的两套指数分别针对各自交易所,因此,统一指数成为市场参与者的祈盼。而沪深 300 指数的推出在一定程度上切合了市场需求,适应了投资者结构的变化,为市场增加了一项用于观察市场走势的指标,也进一步为市场产品创新提供了条件。但是我们必须看到,正如本节问题(一)中所述,沪深两市并存的局面实际上正是我国市场内部股票指数参差不齐、数量过多的根本原因。很长一段时间内,一方面沪深两个交易所必须按照各自市场内部上市公司的实际状况分别编制股票指数,而基于统一监管与国内市场投资者基本的全局性预测需求,又必须针对全国市场综合制定统一的股票指数,于是股票指数本应具有的指向性功能在我国主板证券市场内部被严重削弱;另一方面,各股指计算方法不同、调整期限不同、所依据的上市公司样本分类基础也不同,股指数量增多的同时也导致了功能重叠、浪费市场成本的状况出现。沪深 300 指数的推出虽然为市场提供了跨市场的参考指标,但就实践来看,由于长期以来沪深两市并立的格局,导致投资者大多依然习惯于以各自投资股票所在市场的传统指数作为主要参考。同时,沪深 300 指数是国内第一只股指期货标的指数,也是目前中国内地证券市场中跟踪资产最多、使用最为广泛的指数。其由沪深 A 股市场中规模大、流动性好、最具代表性的 300 只股票组成,以综合反映沪深 A 股市场的整体表现。但是,沪深 300 指数在过度强调一般代表性与反操作性的同时,必然使指数的灵活性与引领性大大降低,这也会在很大程度上导致在其基础上建立的沪深 300 股指期货产品相较于外国的 A 股指数期货产品效率低下,对于市场的反应迟钝,易呈现出跟随其涨跌的局面。同时,由于国内市场缺乏各种小型单只股票期货产品的配合,故样本空间过大的股指期货产品不仅对于发挥股指期货的基本作用意义较小,而且易为外国同类产品所影响,从而使其在定价权的争夺中处于劣势,造成市值流失与资源浪费。

因此,结合发达国家证券市场发展的经验、顺应建立国内范围内统一的主板证券市场这一历史趋势，在我国国内股票市场尽快建立新型统一的股票指数，发展编制指向性明确、计算方法科学和调整及时的行业类指数（如50指数）是十分必要的。如此不仅能够解决市场投资的基础性需求、顺应建立统一主板证券市场的趋势，更为重要的是为我国今后股指期货的推出打下良好的基础、营造与之相适应的市场土壤。

（三）股指期货问题

股票指数期货简称股指期货，是一种以股票价格指数作为标的物的金融期货合约。[①] 股指期货的诞生源自股票市场风险管理的基础性需求。如上所述，由于股票指数能够代表相应股票价格走向变动的趋势，因此随着股票市场波动的加剧，市场参与者期望通过将股票指数改造为一种可交易的标准化期货合约，用以对持有股票进行套期保值、规避系统风险，于是股指期货应运而生。随着各国市场的发展，股指期货的功能逐渐被重视起来，其发达与否成为了一国证券市场是否成熟的标志之一。具体来说，股指期货除了具有投资层面上套期保值、价格发现、优化资产配置等基本功能外，对于我国证券市场的宏观意义更为重大：

第一，股指期货有利于对冲交易机制的构建和规避系统性风险。推出股指期货可以为股票市场增加做空机制，投资者便可以根据股票价格与股票指数同趋势的基本性质，通过在股票现货市场与股指期货市场作相反操作的方式，来达到对冲和规避系统风险、锁住收益的目的。

第二，具有价格发现功能，有利于促进合理的市场波动。正是由于股指期货交易有做多、做空的双向机制，其具有的套期保值功能，可以使投资者在股票现货价格与股指期货价格偏离过大时，采取相应套利策略，通过市场套利行为使两个市场的价格趋于均衡，促进股票现货市场价格的回归，缓解股市震荡的幅度和速率，保持市场交易秩序的相对稳定，同时也可以减轻投资者的损失，以提高市场投资的安全性。

第三，降低交易成本、丰富市场品种与促进交投活跃。毫无疑问，对于我国证券市场来说，股指期货作为一种新型交易品种，其推出本身就是对市场交易品种的丰富，又由于股指期货保证金交易的特征，即只需要支付一定

---

① 周正庆主编：《证券知识读本》（修订版），中国金融出版社2006年版，第78页。

比例的保证金，就可以启动价值较大的期货合约交易，这样可以极大地降低交易成本、提高资金使用效率，并刺激投资人获得扩大利润空间的投资心理，从而促进整个证券市场的交投活跃，提高市场流动性。

第四，有利于机构投资人的培育。横向比较世界范围内证券市场发展相对成熟的国家，机构投资人都在市场投资人结构中占有重要比例。而我国证券市场发展至今，投资人结构不合理的问题始终存在，本应成为投资主力军的机构参与人很大程度上由于市场投资品种的稀缺与避险机制的匮乏，在面对股市大势回落时无能为力、束手无策，这直接打击了机构投资人入场的信心，不利于市场投资人结构的合理化的发展。而股指期货的推出，无疑为机构投资人提供了低成本的风险管理渠道与资产组合的多样性选择，便于其进行长期稳定的多元化投资。

第五，有利于增强我国证券市场的国际竞争力。股指期货推出的意义不仅在于丰富市场交易品种和提供对冲交易机制，更为重要的意义在于为夺回我国证券市场的定价权提供了便捷的交易工具。由于我国股市长期以来的单项交易机制，境外投资机构利用我国市场交易品种匮乏、避险渠道狭窄的现状，利用衍生品交易打压中国市场，进行跨市套利。而股指期货的推出则可以为境内市场提供有力的对抗跨市套利的交易品种，这有利于巩固我国证券市场的稳定性，提高其参与国际竞争的能力。

2010 年 4 月 16 日，经历了八年多的研究酝酿与四年的扎实筹备后，沪深 300 股指期货合约在中国金融期货交易所正式上市交易，我国股票类金融衍生品市场的空白状态开始改变。沪深 300 股指期货合约以沪深 300 指数为标的，该指数选取沪深两市共 300 只 A 股作为样本编制而成并由上交所与深交所联合发布，其样本股市值约占沪深市场 A 股总市值的 60%，具有良好的代表性。从长远来看，作为中国推出的首个对整体市场具有重要意义的股指期货类衍生产品，沪深 300 股指期货合约的上市交易，对于开辟主板市场双边市场，稳定股票现货市场价格，减小市场波动性，为投资者提供套期保值与对冲交易的避险工具，增强股票市场流动性，增大交易量，发挥价格发现和资源配置功能无疑具有极其深远的意义。从证券市场制度设计的角度分析，迄今为止沪深 300 股指期货合约总体上取得了一定成绩，在此基础上，市场各方及理论研究者对于以沪深 300 股指期货为代表的我国股指期货衍生品市场的发展现状、市场表现及未来发展趋势均作出了众多解读。综合各家之言,可以肯定的是,不论是从具体法律法规的理论解读还是一年来的交易情况及市场反应,沪深300股指期货均暴露出在交易制度设计和监管理念上存在着亟需改进之处。

首先,沪深300股指期货在指数样本股选择与监管机制上过于强调一般代表性和反操纵性,相较国外已经存在的中国A股股指期货产品而言效率低下、缺乏引领性,从而导致其在对定价权的争夺中处于劣势,受外国同类衍生品制约与影响严重。沪深300指数是国内第一只股指期货标的指数,也是目前中国内地证券市场中跟踪资产最多、使用广泛度最高的指数。其由沪深A股市场中规模大、流动性好、最具代表性的300只股票组成,以综合反映沪深A股市场整体表现。按照中证指数公司的行业分类,沪深300指数样本股覆盖了全部10个一级行业,样本股行业分布与全市场行业分布较为接近,行业偏离度仅为2%。沪深300指数覆盖了沪深A股市场的主体部分,具有较强的市值代表性和行业代表性。[①] 如此,样本股权重分布较为均衡,抗操纵能力较强,这是监管层着重于金融衍生品安全考虑的结果。而从世界范围内看,相对于中国股票衍生品市场的缓慢发展,境外的交易所早已纷纷推出中国概念的股权类衍生品:芝加哥期权交易所(CBOE)于2004年10月推出第一个中国指数期货产品(CX · CBOE)、香港交易所于2005年5月23日推出的新华富时中国25指数期货及期权、新加坡交易所2006年9月推出的以中国A股市场指数为标的新华富时A50指数期货。[②] 上述股指期货合约产品所选取的指数样本空间都远小于沪深300股指期货。事实上,根据中证指数公司的数据显示:中国A股现货市场前10大权重股的累计权重为27.51%,前20大权重股的累计权重为39.6%。由此可知,沪深股市中前50名,甚至前20名的权重股所占份额已经足以带动大盘走势、引领涨跌。由于金融市场日益国际化,不同国家金融市场信息传递速度和资金流动速度加快,市场之间的联动性明显增强。虽然市场的联动程度会受到多种因素的影响,但是无论程度的轻重,市场的联动性都引出了国外拥有对资产的定价主动权的问题。这意味着:沪深300指数期货相较于外国的A股指数期货产品效率低下,对于市场的反应迟钝,从而呈现出跟随

---

① 中证指数有限公司:《沪深300指数问答》,载《上海证券报》2009年7月28日封五。

② 谢圣姬:《中国金融衍生品市场发展研究》,复旦大学2008年硕士学位论文,第40页。

其涨跌的局面。本书认为,股指样本空间的选取直接关系到股指期货的市场效率。样本空间过大的股指期货产品不仅对于发挥股指期货的基本作用意义较小,而且易为外国同类产品所影响,从而使其在定价权的争夺中处于劣势,造成对资源的极大浪费。

其次,目前沪深300股指期货相对过高的保证金比例从另一个角度造成了中国股指期货产品难以与境外的A股同类产品相抗衡。具体来说,沪深300指数期货各类合约的初始保证金率一般保持在合约价值的15%—18%,例如:内地IF1005合约的保证金率为15%,在关于沪深300股指期货合约上市交易有关事项的通知中,中金所规定股指期货近月合约保证金为15%,远月合约保证金为18%。这一比率与韩国KOSPI200指数期货的初始保证金率相同,低于印度NIFTY指数期货的初始保证金率,但明显高于美国、欧洲及其他新兴市场的初始保证金率。[①] 而更值得注意的是,在中金所规定的保证金基础上,期货公司还会进一步加收3%—5%的保证金,以此计算,沪深300股指期货合约的最低保证金有可能达到合约价值的18%—23%。相较于国际发达市场的3%—8%,如此高的保证金比例虽然能够起到促进股指期货产品的平稳推出与稳定运行、降低杠杆幅度以减少市场未来潜在风险的基本作用,但却极大地提高了股指期货合约的交易成本。根据国际成熟期货交易市场发展的基本经验及证券法的基本原理,期货合约交易保证金比例高于15%的,一般便认为是现货交易。目前我国沪深300股指期货交易的保证金比例已经接近甚至超过期货交易的临界值。从市场效率角度观察,我国股指期货畸高的保证金比例,将意味着我国市场投资者必须具备相当于国内市场保证金与境外市场保证金之比数倍的交易成本才可能与境外同类产品竞争,这必然增加市场交易者的机会成本,降低其市场参与意愿,从而减少股指期货市场的灵活性和流动性,进而影响股指期货市场功能的发挥,甚至会导致期货市场本身价值评价与引领现货市场价格的能力丧失;另外从股指期货的交易格局来看,投机与套期保值本为共生,二者发展的根基在于投资者的参与意愿,如果市场参与积极性在过高保证金比例的前提下持续走低,对冲交易与套期保值就无法形成对手盘,双边市场

① 王乃生、喻博:《从国际标准看沪深300指数期货推出的安全性》,载《中国证券报》2009年10月21日。

格局难以形成和健康发展，这同样不利于股指期货市场的长远发展，最终结果无异于将对市场的定价权拱手让人。从长远来看，在衍生品市场的发展过程中，市场的需求数量在很大程度上决定了市场的规模、交易所的盈利状况，并进一步影响到国内衍生品市场的有序发展。我国股指期货推出本已晚于境外市场，保证金比例过高将使其在未来一段时间内进一步受到国外市场的抑制。这样，原本需要在中国衍生品市场进行交易的投资者部分或者大部分分流到海外市场，中国股指期货衍生品市场的规模化便可能受到严重阻碍。

最后，保守的制度设计理念与不成熟的市场环境也成为阻碍沪深 300 股指期货发展的因素之一。抵御境外市场的间接影响和操纵是当前中国股指期货市场制度设计应当关注的首要方面。目前来看，我国市场监管部门对股指期货交易收严法律管制，这种意图以严格的法律控制避免股指期货风险的方式，存在政策方向性偏差，收效甚微。其症结在于：忽视了全球期货市场的联动性和一体性，跨市套利作用使得市场因素所产生的一系列基本问题不能完全依靠行政手段解决。相比较而言，国外的金融中心都有较自由而成熟的金融监管体制，有利于吸引国际资本的进入，较快形成市场规模。而中国目前金融监管体制的行政主导性特征过于明显，在股指期货初生缺乏与现货市场联动性的大环境下，并不利于吸引国际资本的进入，也不利于市场规模的扩大。由于上述因素，国内交易所在衍生品交易方面的利润便低于原先预期的水平。可以肯定的是，在不久的将来还会出现新的海外中国股指类衍生品。这将使市场竞争进一步激烈，给中国交易所的利润增长带来更大的压力。

承上所述，现阶段中国股指期货市场的格局表明：在产品设计、保证金比例和法律监管方向上的缺陷，导致沪深 300 指数期货存在被境外市场严重影响、竞争力低下的风险。一直以来，大宗商品期货市场存在着境内市场随境外市场波动的情形，但鉴于国际商品期货市场巨大的交易量，作为全球市场一部分的中国市场亦不可避免地受其影响。然而，在股票现货市场相对独立于境外现货市场的股指期货领域仍出现这样的局面，将大大降低我国推出股指期货的意义。这种反常的状况缩小了国内金融衍生品的市场规模，挤压了国内衍生品交易的利润空间。更为重要的是，未来随着市场的迅速发展，这种状况将严重影响对本国现货市场的定价主动权，使得国外市场对国内市场的影响进一步加剧,并且引起市场波动的可能性和波动程度都将增大,同时还可能引起大额资金频繁进出中国,对市场造成较大冲击。一旦出现境内市场走势完全依附境外市场的局面,则相当于放弃了对现货市场的定价权,也将导致市场监管难度的加大。应当指出的是,若跨市套利作用造成我国股指期货市场与全球市场的趋同,其唯一可能的积极因素在于导致政策因素的影响大为削弱,市场作用使政策控制无法发挥充分的功能,政策的合理性将经受市场规律的检验,这无疑将构成对政府和监管层政策的重大考验。因此,我们针对沪深 300 股指期货的发展现状作出深入研究并提出未来的可行性建议,具体如下:

首先,实现沪深 300 股指期货的行业化。根据目前我国股指期货市场现状,应当在沪深 300 股指期货的基础上进一步推出样本容量更小、具备更高效率的股指期货产品,根据安全和效率并重的理念,发展有利于促进股市做空机制建立和稳定发展的股票金融衍生品。同时,以此为契机,促使现货市场完善指数体系,推动不同风格的指数期货产品、期权产品的产生,在此基础上发展品种丰富的股票金融创新产品。但从目前情况来看,我国还不具备大量发展基于个股的衍生品交易的条件。事实上,个股的衍生品交易,由于需要一个更加有效的市场、更加透明的信息披露制度和更为完善的监管体制为基础,其在各国的发展都是相当谨慎的。

而正如上文中所述,我国沪深 300 指数的行业分布与涵盖面很大,基本囊括了沪深两市各主要行业的大型企业,其样本股总市值占沪深两市 A 股总市值的 60% 以上,极具市场代表性与反操作性,但灵活性与效率性不足。据相关数据统计,截至 2010 年 10 月 19 日,沪深 300 指数的前五大权重行业分别是金融、工业、材料、可选消费品和能源,上述行业合计占据指数超过 85% 的权重。[①] 而由于材料和可选消费品两个行业上市公司的经营范围较广、差异性较大,构建指数代表性较为复杂,故我们以沪深 300 指数行业权重前两位的金融行业与工业行业为例计算,其 35.46% 与 17.33% 的权重分别乘以 60%,得出的 21.28% 与 10.4% 则体现了金融与工业两大行业上市公司总市值占 A 股市场总市值的基本比例,可以看出,如此高的代表性已经足以发展行业化的新型指数并在此基础之上期货化。因此,我国可以在沪

---

① http://qizhi.hexun.com/2010-10-29/125317401.html.

深 300 股指期货稳定运行的基础上不失时机地根据沪深 300 指数样本股已有的行业分类推出如沪深 300 金融、工业甚至能源类股指期货。以沪深 300 指数期货为市场主体，推出相关的小型品种、分行业品种和配套的股指期权是未来沪深 300 指数期货发展的一条捷径。①

其次，推出其他小型股指期货产品。从更宽广的视角来看，我国股指期货在未来发展的过程中亦可借鉴境外成熟市场发展股指衍生品市场的做法，根据市场状况更为灵活地适时推出以其他小型指数为样本的期货产品以丰富市场投资品种，为市场参与者提供更多投资选择。例如香港交易所推出的新华富时中国 25 指数期货（E-mini FTSE/XinhuaChina 25 index futures，其指数成分股除联交所上市的红筹股外还包括 H 股中市值最大的 25 家内地公司）；再如新加坡交易所推出的新华富时 A50 指数期货，其指数成分股精选沪深两市挂牌的市值最高的 50 只 A 股，实质上代表了沪深 300 指数成分股中的核心部分，故与沪深 300 股指期货的竞争性相对更强。这些相较沪深 300 股指期货在交易成本上更为低廉的小型化境外指数期货产品发展十分迅速，在为我国股指期货市场的未来发展提供借鉴和参考依据的同时也对沪深 300 股指期货提出了强大的挑战。

最后，建立完善股指期货相关配套制度。除却上述股票指数其期货产品本身的新型化以外，股指期货相关配套制度的构建亦是不可或缺的，再好的产品缺乏相关制度的支持也无法形成市场化效应。而从细分层面来看，市场准入制度、市场运行监管制度与纠纷解决机制则基本构成了整体制度框架。而针对股指期货而言，目前来看市场准入与运行两个层面的问题相对突出。

在保证金制度方面，基于风险防范与市场稳定的基本考量，目前沪深 300 股指期货的保证金设置相对过高，如果说在股指期货市场建立初期采用相对审慎而保守的保证金比例无可厚非，那么在未来行业化小型化股指期货产品的发展过程中，相应地降低保证金比例则是大势所趋。正如上文所述，股指期货作为当代金融市场中重要的衍生品种，其魅力便在于以小搏大，而正是这种杠杆性交易极大地撬动了资本市场的运作效率，促进了全球

---

①　方晓雄：《沪深 300 股指期货与海外中国概念股指期货的竞争性分析》，载《新金融》2008 年第 2 期，第 52 页。

金融的迅猛发展。因此，在我国未来股指期货市场的培育过程中，不能因为畏惧风险而盲目提高市场准入门槛，过高的保证金比例在加大交易成本的同时会逐步削弱投资者的投资积极性，导致市场流动性下降、效率低下并使指数期货类产品开创双边市场与对冲交易格局、价格发现等基本功能丧失殆尽，这无异于南辕北辙，不仅违背了创设衍生品的初衷而且极大地浪费了市场资源。因此，在我国股指期货市场未来的发展过程中，必须根据产品样本选择并设计具体灵活的设计保证金制度，这不仅仅以单纯的降低保证金为主，还包括保证金层次的区分①以及违反保证金制度的市场措施的完善。

而从股指期货市场运行机制这个角度来看，熔断机制的存废则可以作为一个代表来进行分析讨论。众所周知，在沪深 300 股指期货合约正式推出之前，经过修改的《中国金融期货交易所股指期货仿真交易业务规则》规定了股指期货的熔断机制，其配合涨跌停制度共同使用，即在股指期货涨跌停幅度 10% 的基础上引入一个 6% 的熔断点。具体内容如下：

（1）股指期货合约的熔断幅度为上一交易日结算价的 ±6%，涨跌停板幅度为上一交易日结算价的 ±10%，最后交易日不设熔断机制，涨跌停板幅度为上一交易日结算价的 ±20%。

（2）每日开盘后，股指期货合约申报价触及熔断价格且持续 5 分钟，该合约启动熔断机制。

（3）启动熔断机制后的连续 5 分钟内，该合约买卖申报在熔断价格区间内继续撮合成交。5 分钟后，熔断机制终止，涨（跌）停板幅度生效。

（4）熔断机制启动后不足 5 分钟，第一节交易结束的，熔断机制终止，恢复交易后，涨（跌）停板幅度生效。

（5）收市前 30 分钟内，不设熔断机制。熔断机制已经启动的，终止继续执行。

（6）每日只启动一次熔断机制。

而在最终正式公布的沪深 300 股指期货合约及交易规则中，则取消了上述《仿真交易业务规则》中规定的熔断机制。综合考虑其因素，可能是由

① 国际发达市场各主要股指期货类产品中大多设置了不同层次的保证金制度，如标普 500 指数期货所采取的初始保证金与维持保证金的划分，这种灵活高效的设计赋予了清算所或期货公司采取更为便捷有效的风险防范措施的能力，使市场效率与安全并重。

于上述熔断机制"熔而不断"的运行效果以及沪深300指数过高的代表性与反操作性，加之保证金比例的提高均极大地降低了市场风险。姑且不论目前的沪深300股指期货是否有必要引入熔断机制，在未来我国股指期货市场的发展过程中，随着各种小型化、行业化指数的推出，随着新型股指期货类衍生品效率的逐步提高，市场运行机制必然应随之发生变化。如果说沪深300股指期货尚不需要熔断制度的引入，那么日后的100、50指数产品则应根据具体情况具体分析，适当地引入"熔断"或"减速"①机制配合涨跌停板制度，以更好地降低高杠杆率衍生产品的市场风险。

综上所述，发展股指期货等金融衍生品是深化金融体制改革、推进资本市场发展的必然要求。我国证券市场欲与国际接轨，推出全局性衍生工具与创新交易机制是必由之路。除股指期货外，随着我国证券市场的深入发展，掉期违约产品、汇率期货、利率期货等有利于促进金融市场健康发展的全局性金融衍生产品都应适时推出，以进一步完善我国多层次证券市场的交易体系，促进我国市场经济的发展。当然，在重视股指期货等全局性金融衍生品对于市场重要意义的同时，我们也必须强调推出股指期货等交易品种的时间合理性。

三、健全主板市场交易功能　完善以证券商报价为基础的大宗交易制度

从形式上看，大宗交易即指证券市场内单笔交易规模远大于市场平均单笔交易规模的交易。自20世纪以来，随着国际证券市场迅速发展、一体化程度不断提高，全球范围内各国证券市场间的竞争日益加剧。由于各国

---

① "减速"措施的制定可以参考纽约证券交易所的"80A规则"：在道琼斯工业平均指数(DJIA)较上季度最后一个月平均值上涨(或下跌)2%以上时，该规则即对指数套利交易施加限制，规定委托买卖的成分股价格不得高(或低)于该股上一笔成交价，除非上一笔成交价与再上一笔成交价相比呈跌(或涨)势，此类买卖委托才可以输入。如果实施减速措施后，当日指数与上季度最后一个月平均值的涨跌幅缩小为1%(或以内)时，上述限制即取消。减速机制的应用在稳定交易价格的同时，能够很大程度上避免熔断或涨跌停板制度由于多次暂停交易而干扰市场流动性与价格真实性现象的发生。

市场内部投资者结构中机构投资者比重的上升与实力的不断增强，基于基本的市场利益诉求，其对大宗交易的需求也随之不断增强，大宗交易的成交金额在各国市场总成交金额中的比例不断加大。

结合国际先进市场经验具体分析，大宗交易具有直接降低机构投资者的交易成本、满足投资者大宗股票转让的需求、提高证券市场稳定性和流动性以及为控制权转让市场提供便利、提高资源配置的效率等积极意义。因此，国际各主要证券交易市场为吸引机构投资人入场投资，均不同程度地改善对机构投资者的服务，解决大宗交易遇到的流动性问题，提高大宗交易的撮合效率，降低大宗交易的成本，减小大宗交易对市场稳定性的冲击，而这一系列制度设计的有机结合即构成了相对于散户投资交易的专门的大宗交易制度：其以正常规模交易的交易制度为基础，对大宗交易的撮合方式、价格确定和信息披露等方面采取特殊的处理方式。

为顺应国际证券市场发展潮流，我国证券市场最初于 B 股市场尝试建立了一些大宗交易制度，如深交所在 1993 年 8 月 6 日公布的《深圳证券交易所 B 股对敲交易暂行规则》中即以对敲交易的形式初步对大宗交易制度进行了设计。2002 年 2 月 26 日，深交所推出《深圳证券交易所大宗交易实施细则》，并于 2003 年进行修订，将原来仅适用于 B 股市场的大宗交易扩展至包括 A 股、B 股、基金、债券和债券回购，扩大了交易品种的范围。而我国的大宗交易自 2002 年 3 月 19 日银河证券与上海金证信息投资咨询有限公司的罗牛山流通股交易开始至今，已经历了十余个年头。

但是我们必须看到，我国的主板市场在交易制度方面，证交所基于原《证券法》与政策的限制，仅仅提供了适合于散户交易者交易的投资人指令驱动交易制度（即集中竞价交易制度）[①]，而机构投资者也只能适应这一制度的要求，由此造成机构投资人投资模式散户化的严重问题。尤其值得说明的是，根据 2004 年“国九条”、2008 年“金九条”与 2005 年修订的《证券法》[②]的规定，“变单一集中竞价交易制度为多种交易制度”已经是我国证券法制发展的重要原则；但我国证交所及交易制度目前仍受到旧政策的约束

① 详见我国 1999 年《证券法》第 33 条之规定。

② 详见 2008 年 12 月 8 日国务院办公厅《关于当前金融促进经济发展的若干意见》与 2005 年修订后《证券法》第 40 条至第 42 条之规定。

与影响，在面对机构投资人开设的应当采取证券商报价制度的大宗交易柜台，我国目前采取的做法是依据集中竞价交易市场的平均成交价，以集合竞价方式撮合成交，这实际上根本改变了大宗交易的意思自治之协议本质。实际上，如果在证券交易法制中排除了证券商报价制度，那么不仅大宗交易不能有效进行，而且创业板证券交易、三板市场证券交易也都无法正常进行，证券市场设计者总不能将三板市场也搞成类主板[①]。

总体来看，深沪两市虽然均出台了大宗交易相关细则，但由于我国主板证券市场主要实行投资者指令驱动为基础的集中竞价交易模式，完全没有建立以证券商报价驱动为基础的大宗交易制度，加之现有大宗交易制度的设计本身就存在一系列问题，导致机构投资人不得不扭曲地适应现有制度设计而投资散户化的严重问题。大宗交易在我国市场也并没有充分发挥出其提高市场流动性和优化资源配置的效率等基本功能。恰恰相反，2008 年我国股市大跌背景下解禁新规出台后大宗交易“井喷”式的火爆已经说明，大宗交易成为了大小非减持、机构套利等众多投资者的交易工具，甚至成为了融资融券试点券商为应对股指期货的推出而大幅吸筹的手段。因此，如何完善大宗交易制度，充分发挥大宗交易对证券市场的积极作用，尽量避免大宗交易影响市场稳定性的因素产生负面影响，必然成为值得我们深入思考的问题。

具体分析，完善我国大宗交易制度应大体从以下几个角度入手：

第一，建立以证券商报价驱动为基础的大宗交易制度。依价格形成与流动性提供的主导力量不同，可将证券价格的形成机制分为投资者指令驱动制和证券商报价驱动制两类。而所谓证券商报价驱动制，是指在证券市场上，由具备一定实力和信誉的特许证券商作为中介商，不断向公众投资者报出某些特定证券的买卖价格，并在该价位上接受公众投资者的买卖要求。中介商通过这种连续的报价，活跃了市场上的证券转手交易行为，维持了市场的流动性。在证券商报价驱动制下，买卖双方的委托不直接成交，证券的交易价格由报价的中介商直接决定。我国主板市场长期以来的交易制度单

① 不论从上市标准还是上市公司类型看，目前深交所的中小企业板本质上就是“类主板市场”，无法起到为中小企业进行小额融资的基础性作用，更没有具备“创业板市场”的基本条件。

一，以投资者指令驱动为基础的集中竞价交易模式不能满足机构投资人对于大宗交易的实质性需求，其对于灵活便捷、交易成本低并能够提供大量流动性的证券商报价驱动制的市场要求始终无法作出回应，而只能机械地受制于指令驱动的集中竞价交易模式，不利于机构投资人的长期培养。而我国的大宗交易由于缺乏多种交易制度的支持，也仅仅是徒具其表，不能充分发挥大宗交易制度的真正作用。进一步来说，建立证券商报价驱动制、完善交易制度的意义绝非仅仅局限于我国的主板证券市场，实际上，B 股市场、二板甚至三板市场都需要证券商报价机制的构建，而只有建立了以投资者指令驱动与证券商报价驱动为基础的多种市场交易制度，我的多层次证券市场体系才能吸引大量各类投资人入场，从而提高自身的竞争力，真正与国际接轨。

第二，深刻理解大宗交易的本质要求，提供合理的价格形成机制。自我国设计大宗交易制度以来，很长一段时间内我国沪深两市针对大宗交易的价格形成均规定："……以当天成交最低价格与最高价格区间内进行报价，无成交者以前收盘价为交易价格。"换句话说，当日如果没有成交价格时，大宗交易价格就完全没有依据，并且投资者无法根据大额交易信息突破当日成交价格区间进行定价。该类规定忽视了大宗交易与散户交易本质上的差别，没有体现大宗交易不同于集中竞价的多元化的价格形成机制的需求。过于僵化的强制性价格形成机制也成为了大宗交易制度推出后很长一段时间市场反应冷淡的重要因素之一。值得注意的是，2008 年 12 月 29 日，深交所公布了《深圳证券交易所综合协议交易平台业务实施细则》，其第 2 条明确规定："本细则所称协议平台，是指本所为会员和合格投资者进行各类证券大宗交易或协议交易提供的交易系统。"同时，该细则第 17 条明确规定："……（一）权益类证券大宗交易中，该证券有价格涨跌幅限制的，由买卖双方在其当日涨跌幅价格限制范围内确定；该证券无价格涨跌幅限制的，由买卖双方在前收盘价的上下 30% 或当日已成交的最高、最低价之间自行协商确定。（二）债券大宗交易价格，由买卖双方在前收盘价的上下 30% 或当日已成交的最高、最低价之间自行协商确定。（三）专项资产管理计划协议交易价格，由买卖双方自行协议确定。"可以看出，目前深交所已经开始意识到以往过于严格的价格限制紧扼了大宗交易发展的咽喉，因此将"以当天成交最低价格与最高价格区间内进行报价，无成交者以前收盘价为交易价格"

修改为以涨跌幅限制为基础的更为灵活的价格形成机制。但是，该条中较为明显的30%的限制性条款仍可能成为大宗交易价格形成的障碍，当然，其中也自然体现了我国交易所规则制定上“分步谨慎”的传统。可以说，《深圳证券交易所综合协议交易平台业务实施细则》为我国大宗交易制度的完善开了一个符合市场化要求的好头。

第三，完善大宗交易信息披露机制，市场公平与效率并重。凡事必有利弊，以证券商报价驱动为基础的大宗交易在具有提高市场流动性、优化资源配置等积极功能的同时，其场外议价交易和针对不同投资者设定不同的信息披露规则的要求则有可能降市场低透明度，不利于市场中小投资者的利益保护。这也反映了作为证券市场交易制度制定目标，效率与公平两种基本价值取向之间永远存在着矛盾。而此时，制度设计者则应该充分发挥意识的主观能动性，在制度以丧失部分公平为代价换取市场效率的同时，通过构建有效的信息披露监管来弥补制度缺陷，尽量减少不利因素的影响。如通过强行规定大宗交易可以场外协商的同时必须在场内执行，大宗交易一旦成交必须立即向交易所及时准确完整地报告交易详情，交易委托过程必须处于证券交易所交易系统的即时监控之下以保证交易委托的合法性和合规性，采用延迟交易报告制度等等。而上述《深圳证券交易所综合协议交易平台业务实施细则》第六章交易信息披露中虽然针对不同的大宗交易品种分别规定了信息披露的时间与具体内容的要求，但对比国际证券市场的大宗交易信息披露规则来看，制度要求还有待于进一步细化。

第四，针对大宗交易还需要扩大监管范围，加强监管力度，特别是注重大宗交易监管的持续性，并逐步统一监管标准和方法以顺应建立国内范围内统一市场的发展潮流。同时，必须充分利用现代化科学技术，通过计算机辅助管理，尤其是及时清算系统在金融监管中的运用，促进证券机构日常监督、现场检查和外部审计的有机结合，实现管理手段的现代化。

综上所述，完善我国主板证券市场大宗交易制度的首要条件在于建立以证券商报价驱动为基础的大宗交易制度以弥补目前市场交易制度单一、交易功能缺失的现状；其次，对大宗交易的价格形成不应进行过多行政意义上的机械干预；最后，在建立证券商报价驱动机制的同时必须辅之以严格的信息披露与监管，维护证券市场公平。可以说，《深圳证券交易所综合协议交易平台业务实施细则》在很多层次上体现了完善大宗交易制度的具体要求，虽然在某些方面仍显不足，但我们有理由相信通过以上几个方面不断深入的制度创设与改革，在不远的将来，大宗交易制度一定会成为我国多层次证券市场体系建立的有力推动力量和重要组成部分。

四、完善上市公司控制权转让市场

公司控制权市场(the Market for Corporate Control)是一种借助外部市场转移公司控制权而对公司管理层进行监督(替换)的外部治理机制。[①] 而控制权转让的外部表现形式基本为通过收集股权或投票代理权取得对企业的控制。这种收集一般是从市场上逐步买入小股东的股票或是从大股东手中批量购入，因此作为上市公司股票交易主要场所的主板证券市场中必然包含控制权转让市场。从另一个角度来看，公司控制权转让的目的在于更换公司管理层，提高公司经营管理水平，创造更大的经济效益。而从本质上看，公司的控制权转让主要是以一国民商法体系内的协议转让制度为基础的，因此，控制权转让市场的发达与否受制于一国民商事法规中对协议转让制度的规制，而且也成为体现一国证券市场资源配置功能是否充分发挥的重要标准之一。

我国控制权转让市场起步较晚，1993—1995年开始才出现自发性的公司控制权转让案例，但囿于我国特殊的股权分置背景，我国公司控制权在较长时期实际都未真正运行和发展。[②] 而随着2005年4月的股权分置改革至今，我国上市公司股权分散化、合理化的趋势将愈发明显，控制权转让市场的发展背景愈加成熟，因此，如何完善我国主板市场中的控制权转让制度成为了构建多层次证券市场体系的又一个重要话题。由于控制权转让的表现形式在于公司的并购与上市公司股票的交易，因此，控制权转让市场的完善必然包括公司法与证券法两大法律及相关制度的完善。从公司法角度来看，我国的控制权转让市场仍存在较多弊病，如公司股权结构过于集中、内

---

① 陈治：《中国公司控制权市场的理论背景与运行基础》，载《全国商情(经济理论研究)》2008年第12期，第107页。

② 同上注，第108页。

部治理结构缺乏相互制衡、外部治理机制功能不健全、大股东滥用股权侵害中小股东利益以及大股东操纵上市公司业绩，等等，这一系列弊端无疑对中国国内上市公司的质量外观存在极大的负面影响，也必然不利于控制权转让市场的发展，这些也有待于公司法的进一步完善予以相应解决，此不赘述。而从证券市场的角度来看，发展控制权市场的关键则在于规范上市公司股票交易，为控制权转让提供与之匹配的市场交易环境。具体说来：

第一，加强股票市场基本机制的构建。要充分发挥控制权转让市场的优化资源配置功能，必须打通我国主板市场目前存在的地域性、分割性，实现上市公司股票的全流通，而这也是我们开篇一再强调建立国内范围内统一的主板证券市场的重要意义之一。同时，必须继续巩固股权分置改革的良好成果，通过各种后继措施逐步做到市场上的同股同权，全国范围内上市公司股权的平等性与流通性是控制权转让市场得以存在与发展的基本前提。

第二，完善相关立法，解除控制权转让市场的不良枷锁。目前我国主板市场在上市公司的控制权转让交易上，某些部门规章与证交所的规定实际上违反了修订后的《公司法》、《证券法》关于上市公司股权协议转让的基本立法意图；例如，证监会《上市公司收购管理办法》中规定：收购人拟通过协议方式收购一个上市公司的股份超过30%的，超过30%的部分，应当改为以要约收购方式进行。同时，协议收购导致上市公司实际控制人发生变化时，必须改为要约收购方式进行后继的股份增持，除非收购人向证监会提出相应豁免申请并获得批准。[①] 国资委、证监会《国有股东转让所持上市公司股份管理暂行办法》规定：国有股东协议转让上市公司股份的价格应当以上市公司股份转让信息公告日（经批准不须公开股份转让信息的，以股份转让协议签署日为准）前30个交易日的每日加权平均价格算术平均值为基础确定；确需折价的，其最低价格不得低于该算术平均值的90%。[②]《上海证券交易所大宗交易实施细则》规定，大宗交易的成交价格，由买方和卖方在当日最高和最低成交价格之间确定。该证券当日无成交的，以前收盘价为成

① 详见中国证监会《上市公司收购管理办法》第47条、第62条第1款等相关内容。

② 详见中国国资委、证监会《国有股东转让所持上市公司股份管理暂行办法》第24条内容。如此规定虽然是基于国有资产的保值、增值，但却严重忽略了协议转让制度的基本理念所在，即买卖双方在市场化环境下对交易价格的意思表示一致。

交价。[①] 除此之外,《股票发行与交易管理条例》和《公开发行股票公司信息披露实施细则》还对个人收购上市公司和公司收购的速度进行了限制;禁止取得控股权的部分要约,限制强制要约的价格和付款方式;规定较长的要约期间;规定要约预受的无条件撤回权;规定严厉的"收购失败制度",等等。[②] 按照上述一系列规定的要求,主板市场上市公司的股权转让只有在很小的、不确定的范围内才可以依审批程序采取协议转让方式进行,这实际上基本消灭了上市公司协议收购的可能性,从而也就使得我国证券市场将生产要素有效配置的基本功能化为乌有。如果排除了协议转让制度,仅仅依赖于本应作为辅助制度的强制性"要约收购"制度,无异于空谈上市公司控制权协议转让市场的建设。主板市场上市公司基本收购方式只能是股权协议转让,因此多数国家的证交所都必然坚持设置针对散户投资者的集中竞价交易制度、针对机构投资者大宗交易的证券商报价制度和针对控制权交易的场外协议转让交易制度。由于我国上市公司特殊的股权历史问题以及独有的中国特色的股权结构,反映到立法之上可能对公司并购不得不作出上述诸多保守型规定。因此,逐步打破上述法规层面上对上市公司股份收购的保守枷锁是使控制权转让市场得以发展的重要条件。在现有协议收购的基础上必须进一步解除行政法规对协议转让制度的一系列不合理约束,扩大上市公司控制权协议转让的适用范围,同时完善要约收购与强制收购的法律制度,形成与国际接轨的公司并购制度基础;同时,在股权交易层面上适度放松管制,从"公平 + 慢走"的交易规则逐步发展为兼顾效率与公平的交易规则。同时倡导控股股东进行合理调查的适当谨慎义务, 建立相应的信息披露制度, 要求有收购意图的收购人必须详细披露其持股的基本状况、进一步收购计划与发展计划、一致行动人信息等, 减少市场操纵的可能性。[③]

---

① 详见《上海证券交易所大宗交易实施细则》第 10 条内容,如此规定使以大宗交易为表现形式的控制权协议转让市场价格形成毫无弹性,投资者无法根据大额交易信息突破当日成交价格区间进行定价,其没有价格决定权,只有数量报买报卖的权利,本质上完全剥离了大宗交易价格的协商内容,这与国际市场上的协议转让与大宗交易制度是大相径庭的。

② 刘冰:《中国控制权市场的现状及完善对策》,载《工业技术经济》2007 年 3 月(总第 161 期),第 3 页。

③ 同上注,第 4 页。

第三，约束公司控制权转让中的行政性行为，逐步减少公权力介入公司合并。控制权的转移是一个市场选择的结果，如果行政部门利用行政权力或者补贴、扶持性手段来参与公司控制权重组，可能会使某些有能力获得关照的企业承受不必要的经营压力，造成社会资源的误置，或者使一些市场交易主体产生不合理的预期，进行非理性炒作，从而影响市场的价格配置；同时，还有可能刺激寻租行为，产生腐败。因此，尽管政府是国有资产的最大股东，但是也应该遵循“主体平等”的原则，尽量不用行政手段直接干预市场的运行，以便公司控制权市场能够向一个理性的方向发展。①

综上所述，上市公司控制权转让市场的完善不仅对主板证券市场意义重大，也是二板市场应该予以重点考虑的问题之一，其对于多层次证券市场体系的构建具有至关重要的直接作用，而且间接地有利于机构投资人的培养。只有良好的股权转让机制与高效安全的交易制度相互配合，才能营造适合机构投资人发展的市场环境，吸引机构投资者入市投资，进而改善我国证券市场的投资者结构。而机构投资者相对于普通投资者所具有的技术上的专业性、资金的稳定性与长久性都对我国证券市场的发展具有极为重大的现实意义。

五、主板证券市场的多种发行定价技术

从证券市场的宏观层次来看，以上关于完善我国主板市场交易制度的讨论属于流通市场制度改革的范畴。而众所周知，一国证券市场根据证券发行与交易的基本逻辑顺序可以分为发行市场与流通市场（交易市场），也即一级市场与二级市场。证券发行市场是交易市场的基础和前提，交易市场又是发行市场得以存在和发展的条件。发行市场的规模决定了交易市场的规模，影响着交易市场的交易价格。没有发行市场，交易市场就成为无源之水、无本之木；而失去了交易市场，发行市场也成为无的之矢与无用之功。因此，发行市场和交易市场是相互依存、互为补充的整体，故谈及二级市场交易制度完善的同时，我们必须同时看到我国主板证券发行市场所存在的

---

① http://baike.baidu.com/view/1508366.htm.

种种问题。

发行市场健康发展的核心在于合理、科学的发行定价机制,这是维护上市公司质量和提高证券市场效率的基石。纵观世界各国发达证券市场,无论是主板或是二板市场,证券发行定价技术都是丰富灵活的,其能够充分适应不同类型拟上市公司企业的估值要求,为各类拟上市企业提供多种多样的融资渠道开辟道路。而随着我国市场经济的发展,股票发行市场的定价机制也经历了由固定价格公开发售到询价方式逐步演进的历程,其大致分为以下几个阶段:即 20 世纪 90 年代初期的固定价格发售、1996—1999 年《证券法》实施以前的相对固定市盈率定价发售、1999 年 7 月 1 日《证券法》施行后的累积投标定价、2001 年下半年的控制市盈率定价到 2004 年末确立的初步询价和累计投标询价制。总体来看,我国股票发行定价制度的发展历程有两个十分突出的特点:第一,相当时期内以僵化的行政化定价为股票发行定价的基准,严重背离市场化发展趋势;第二,发行定价技术单一,过分依赖于市盈率定价这一定价方式。而发行定价制度的单一导致不能充分地对拟上市各类企业进行准确估值。虽然 2005 年 5 月 6 日《上市公司证券发行管理办法》在初步询价与累计投标询价制的基础上又增加了新股发行的机构配售制,使我国的股票发行定价机制向国际化、市场化又迈进了一步,但现有询价制在具体的实践过程中仍存有诸如机构投资人询价权利义务关系失衡、存在操纵股票发行价格的潜在可能性、询价制价格发现功能大打折扣以及机构配售与中小投资者矛盾重重的诸多弊端。因此,以完善多种发行定价技术为着手点改革我国股票市场发行定价机制是我国主板证券市场未来不可回避的重要问题。

结合我国证券市场目前的发展状况来看,市盈率定价技术虽然易于应用,但限于可比公司法对可比较企业素质和市场确定股价的依赖以及没有考虑拟上市公司企业未来预期现金流等诸多因素,将其适用于国内范围主板市场的所有类型拟上市企业显然是违背经济规律的,更何况如上所述我国的市盈率定价技术是一种颇具“中国特色”的行政式市盈率倍数法,因此,发行定价技术单一所直接导致的严重后果之一便是无法为市场各类拟上市企业提供灵活准确的估值,影响上市公司质量,不利于证券市场的综合发展。

而从国际主板市场股票发行定价方法实践来看,除市盈率定价方法外,现金流量贴现法(DCF)[①]、净现值(NPV)[②]等发行定价方法均在国际不同发达市场内有其用武之地。而比较各种发行定价技术,其在各有侧重及优势的同时也均存在一定程度的局限与不足。与发达国家和地区相比,我国目前的资本市场还处于成长阶段,市场运作不规范,投资者投机气氛浓烈。尤其是在我国股市中系统风险可能并不是影响股票价格的主要风险,还存在许多其他的不可分散风险,如公司规模、市盈率等公司特征因素[③],因此,在完善我国证券市场多种发行定价技术的过程中,要结合我国具体国情,考虑政策制度、公司成长性与风险性、股利支付、市场参与者素质等多方面因素,在综合上述发行定价技术的基础上对其作出相应的修正,尝试建立适合于我国证券市场的多种类型的发行定价机制,这不仅仅是主板市场亟待解决的重要问题,也是建设我国创业板市场的关键问题之一。

六、我国主板市场发行审核制度的发展趋势

证券的发行是指发行人通过发行某类收益权证明来换取资金,对证券的发行审核即指对这种"进入一级市场的融资权利"的检查与许可行为;而证券的上市是指业已发行的证券在某个集中市场开始交易流通,对证券的上市审核即指对这种"进入集中性二级市场的流通权利"的检查与许可行为。[④] 证券的发行与上市审核制度是一国证券市场的基础性制度,目的在于

① 现金流量贴现法(discount cash flow)指以公司未来一段时间内预测的自由现金流量和公司末期价值的贴现现值来估算公司市场价值的方法。由于现金流是未来时期的预期值,因此必须按照一定的贴现率折算成现值,通过选定恰当的折现率,将公司未来的收益折算到现在的价值之和作为公司的价值。

② NPV 是 Net Present Value 的缩写,即指在企业拟上市阶段的项目计算期内,按行业基准折现率或其他设定的折现率计算出各年净现金流量现值的代数和并在此基础之上确定企业价值。净现值是指投资方案所产生的现金净流量以资金成本为贴现率折现之后与原始投资额现值的差额。净现值法就是按净现值大小来评价方案优劣的一种方法。净现值大于零则方案可行,且净现值越大,方案越优,投资效益越好。

③ 陈海明、李东、潘刚:《股票定价理论及对我国股票定价模型设计的启示》,载《南京航空航天大学学报》(社会科学版)2003 年 9 月第 5 卷第 3 期,第 38 页。

④ 陈路:《政府监管与市场自律的平衡——美国证券市场发行审核与上市审核分离体制简析》,载《深交所》2006 年 3 月,第 15 页。

维护证券市场的准入机制与竞争机制,防止不良证券进入市场,保护投资者利益,保障证券市场高质高效稳定地运行。发行审核与上市审核并非绝对平等或并列,发行审核应处于主导地位,因为发行审核具有强制性,所有上市交易的股票都必须通过发行审核这个前提条件的要求;而通过发行审核的股票未必都上市交易。因此,发行审核往往由政府主管机构强制进行,而上市审核一般是上市公司与市场组织者市场化选择的过程和结果。

观察国际主要国家证券市场,我们不难发现,海外发达市场的发行审核与上市审核制度大多相互分离,由不同机构分别行使审核权,且发行审核以注册制为主,上市审核以形式审核为主,兼有实质审核,审核效率普遍较高。我国主板市场的股票发行上市审核制度则有着自己的特点:第一,从发行审核制度来看,我国经历了审批制、核准制配合通道制到现阶段的保荐人制度,可以说处于在向着"发行注册制"的目标前进的过渡过程中。第二,发行审核与上市审核职能在很大程度上仍未分离,交易所的上市审核功能并未得到充分发挥。第三,发行审核仍以实质审核为主。从国际发达市场的发展经验来看,发行审核注册制是成熟证券市场的标志之一,但是从理论上来说,要发挥注册制的市场准入门槛灵活、竞争力强以及满足资源配置效率对资本市场公平性的先决要求等优势,必须是以健全的市场机制、完善的法律环境和理性的投资者等为基础条件的。而如果缺乏上述条件而盲目实行注册制,必然导致道德风险和逆向选择等机会主义行为的泛滥。我国证券市场的发展时间尚短,不论是从上市公司质量、法律制度的匹配、监管措施的完备还是投资者的资质来看,与国际发达市场相比均有着较大差距,加之我国特点鲜明的政策与市场环境,在走向审核注册制的过程中必然存在上述的过渡性时期。具体来说,即是在市场自身选择机制不成熟的环境下通过行政公权力的介入,借由实质审核尽量保证上市公司的质量,以此保障二级市场的稳定与安全。从主观上讲,上述宗旨确实体现了以证监会为首的我国证券监督管理机构对于证券市场发展的拳拳之心。但是我们必须看到,一方面由于行政力量的过度干预导致我国证券市场的自身机制无法得以建立;另一方面,大量发行人的高额信息成本全部交予监管机构予以实质审查也对其产生了过高的专业性要求。所以,为克服监管不足所付出的干预努力客观上却招致了监管过度。因此,我国证券市场发行审核制度改革的过程必然要有从目前格局到注册制的过渡,但也必须遵循逐步缩限行政权力干预、增强市场化沙汰机制作用的基本规律。

我国《证券法》明确规定："公开发行证券，必须符合法律、行政法规规定的条件，并依法报经国务院证券监督管理机构或者国务院授权的部门核准。"同时，"申请证券上市交易，应当向证券交易所提出申请，由证券交易所依法审核同意，并由双方签订上市协议。"可以说，我国现行《证券法》为建设发行审核与上市审核职能分离体制指明了发展方向。但从目前我国证券市场的实际情况来看，证监会的发行审核权依旧占据着决定性的主导地位，申请上市交易的股票必须得到中国证监会的核准后由交易所安排上市，即通过发行审核很大程度上意味着通过上市审核，从而使上市审核流于形式，不能充分发挥市场化的资源配置作用。而前文中已经阐明，我国证券市场发展的主导因素在于政府推动，结合我国基本的经济体制与政治格局可以明显地看出，证监会在我国证券市场中所处的地位和影响力是其他各国证券监督管理机构于其本国之状况所不能比拟的，换句话说，行政公权力对证券市场直接作用力大是我国证券监督管理机构的一大特色。而另一方面，多层次证券市场的发展必然要求股票发行与上市审核制度与国际逐渐接轨，必然要求市场作为资源配置的基础性手段的程度愈来愈强，因此必然强调证券交易所市场化的上市审核功能的发挥。

实际上，论及我国证券市场发行审核制度的改革与完善，绝非仅仅通过单纯的规则设计就能达到目的。行政监管机构职能的再分配、国家政策导向以及社会公共利益的影响、市场硬件匹配机制的建设等等都对其具有直接的作用与影响。发行审核注册制和上市审核市场化是我国主板证券市场发行审核制度的改革方向，但我们也必须正视我国目前具体的市场现状，逐步通过各项制度与政策的配合，积极稳妥地完成发行审核制度改革的过渡。

第三章　创业板证券市场研究

创业板市场又称为“第二板块市场”(Second Board)、“成长性市场”(Growth Enterprise Market)或者“另类投资市场”(Alternative Investment Market),一般是指一国在主板市场之外、主要为高科技等高成长性企业提供股权融资而设立的证券市场。2009年3月31日,深交所公布《首次公开发行股票并在创业板上市管理暂行办法》,并规定于2009年5月1日起开始施行,首批28家创业板公司于2009年10月30日集中在深交所挂牌上市。“作为我国多层次资本市场的重要组成部分,创业板市场的正式开板,标志着一个与主板市场平行的崭新市场在我国正式启动。”[①]推出创业板作为推进经济结构战略性调整、实现我国经济持续发展的客观要求和落实国家自主创新战略、促进科学技术向现实生产力转化的重要举措,虽然能够为某些在上市资源稀缺情况下无法有效融资的企业搭建另一平台,然而从目前推出的情况看,畸高的市盈率、不合理的创富效应以及离奇的超募现象,都揭示出现行创业板市场在制度设计上存在种种问题。理论界和实务界都认为:今日之中国创业板,虽然在准入制度等方面与主板有些许差别,但同纳斯达克这样比较典型的所谓成熟资本市场的创业板在性质上并不相同,与10年前国际上互联网热潮风起云涌的大背景之下应运而生的国内开设创业板的初衷,也可谓相去甚远。[②] 事实上,目前创业板关于发行和交易制度的设计都很难与其应有的功能定位相匹配。未来我国的创业板应以多种定价制度和强制性做市商制度为核心,遵循符合商业条件市值的基本规律,朝

---

① 参见《创业板开板仪式文字实录》,科技部副部长刘燕华在创业板启动仪式上的讲话,http://lwx5904027.blog.163.com/blog/static/48365775200992382528 2/,最后访问时间2009年12月21日。

② 参见陈季冰:《创业板之“中国特色”》,载《西部论丛》2009年11月,第41页。

着完成其为创新型和高成长性的中小型企业提供直接融资的基本功能定位而不断迈进。

一、创业板市场的功能

(一) 创业板市场的重要功能

创业板是现代资本市场的重要组成部分,具有十分丰富和强大的功能,其功能定位是关系到上市基准制度、发行审核制度、交易制度和信息披露制度等制度规则的全局性问题,正确的定位为创业板的具体制度安排提供了方向性的指导。

1. 直接融资的渠道功能

创业板市场最基本和最重要的功能是为创新型和高成长性的中小型企业提供直接融资的渠道。我国的创业板便定位于为高技术和高成长创业企业提供融资平台,具体来讲主要是满足“六新行业”的融资需求。《首次公开发行股票并在创业板上市管理暂行办法》①中提出了“自主创新企业及其他成长型创业企业”的概念。监管层对创业板的定位非常明晰——“两高六新”,即成长性高、科技含量高,新经济、新服务、新农业、新材料、新能源和新商业模式。②

新科技革命以来,创新型中小企业在促进技术和经济进步的同时本身也逐步发展壮大为大型企业。我国改革开放后,中小企业对经济增长作出了很大的贡献,它们的发展壮大过程中也有着极为强烈的融资需求。

(1) 传统的融资途径难以解决中小型企业的融资需求

证券市场是专为企业提供股权融资的场所。在主板市场,上市公司的融资额动辄数十亿,而且不像发行债券那样还需要还本付息,这对于任何有

---

① 该《办法》第1条规定:为了规范首次公开发行股票并在创业板上市的行为,促进自主创新企业及其他成长型创业企业的发展,保护投资者的合法权益,维护社会公共利益,根据《证券法》、《公司法》,制定本办法。

② 朱宏任:《创业板公司必须符合两高六新》,http://finance.ifeng.com/roll/20091023/1380757.shtml,最后访问时间2009年10月23日。

融资需求的公司都是极具诱惑力的。但是,主板市场的上市门槛较高,例如,盈利方面要求最近三个会计年度净利润为正数且累计超过人民币3000万元;最近三个会计年度经营活动产生的现金流量净额累计超过人民币5000万元,或者最近三个会计年度营业收入累计超过人民币3亿元;最近一期不存在未弥补亏损。[①] 中小型企业很难达到其上市标准,只能望而兴叹。

银行信贷是企业获得债权融资最重要的途径,现实中相当多的企业是要通过银行取得资金解决资金需求问题的。然而,中小型企业规模小、抵抗风险的能力较弱、运行的不确定性因素较多,而且在高新技术及产品的开发过程中容易受到经济运行、科技水平、组织管理等方面因素的影响,企业成功与否很难预料。根据国外经济学家的统计,在过去几十年中,科技型中小企业从创业到拓展销售市场实现盈利,一般要经历5—7年的时间,一个企业如果在连续几年的时间内没有盈利形成稳定的现金流,银行肯定不会对之发放信贷,因为信贷资金定期还本付息的特征与创业企业经过长期成长到一定阶段后才能实现现金回流的规律明显冲突。[②] 于是形成了银行更愿意向融资需求不强烈的国有大型企业而不是向急需资金度过资金链短缺危机的民营企业发放贷款的恶性循环。

(2)创业板的融资渠道作用

从上文的分析可以看出,高科技和高成长性的中小型企业要发展,迫切需要提供比传统证券市场和商业银行更加灵活有效的融资制度。创业板市场就是专门针对这些高科技和高成长性的中小型企业的融资需求而产生的。

首先,创业板相对主板和中小企业板更低的上市门槛使得很多中小企业进入证券市场融资的愿望不再遥不可及。应该看到,现成的沪深股市中A股上市公司中有些规模很小,且深圳还有专门的中小板,因此创业板市场的上市公司区别于主板和中小板的上市公司,最大的特点在于其高成长性和高风险性,而不在于企业规模大小。创业板市场强调企业的创新能力和企业的成长性,降低财务标准等进入门槛,这对于一部分新兴产业的中小企

① 参见《首次公开发行股票并上市管理办法》第33条。

② 黄丽珠:《创业板市场有利于降低系统性金融风险——访王松奇博士》,载《金融时报》2001年6月2日。

业上市融资尤其有利。

其次,创业板是一个非常好的 PE 机构(Private Equity,“私募股权”)退出平台。从企业处于种子期时的创业者个人投资,到创业期的天使投资,再到成长期的创业投资,最后到成熟期的创业板市场融资,是一条以股权形式支持中小型企业发展的资本之链。创业板市场的设立有利于创业投资和风险投资的退出,实现资本增值后进行再循环投资。通过创业板退出,创业资本持有的股权能够方便快捷地出售给二级市场的投资者,并且基本上能实现资本的增值,从而有利于催生创业投资机制,为我国的创业企业提供更好的资金和专业服务;另一方面,这使得大量投资者得以进入公司所有权结构之中,有利于公司引入和健全新的治理机制。创业资本的退出不仅是对创业企业、同时也是对创业资本组织的产权制度的一种优化。因此,只要创业板市场制度设计得当,创业资本的退出并非像某些人担心的那样成为风险投资人圈钱的盛宴,而是将推动创业投资实现良性循环。创业板的推出必将传导到投资市场,股权投资市场的发展将十分活跃,从而也有利于中小企业解决融资难的问题。

再次,中小企业股本较小,企业稳健经营需要保持稳健的财务结构,这也决定了它们不适合去主板市场进行巨额融资,其筹资规模使之更适宜于小规模发行。创业板提供的小额融资便可解决中小型企业发展过程中所遇到的资金瓶颈,这种资金动力将使这些拥有高新技术的公司快速成长起来,巨大的财富效应也将鼓励着其他发展前景广阔、成长空间巨大的中小型公司在创业板上市融资并扩张规模。因此,创业板市场不但有利于切实解决自主创新企业和高成长性企业的小额融资需求,提升上市公司的内在质量,同时也将增强证券市场的成长性基础,从而为我国新经济的发展创造一个较为宽松的环境。

创业板市场能够给中小企业提供一个很好的融资平台,能够促进它们在产业经营发展的过程中,通过资本市场来进一步拓展成长空间。例如,管理层的职业经理人化和符合公司治理规范的制度约束建立,一定程度上可以避免中国家族企业中常见的领导层不稳定、企业传承不顺畅等问题。通过在创业板上市,企业拥有了较高的知名度后,有机会获得更强的人才流动性,进而建立规范而可持续的人力资源利用和人才培养机制,使企业获得更长远的发展。通过资本市场将企业做大做强,这是中小企业关注创业板的主要原因。在中国经济增长的过程中，创业板将成为这些企业成长的推动器。从这个意义上来说，创业板市场促进中小企业发展的最大意义远远不止于上市募集资金，还在于其对公司治理的要求能促使企业建立规范化、公平透明的治理结构和一系列可持续发展的机制，创业板使得这些中小企业做大做强的概率大大提升。

2. 完善资本市场的功能

(1) 健全现代资本市场的融资机制

现代金融架构是沿着以资本市场为核心的方向来发展的，当前金融体制改革的根本在于如何构造一个发达的资本市场。创业板市场作为现代资本市场的重要组成部分，其制度完善是我国金融体制改革过程中必然要解决的问题。

在大部分成熟市场和一些新兴市场上，公司外部融资主要通过发行股票和公司债券等直接融资方式，而不是银行贷款。然而，中国目前公司外部融资中直接融资的比例仍然较低。2001—2007 年，中国境内直接融资筹资额与同期银行贷款增加额之比分别为 9.5%、4.1%、3.0%、4.5%、2.1%、8.4% 和 22%，虽然该比例逐步提高但是仍然偏低。2006 年中国非金融企业外部融资总额中，通过股票融资、企业债和资产支持证券融资方式的直接融资额仅占 15.1%，而银行贷款形式的间接融资比例高达 84.9%。[①] 中小企业经营风险较大，现金流波动往往也很大，加上贷款经营成本高和信息不对称，这种融资结构造成企业对银行的高度依赖，把整个市场的最后风险推给了银行。在许多国家对中小企业的融资机制安排中，中小企业融资的最好途径是直接融资，尤其是股权融资；债务融资渠道也不仅仅是依赖于商业银行，还会以信用保险、金融租赁、担保和贴息等机制作为补充。

我国资本市场发展不充分问题可以说是目前金融体制改革的瓶颈。日本在这方面的态度转变和实践经验值得我们学习。亚洲金融危机爆发后，日本政府意识到发展中小企业直接融资体系的重要性和紧迫性，进行了一系列的金融改革，加快推进金融市场自由化的进程。1998 年 12 月，新店头市场正式改名为佳斯达克市场(JASDAQ)，日本《证券交易法》的修订强化

① 中国证券监督管理委员会：《中国资本市场发展报告》，中国金融出版社 2008 年版，第 82 页。

了佳斯达克市场的地位，即证券交易法规范下的、与集中交易所市场平行并与之竞争的独立市场，之后佳斯达克市场获得了较大的发展，并为中小企业的直接融资作出了突出的积极贡献。1999 年 11 月，东京证券交易所在一部、二部股市之外，又成立了“MOTHERS”（Market Of The High-growth and Emerging Stock）市场，意为“高增长新兴股票市场”，其准入要求较低，即使小型公司也可以上市集资。MOTHERS 成立的宗旨是为了促进领导日本经济增长的新兴企业的成长，为它们的成长提供方便的筹资机会，同时给日本的证券市场和经济增加活力。[①] MOTHERS 要求上市公司每季度公布业绩，且在上市后五年获得利润，但对上市之前的表现则没有要求。东京证交所将它定位于“与已有东证一、二部市场并立的、在日本各地都可以上市的股市”。与东证一、二部市场设置一定的历史业绩基准不同，MOTHERS 并未设置利润额基准，它以今后具备高速成长性的企业为对象，将重点放在信息披露上，同时 MOTHERS 上市标准规定流通股时价总额和上市时流通股时价总额仅为主板一半，上市门槛明显较低，因此 MOTHERS 与一、二部市场的理念存在着显著差异。具体而言，MOTHERS 具有下述四个特点[②]：第一，流动性。为了投资者交易能够顺利进行，MOTHERS 设定了一定水平的流动性基准：如上市时股东数预计增加到 300 人以上，上市之日的流通股票时价总额预计增加到 5 亿日元以上。上市时流通股票数预计占上市股票的 25% 以上，新股上市申请之日起至上市日前一日，公开招募 500 单位以上；预计上市日的上市时价总额（上市公募预计价格 × 上市股票数）达到 10 亿日元以上。第二，成长性。MOTHERS 以公认具有高速成长性的企业为上市对象，因此不论业务与行业，只要拥有先进的专利和技术诀窍，被认为具有成长可能性的所有企业均可以成为 MOTHERS 的上市公司。第三，迅速性。MOTHERS 为高成长型企业提供了早期资金快速筹措机会，相较东证一、二部市场，在 MOTHERS 上市更为迅速。第四，透明性。在 MOTHERS 上市的企业除了要遵守市场一、二部上市企业所需遵守的法定信息披露和及时的信息披露外，根据东京证券交易所的上市规则，还要披露四个季度（第一及

① 彭国嘉：《东京 MOTHERS 市场》，载《证券时报》2001 年 4 月 18 日，第 B01 版。

② 庄玉友：《日本 MOTHERS：创业企业快捷上市》，载《证券时报》2008 年 4 月 2 日，第 A05 版。

第三、四个半期)的业绩。另外,为了多角度地向 MOTHERS 市场提供企业信息,上市企业每年应当举行两次以上的投资说明会。2009 年 1 月 29 日,株式会社东京证券交易所集团及伦敦证券交易所集团宣布把旗下全新增长市场命名为"TOKYO AIM",并为其推出上市规则。有关上市规则是以与市场人士的广泛讨论为蓝本,定出上市公司需要遵守的规则及针对指定顾问(J-Nomads)的法规。由东京证交所及伦敦证交所共同成立,并以合资企业模式经营的"TOKYO AIM",旨在为日本及亚洲区内的增长型企业提供一个全新的募资渠道,让它们能接通这个为它们的需要而设的资本市场及接触更多的投资者。同时,该新市场更为日本及国际性的专业投资者制造全新的投资机会。《日本金融商品交易法》修正案于 2008 年 6 月通过,令"TOKYO AIM"能顺利成立。根据 AIM 市场的规章制度,"TOKYO AIM"使用英国 AIM 市场的监管架构,而指定顾问制度(J-Nomad)则是其法规的核心。"TOKYO AIM"负责甄选及审批指定顾问,而这些指定顾问必须在企业上市前评估它们是否适合上市,并在它们上市后持续进行同类评估以及指导这些企业如何履行上市公司的法律责任。除了获得指定顾问制度的支持外,于"TOKYO AIM"上市的企业亦可在下列方面获益:可选择以日语或英语进行信息披露;除了日本会计准则外,亦可选用国际会计标准或美国会计准则(US GAAP);由于采用原则为本的监管方针,企业因此不需依从日本 J-SOX 法或提交季度会计报告,从而有机会削减开支。此外,MOTHERS 和"TOKYO AIM"市场都是以机构投资者为主的市场,鼓励长期价值投资,并且将上市审核权力下放给券商和类似保荐人的指定顾问。尽管上述新型市场的发展受到 2008 年美国金融危机的影响,但从长远来看,它无疑已经为日本国内外的投资人提供了优质的融资平台,目前各方均看好其增长潜力。

由上可知,创业板市场作为现代资本市场中占有重要地位的市场,其设立将深入地推进我国金融体制的改革,并对我国中小企业和新兴高成长企业的融资发展和银行系统性风险的降低有着深远的意义。

(2) 资本市场多层次细分的需要

创业板是多层次资本市场建设中的重要环节,也是证券市场细分的发展趋势的必然要求。在完善的证券市场中,由于资本供应者和需求者具有多样性,证券市场通过市场细分才能高效率地实现供求均衡。可以说,证券市场越成熟,市场的层次性就越为明显。在我国大力推进多层次股票市场体系建设的战略举措中,创业板市场是不可缺少的重要组成部分。

在主板、创业板和三板市场构成的多层次证券市场中,创业板可以说是为高科技和高成长性的创业型企业量身定做的融资场所。

首先,中小型企业的财务状况和股本规模等方面与成熟的大型企业是不可同日而语的,主板市场严格的上市标准使其难以跨入主板的门槛,而创业板以服务于高科技和高成长性的中小型企业为基础,因此在企业规模和财务状况等方面的要求相对宽松。在2006年《首次公开发行股票并上市管理办法》第33条规定,主板市场上市公司的盈利要求如下:"(一)最近三个会计年度净利润均为正数且累计超过人民币3000万元,净利润以扣除非经常性损益前后较低者为计算依据;(二)最近三个会计年度经营活动产生的现金流量净额累计超过人民币5000万元;或者最近三个会计年度营业收入累计超过人民币3亿元;(三)最近一期末不存在未弥补亏损。"而2008年《首次公开发行股票并在创业板上市管理暂行办法》中第10条规定:"……(二)最近两年连续盈利,最近两年净利润累计不少于1000万元,且持续增长;或者最近一年盈利,且净利润不少于500万元,最近一年营业收入不少于5000万元,最近两年营业收入增长率均不低于30%。净利润以扣除非经常性损益前后孰低者为计算依据。(三)最近一期净资产不少于2000万元,且不存在未弥补亏损。"通过比较两个市场的规定可以看出,创业板市场规定的关于盈利要求的两套上市标准都远低于主板市场。可以说,创业板的主要特色之一就是针对中小型企业的实际情况和特点而设计的宽松的发行上市条件。

其次,中小型企业的筹资规模远远小于主板大型企业,例如,中小企业板在2007全年融资额度为308.86亿元①,而中国工商银行一家公司的上A股发行募集资金总额就高达405.6亿元。② 这类创业型企业的筹资规模较小,不能套用主板市场上的发行定价等制度和相关的发行程序;主板市场上的估值定价技术主要是市盈率定价,这种被行政手段管制的市盈率定价技术难以适应拟上市的高科技公司的估值,而创业板应当为该类企业小规模

---

① 国泰君安研究所:《远大前程——2008年A股市场投资策略分析》,第34页。参见http://www.p5w.net/newfortune/fxs/baogao/clyj/200810/P020081008689026174923.doc。

② 参见《追踪全球最大规模IPO工商银行上市》,http://futures.money.hexun.com/1883942.shtml.

发行提供相适应的一系列规则制度。这一点将在后文详细论述。

最后，主板市场的交易制度采取指令驱动制度，实行集中竞价交易，而中小型企业股票的流通盘相对较小，容易遇到流动性不足的问题，因此多数国家采取报价驱动制度，法律令证券商承担做市的义务，因而往往被称为做市商制度。这一制度有助于维持创业板市场的高度流动性，并有效降低证券市场的波动性，而目前我国创业板仍采集中竞价交易模式，这必将成为未来交易制度改革的重点。

推出一个制度先进健全、管理规范严格、运行高效的创业板市场，使之成为我国真正具有发展潜力的证券市场，成为提高资本效率的重要突破口，同时也会对主板市场的制度建设和规范运行产生竞争性的压力和动力，促进两个市场之间的良性循环。一个规范的、健康发展的多层次资本市场能够有效解决不同种类和层次的企业的融资需求，从而有利地促进我国产业的升级和经济的腾飞。

3. 满足投资者需求的功能

投资者都希望回避风险并获取最大收益，然而收益往往是与风险成正比的。总的来说，创业板的收益较大，但风险相对主板也要更大，对于资金实力较强和熟悉投资技巧的投资者，尤其是具有强大研发实力的证券公司、基金管理公司和投资银行有很强的吸引力，这类机构投资者不仅在投资分析上有着良好的专业判断能力，而且资金实力雄厚，抗风险性较强，在资金运用上也有较大的自主性和灵活性，可以运用多种财务杠杆和合理的投资组合来应对风险。另外，那些熟悉某类上市公司的核心技术并有一定投资经验的个人投资者也可以进入创业板市场的投资。

（二）创业板市场建设的难度

创业板是现代资本市场重要的组成部分，是我国建设多层次资本市场战略举措中至为关键的环节。创业板的融资制度对解决中小企业的发展资金瓶颈问题的针对性较强，因而对中小企业的发展有着极其重要的作用，从而将有力地促进我国产业的升级和自主创新战略的实现，对我国经济的腾飞产生积极的影响。但是，在创业板自酝酿到准备推出的长达十年的时间里，始终面临着一系列的难题，制度设计者和决策层倾向于回避问题而采取折中的过渡性方案，2001 年创业板市场推出计划夭折后推出本质上是“类主板”的中小企业板市场就是例证。

针对创业板市场服务的上市企业的特点，各国开设创业板之初均相对主板降低了上市门槛，尤其是在盈利记录方面，例如，英国 AIM 市场对上市公司的规模、盈利能力、经营年限和公众持股量方面都没有要求；新加坡创业板市场要求有 3 年或以上连续、活跃的经营记录，并不要求一定有盈利，但会计师报告不能有重大保留意见，有效期为 6 个月；德国新市场的上市标准对上市公司的总资本和盈利也没有要求。一方面，从创业板市场服务于创新型和高成长性企业的定位来看，对盈利记录的要求的确不应该过于严格，如香港地区的创业板没有规定最低盈利要求，而是要求有两年活跃的业务记录。另一方面，这种低门槛、宽界面和高风险的创业板市场容量设计引入了很多具有成长潜力的中小企业，但由于公司本身经营的不确定性，使得其成长过程中具有高风险性；而且宽松的市场准入制度很可能引入根本不具备上市条件的包装公司，成为创业板市场中的害群之马。这不仅容易导致上市公司股价长期低落，同时也加大了市场的波动幅度，提高了创业板市场的风险系数。因此，盈利要求等上市标准的宽严程度如何把握才能最大限度地达到创业板的服务功能和市场风险防范功能的平衡，是创业板市场制度设计者面临的主要难题之一。

从目前在创业板上市的企业情况来看，虽然证监会有最低门槛规定，但是对于创业板上市的企业却有着隐性要求，隐形标准甚至比原来的门槛抬高一倍。例如，上海的几家企业，佳豪船舶、同济同捷两家从事设计业务；网络科技类企业为网宿科技和麦杰科技；凯宝药业从事制药；奇想青晨属于化工类企业。这 6 家公司虽然全都涉及高新技术，并且市场占有份额较大，但全都不是拥有风险很大的顶级新技术或者拥有全新经营模式的企业。这些企业均属优质企业，其实在主板或者中小板市场都是可以上市的。[①] 企业选择在创业板上市主要是因为主板和中小板的排队时间太长，管理层选择盈利状况较好的企业上市是为了避免政策的失败，中介机构则是为了回避经营风险，避免承担保荐责任，这导致申请登陆创业板的企业并不是真正的创业企业。创业板号称要解决高成长性的中小企业融资难的问题，实际上的

① 参见佚名：《创业板需要与之匹配的社会环境》，http://finance.eastmoney.com/090901,1208,1174605.html，最后访问时间 2009 年 9 月 1 日。

做法却有叶公好龙之嫌。创业板市场企业的发行条件比中小企业板要更为宽松,两个板块的功能定位各有侧重,中小板市场规模的企业为了提早上市融资扎堆涌入创业板,将不利于真正具有高成长性、规模较小的企业实现上市,而且使得创业板与中小板的界定没有明显差距,可能沦为主板的附属品。

除了盈利问题之外,发行定价问题是一个比较突出的技术性难题。目前主板市场上主要的发行定价技术即市盈率法,将新股发行价格与当期收益、发行市盈率联系起来,其出发点主要是考虑公司的盈利水平,难以反映这些创业板上市公司的高成长性,在承销保荐费用居高不下的商业条件下,市盈率法并不适合许多特殊类型公司的估值。这一问题将在下文详细分析。总之,发行定价技术应当遵循科学性、客观性的基本估值原则,现金流量贴现法、经济收益附加值法和实物期权法都是对创业板中高科技等创新型企业估值的有益探索。

创业板的建立将使得一系列现行制度面临着重大的变革,而这些变革有很大的政策难度和技术难度,其本身是否能够成功运行是有一定风险的。如果深交所与上证所主板并板,深圳专门发展创业板市场,而创业板的风险又很大,可能使深圳在资本市场的竞争中彻底陷入被动,这是深圳方面不愿意看到的,也是决策层对创业板的推出过于保守的重要原因之一。本书认为,创业板市场丰富而强大的功能的有效发挥的前提是推出真正意义上的创业板,"类主板"或者走样的创业板不但不能发挥这些功能,而且很可能带来一系列恼人的后续问题,需要花费很大代价改革,甚至可能导致创业板的失败。

因此,我国经济发展的需求迫切呼唤真正意义上的创业板,在此过程中,我们需要对问题的预见能力和革新的勇气。纳斯达克市场的成功原因主要在于其法律基础较为坚实,其制度规则切合创新类企业的发展需要使得上市公司能利用创业板融资获得成长和壮大,同时也吸引了一大批投资者进入创业板进行投资。可以说,在一国既定的经济环境和政策环境下,有什么样的制度规则,就会发展出什么样的创业板市场。我国创业板市场的制度建设,不仅要求制度的完备,更需要制度的质量,即真正契合成长性创业企业的发展,为我国市场经济的发展提供新的动力支持和制度环境保障。

二、创业板的发行与上市审核制度

创业板市场的建设,应根据它的功能定位,充分认识并准确把握创业板的市场特征,明确运作思路,严格公司上市的筛选和审核。上市公司的质量是证券市场的基石,创业板市场在降低上市门槛的同时,应当建立更为严格的企业遴选和审核机制。创业板的审核包括发行审核和上市审核两个方面。《首次公开发行股票并在创业板上市管理办法》规定中国证监会依法对发行人的发行申请作出予以核准或者不予核准的决定,并出具相关文件。这意味着我国创业板市场的发行机制沿用主板市场的发行审核制度,采用核准制。我国的创业板市场是新兴市场,风险较高,市场准入和退出机制尚不完善,初期在发行审核上实行核准制,由监管机构严格把关,可以有效发挥核准制培育市场的功能,保证上市公司的质量,增强投资者的信心。对于新兴市场而言,核准制作为培育市场的一种方式,有其存在的必要性和优势。本书认为:在发行审核方面,现阶段创业板市场采取核准制,由证监会行使审核权是根据中国的特殊国情和金融政策作出的理性选择,而待市场成熟完善后再过渡到注册制,也是提高监管效率的应然选择。在上市审核方面,应继续贯彻市场化的监管模式,主要由交易所负责。

注册制和核准制作为两种发行审核体制,两者的主要区别在于立法理念上的差异。注册制强调市场的作用,主张市场各方的平等;而核准制重视政府的功能,主张实质的公平(当然是在制度得到有效执行的前提下)。注册制虽然为市场化程度较高的形式,更能体现公开、公平和公正的市场原则,但它却弱化了政府的实质管理。对于新兴证券市场,不利于对投资者的保护,特别是对中小投资者的保护,因此就安全性而言,核准制似乎更有利于保障新兴证券市场。注册制充分体现了市场经济条件下"无形之手"自我调节的本质特性,其不仅对发行人所处的市场经济环境提出了很高的要求,而且要求发行人有较强的行业自律能力;而核准制则更体现了行政权力对股票发行的参与,是"国家之手"参与证券发行的具体体现,这种制度在市场经济发育不太完善的情况下,较注册制更有利于投资者利益的保护和市场秩序的维护[①]。总之,两种制度各有优势,注册制提高了新股发行的市场化,核准制加强了监管部门的监管。各国在发行审核上具体采取哪种制度,需根据自身的政治、经济、文化情况来进行选择。

我国的发行审核制度改革经历了从审批制到核准制的发展过程。从1991年到1999年间为审批制阶段。其中,1991年到1996年间,我国实行的是有额度管理的政府主管部门审批制,即由国务院有关主管部门制定每年的股票发行额度,再将额度进行分割,分到各省市和中央产业部委。发行人要想通过发行审核,首先需争取到推荐发行的额度指标,然后进行改制及发行申请材料的准备,最后由证监会审批合格后才可发行股票。1997年至1999年,我国开始废弃额度管理,实行家数指标管理,即由中国证监会具体向各政府和中央企业主管部门下达企业家数指标,由地方政府和中央企业主管部门负责选择股票发行企业,数量不得超过下达的家数。这一时期,发行人的发行审核仍需由地方政府或中央企业主管部门初审,初审合格后再报证监会复审。不难看出,无论是额度管理和家数管理,这种审批制都带有浓厚的计划经济色彩,政府的行政干预非常强烈。从2000年至今,中国开始正式实施核准制。发行人在发行股票时,不需要各级政府批准,只需符合公司法和证券法的要求即可申请发行,但是发行人要充分公开企业的真实状况,证监会有权否决不符合条件的股票发行申请。发行审核由审批制改为核准制后,由于具备发行上市条件的企业数量剧增,在供求极不平衡的情况下,大量企业被快速包装上市,暴露出很多问题。为了实现对上市公司数量及扩容节奏的控制,2001年,中国证监会开始推出"通道制"的发行制度,"通道制"虽起到了一定的积极作用,但这种核准制仍是建立在以政府干预为特点的集中性管理体制上,仍是计划经济的表现形式,且"通道制"抑制了券商之间的有效竞争。由于缺乏对券商责任的追究机制,导致了券商和发行人联合造假的违法事件时有发生。2004年至今,中国开始施行保荐制度。2003年12月,中国证监会发布了《证券发行上市保荐制度暂行办法》,2004年2月1日正式施行,其宗旨在于建立以市场力量对证券发行上市进行约束的机制。

---

① 陈路:《政府监管与市场自律的平衡——美国证券市场发行审核与上市审核分离体制简析》,载《深交所》2006年第3期。

透过我国发行审核制度的改革历程,不难看出,我国证券市场的发展状况目前还不适合实行注册制,未来很长一段时间内将继续采取核准制。原因在于:首先,中国缺乏注册制所需的高度发达的市场经济环境。注册制充分体现了市场经济条件下"无形之手"自我调节的本质特征,它对发行人的市场经济的完善程度提出了很高的要求。中国目前正处于向市场经济体制的过渡阶段,各种配套机制尚未完全建立,有关投资与监管的法律还不完善,市场诚信水平较低,若此时就将发行审核权完全交给市场,可能会引起证券市场的巨大风险。其次,中介服务机构的道德水准、业务水平不高,责任意识淡薄。由于缺乏严格的责任追究机制,导致中介服务机构之间恶性竞争严重,串通发行人欺诈的事情时有发生。再次,发行人的自律意识较差。注册制不但对发行人的市场经济环境提出了很高要求,而且还要求发行人具有较强的自律能力,而中国目前发行人的素质尚达不到这种要求,还需很大提高。证券市场上恶意圈钱的现象仍比较严重,大量企业被包装上市,严重危害了广大投资者的利益。最后,中国目前投资者的信息判断能力和风险承受能力有限,不可能完全自担风险。注册制奉行完全的公开主义,充分贯彻"买者自负"原则,而中国广大股民的风险意识较为淡薄,投资专业知识缺乏,风险识别和风险承受能力较差,尚不能完全自担风险。

但是,我们也应看到,从目前我国创业板实行核准制的实践看来,核准制已暴露出一定的缺陷①:首先,从我国证券市场的实际运行情况看,由于发审委人员有限,发行人从申请到核准,往往需要三四个月甚至更长的时间,在市场效率上有所欠缺,造成发行人难以抓住有利时机上市融资。其次,非市场化状况下,创业板的审核把关易受政治因素的影响,造成主板"政策市"现象的延续。第三,核准制下融资成本高,在无形中抬高了企业入市的门槛。由于核准制下券商需投入大量人力物力,融资项目的成本也较高,而创业板企业融资额较小,相同的时间成本投入的回报较小,长此以往将影响券商积极性,制约创业板的发展规模,影响创业板的发展速度。第四,核准制容易造成投资人的依赖心理,不利于成熟投资者的培育。由证券监管机关的专家对上市企业的成长性进行判断,投资者易盲目依赖,一旦产生风险便

① 潘睿:《我国创业板市场法律问题研究》,中国人民大学 2010 年博士学位论文,第 34 页。

要求政府承担责任,如此也将不利于创业板持续、健康、稳定的发展。因此,我国创业板发行审核体制应朝着市场化方向不断进行,其目标在于实现核准制到注册制的转变。注册制强调市场决定股票的价值,充分发挥市场优胜劣汰的机制和融资功能。目前我国证券市场正处于制度尚未完善,却需要充分发挥融资功能的阶段。因此,为了解决资本市场的融资难题,我们必须尽力采取措施去提高发行人的素质,提高中介机构的道德水平、服务质量,教育投资者审慎投资,完善整体市场环境,提升整个社会的经济信用。虽然这是一个相对较长的过程,但是其发展方向却是明确的,即过渡到注册制。

基于上述分析,在我国证券发行监管体制未进行根本改革之前,创业板在发行审核体制上仍应依目前制度设计实行审核制,由证券监管部门对拟上市企业进行严格筛选,对发行人的财务状况、经营状况、发展前景等进行实质性的审查,选择经营业绩、发展前景较好的企业上市融资。同时,由于创业板主要服务于成长性好的高科技企业,因此,对发行人的科技含量和成长性的认定是创业板市场发行审核中的一个重要环节。为防止发行人在"高新技术"上过度包装,有学者建议,应由证监会在发行审核中对申请企业的高新技术进行重新评估,评估分为定性和定量两部分,定性因素如技术的创新性、产品的发展潜力和空间、企业管理体系等;定量因素如研发费用占营业收入的比例、专业技术人员占企业员工总数的比例、技术性收入占营业收入的比例、净资产收益率、营业收入增长率等,对各方面要素进行综合评估;此外,证监会还可委托权威的鉴定部门对企业的技术能力进行评估,如委托科技部或者中科院进行认定,以此结果作为参考,其费用由发行人承担。在此前提下,审核时间应当缩短,因为审核程序的旷时费日很可能影响发行企业所拥有的高新技术的盈利能力。我国的创业板市场是新兴市场,市场准入和退出机制尚不健全,实行核准制由监管机构严格把关,有利于培育市场,保障上市公司的质量,增强投资者的信心,维持创业板市场的健康发展。待各项市场环境发展成熟后再过渡到注册制,提升市场运作效率,充分发挥注册制的融资功能。

发行人拟发行的证券经审核机构审核发行后,要想进入二级市场流通还需要通过各证券市场的上市审核。证券的上市审核制度主要是关于审核机关、审核标准等方面的规定。在审核机关的规定上,各国(地区)创业板市场比较一致，大都规定由交易所进行审核，且要求审核人员与被审核者之间不得存在利害关系。如香港地区创业板市场规定，上市审核委员会由21名委员组成，委员一旦与被审核者间存有“利益关系”，则需请辞，否则即不再为委员。[①] 在审核标准上，由于各国的社会经济发展水平不同，证券市场的成熟程度有别，各创业板市场的上市审核规定也不尽相同，但总的来看，其上市条件通常都包括数量指标和非数量指标两类。其中，数量指标主要是关于资本额、股东人数、经营年限或设立年限、公众持股比例、公众流通股数量、流通市值、股票锁定或禁售、做市商的数量等方面的规定；非数量指标主要是针对公司治理和信息披露方面提出要求，如独立董事、信息披露、会计与审计标准、公司治理结构等。有些创业板市场还规定了股票总市值、业务投入、财务能力等指标。此外，部分创业板市场还设置了灵活多样的上市指标，这种灵活性主要体现在：第一，在同一套标准内部，对某些指标规定了替代指标。如NASDAQ全国市场的第三套上市标准，要求市值达到7500万美元，如果该指标不能满足要求，可用总资产7500万美元代替。在股权分散指标中，部分创业板市场规定公众流通股数量和公众持股比例可以任意选择。第二，针对不同类别或不同层次的企业规定不同的上市条件。如加拿大风险投资市场首先按行业将上市公司分为技术或工业、采矿、石油和天然气、房地产或投资、研究和开发五个类型，每个行业类别下又分为两个市场层次，每个市场层次下的企业再视不同的情况设置1至3套标准。[②]

目前我国创业板市场的上市审核工作由交易所负责，形式大于实质，基本沿袭了主板市场的上市审核模式。未来应继续贯彻市场化的监管模式，在一定范围内逐步放权，培育交易所上市审核功能，充分发挥交易所的上市监管职能，使上市审核由形式逐渐向实质转化。在上市标准的设置上，可以借鉴国外创业板市场灵活性和层次化的做法，在创业板场内设置不同的层次，对每一板块规定多样化的上市标准，以吸引更多的高成长性中小企业尤其是高科技企业上市，拓展上市资源，解决其融资难题。为适应创业板上市公司的特点，交易所在审核委员会中应设立技术咨询委员会，根据电子、生

① 贺书彦：《两岸三地创业板市场法制之比较研究》，华东政法大学2003年硕士学位论文，第18页。

② 张宇润：《中国创业板市场法律规制研究》，中国检察出版社2007年版，第109页。

物工程、新材料、节能和环保等行业进行分类,每类聘请一定数量的专家提供技术咨询,以更好地把握企业的成长性和风险因素。在审核程序上,交易所应当探索适合创业板企业特点的审核程序,实现创业板上市审核的快速、有效。

创业板市场是一个高风险的市场,其较低的入市门槛可能导致一些质量较差的企业混入市场。为了提升上市公司的质量,防范和化解市场风险,维护投资者的利益,海外各主要创业板采取了一系列措施,如强化信息披露制度,规定对发行人及其董事、控股股东等相关人员的股份禁售条款等,但最为显著和重要的措施是实行严格的保荐人制度。在国外,保荐人制度首先在创业板市场普遍实行,随后某些国家的主板市场也开始引入这种制度。

保荐人在不同国家(地区)的创业板市场被赋予了不同的职责。保荐人制度发端于英国,英国的 AIM 市场实行终身保荐人制度,要求发行人在任何时候都必须聘请一个符合法定资格的公司作为保荐人,以保证企业持续符合地遵守市场规则,增强投资者的信心。保荐人的任期以发行人的存续时间为基础,企业上市一天,保荐人就要伴其左右一日。由于英国的 AIM 市场上市条件比较宽松,没有制定最低的上市门槛,没有公司规模、经营年限及最低公众持股量的要求,也无需提供三年业绩,只需上市保荐人审慎保荐,公告无异议即可上市。因此,英国的保荐人责任才规定得如此严格。[①]香港地区创业板的保荐人制度也规定得比主板严格。保荐人的主要职责在于为投资者提供信心保证,确保被保荐的上市公司在以下几个方面已符合有关要求:上市公司完全符合创业板市场的上市规定;信息充分披露,无误导和重大遗漏;上市文件符合有关规定,文件所载内容正确无误;上市公司治理制度和程序符合有关规定;保荐人随时向上市公司提供意见,作为上司公司与交易所之间的主要沟通渠道;保荐人每年负责编制有关上市公司业务经营和遵守监管规则的意见报告。保荐人全面负责公司首次公开招股和上市的工作,并在上市后两个完整会计年度内继续向公司提供专业协助。美国的 NASDAQ 市场并没有设立保荐人制度,而对应的是以主承销商为基础所形成的综合市场服务机制和强制性制度安排,包括:强制性的法人治理结构,同业审查计划和自愿选择基础上的理事专业指导计划,承销商、做市

① 潘昀:《创业板保荐人制度之研究》,浙江大学 2003 年硕士学位论文,第 7 页。

商和分析师的专业服务以及交易所的实质审查制度。这种制度安排对保荐人的功能进行分解,通过相互间的功能互补和密切配合,化解发行人风险,保护投资者的利益。其中最值得一提的应属“强制性的法人治理结构标准”和“理事专业指导计划”,它们内化并替代了保荐人制度的核心功能,对NASDAQ 市场的繁荣贡献良多。①

我国主板市场自 2004 年 2 月 1 日开始全面实施保荐人制度,其规定很大程度上借鉴了香港地区创业板市场的制度安排,加大保荐人责任的特点较为突出。由于创业板的上市门槛相对较低,因此,在主板市场保荐人制度的基础上,实行了更为严格的保荐人制度,如考虑延长保荐期限,强化保荐机构的持续督导,细化保荐人的尽职调查标准,赋予保荐人更多的权利,加大对保荐人违法行为的制裁,等等。② 本书认为,为了考核保荐人的工作质量,交易所也应制定具体详细的管理办法,每年对推荐人的推荐情况进行跟踪、评价,并在适当情况下向社会公开以接受监督。

在创业板市场中,保荐人应切实发挥如下三个方面的作用:(1) 规范上市公司的运作,保证上市公司的质量。创业板市场设立的低门槛使其具有高风险的特征,在保荐人制度下,保荐人全面负责遴选、培养、推荐和督导上市企业。在发行人上市前,保荐人通过履行其尽职调查和辅导职责,确保发行人完全符合上市规定,并协助其健全法人治理结构,完善信息披露机制。在发行人上市及其后的一段时间内,保荐人要对企业进行持续辅导,坚持督促其严格遵守有关法律法规,认真履行上市规则,并保证其信息披露的全面、真实、准确和完整。通过履行上述职责,保荐人发挥了资本市场“第一看门人”和上市公司“领路人”的角色,确保了上市公司的质量,有利于规范创业板市场的运作,增强投资者的信心。(2) 提升中介机构的执业水准。实施保荐人制度,要求保荐机构作为中介机构牵头人,协调律师事务所、会计师事务所、资产评估机构等相关中介机构在各自的职责范围内勤勉尽责,诚实守信,本着对证券市场负责、对投资者负责的态度,推荐优质公司发行上市。保荐人制度的实施将全面提升中介服务机构的行业道德和服务水平。

---

① 徐岚:《论创业板市场的保荐人制度》,对外经济贸易大学 2003 年硕士学位论文,第 11 页。

② 参见《首次公开发行股票并在创业板上市管理暂行办法》第 51 条。

(3) 降低监管者的监管成本。保荐制度的核心在于落实推荐和担保企业发行和上市的证券公司的责任和责任追究机制。随着保荐制度的实施,保荐机构和代表人对发行辅导、推荐文件、发行人信息披露的质量必须作出承诺,这就在保荐人和发行人之间形成了一种相互依存、风险共担、相互监督的机制,证券监管部门借助保荐人对发行人的发行资格及其上市条件的实质性审核,有利于把好创业板市场的准入关口,降低其监管成本。

综上所述,我国创业板市场应实行发行和上市审核相分离的体制。在发行审核上,目前沿用核准制,由证监会设立相关部门负责审核,但未来应过渡到注册制,以提高证券市场的运作效率,有效发挥其融资功能。同时,审核重心也应向上市审核过渡,使发行上市审核主要由交易所负责,并适当借鉴海外成熟创业板市场的先进经验,在创业板内设置不同层次的板块,设定多样化的上市标准,为上市企业提供更多的选择机会。此外,创业板市场也应进一步完善、细化现有的保荐人制度,强化保荐人的责任,以提升上市公司的质量,防范和化解市场风险,保护投资者的利益。

三、创业板市场的发行定价制度

自创业板开板以来,板内公司 IPO 的高市盈率倍数即成为各方关注重点,多数专业人士对其高风险隐患表示忧虑。首批高价发行的 28 家公司,其中鼎汉技术以 82.22 倍的市盈率拔得头筹,最低的上海佳豪市盈率也有 40.12 倍,28 家公司的平均市盈率为 56.7 倍,远高于全部国内 A 股 25.48 倍的平均市盈率、中小板 40.28 倍的市盈率。更是远远超过香港股市不到 10 倍的新股市盈率。其中,红日药业更是以 60 元的发行价,成为 28 家公司中的第一高价股。[①] 审视现行创业板的估值体系,可以发现:由于我国创业板缺少合理的估值参照体系和科学、客观的多种定价制度,同时在符合商业条件市值规律对融资规模要求的影响下,导致了大量资金追捧创业板上市公司,大部分创业板公司的预期估值上升,偏离了原有真实价值,使其股价存在透支公司未来成长性的巨大风险。

---

① 陈季冰:《创业板之"中国特色"》,载《西部论丛》2009 年 11 月,第 41 页。

（一）传统的单一市盈率定价技术在创业板适用的难题

股票发行定价是股票发行市场最基本和最重要的部分，IPO 定价机制和定价方法构成了股票发行市场的核心。此时，没有历史交易价格作为参考，可以说在发行定价方面是最为特殊和复杂的，也是国际公认的颇具有迷惑性的一大难题。

我国现行的发行定价技术主要就是市盈率法（P/E ratio），该方法的假设前提是该行业中其他公司与被估价公司具有可比性，并且市场对这些公司的定价也是正确的。这种方法从股票市场上选取行业特征、财务状况和股本规模等类似的企业，根据其股价和每股盈利计算出股票的市盈率，再依据市场表现、宏观经济形势、利率水平等因素推算出目前的合理平均市盈率，以平均市盈率乘以企业的每股收益作为企业的价值。[①] 市盈率反映的是投资者如果以当日收盘价购买该种股票，收回全部投资的年限（假定每股税后利润全都用于分红派息）。市盈率为人们评价股票的投资价值提供了一个简单而基本的标准。

在沪深证券交易所成立之前，中国的股票发行带有浓厚的私募发行性质。沪深交易所成立后，新股发行采取公开募集方式，经历了一个“定价—竞价—定价”的反复演变过程。1993—1998 年，IPO 定价机制采取固定价格公开发售，证监会规定发行市盈率不超过 15 倍，这段时间新股发行的市盈率一般在 13—15 倍之间。1996 年 12 月前，监管部门核定股票发行价格的市盈率为 15 倍，其计算依据为市盈利预测中的每股收益。1998 年 3 月到 1999 年 3 月，新股发行定价方法又恢复到 1997 年 1 月之前，规定新股发行价格以预测的发行当年加权平均每股收益为依据，市盈率为 15 倍。1999 年 3 月到 2001 年 6 月，在股票发行数量受行政严格控制的条件下，监管部门提出新股发行的“市场化定价模式”。由于发行数量是行政垄断，这种市场化只能称之为“单边市场化定价模式”，实际上严重损害了投资者的利益。1999 年 3 月，监管部门发布《股票发行定价分析报告指引（试行）》，要求发行人提供由其与主承销商共同确定的定价分析报告。作为证监会依法核准

---

① 根据市盈率法进行发行定价的基本公式是：$V = K \times E$。其中，K 为平均市盈率，E 为估值企业收益。

发行价格的重要依据之一,监管部门不再规定具体的新股发行市盈率。这种“单边市场化定价模式”导致很多股票的发行市盈率突破40倍,如闽东电力的发行价格为11.50元/股,发行市盈率88. 69倍。2001年7月以后,新股发行体制从审批制转向审核制,又恢复了核定新股发行市盈率的办法,不鼓励发行人做盈利预测,以发行前一年的每股收益为依据,市盈率不超过20倍,并进一步将首发新股的融资额限制在发行前净资产的2倍。这种僵化的市盈率标准难以反映不同上市公司之间的素质差异,容易造成发展前景好、增长速度快的上市公司发行价格明显偏低的情况。虽然纠正了前段时期“单边市场化定价”的错误,但也给发行人操纵新股发行价格开了方便之门。发行人只需调控“发行前一年的每股收益”就能获得20倍数量的发行溢价,发行人往往千方百计包装“发行前一年的每股收益”,导致实际发行市盈率远高于20倍的名义发行市盈率。

除了发行市盈率的行政管制问题之外,市盈率法在创业板的运用还将遇到以下几个问题:

首先,市盈率法隐含了可比较企业的股票已被准确地定价的假设,利用同行业的其他公司作为参考。然而,同行业的公司仍可能在业务、风险程度和增长潜力方面存在很大差异,尤其是中小企业的透明度并不是很高,研究机构和投行的分析师很少能够对中小企业做一些非常详细的研究报告。而且,创业板上市的公司多为高科技公司,这些企业甚至缺乏可比的公司,因为高新技术的千差万别,可能很难找到技术、规模、环境和市场方面具有相似性的可比公司。

其次,市盈率法主要是反映了公司过去的经营成果,并没有考虑公司未来预期的现金流,基于创业板市场服务于创新型和高成长性企业的宗旨,创业板上市门槛相对较低,关注的是公司未来的收益能力或者增长能力,因此盈利要求等方面比较宽松,基于当期收益的市盈率定价技术难以反映创业板的这一特点。另外,高科技企业估值不同于主板市场上的一般企业,前期的研发等费用占用了企业大量的现金等资源,盈利能力可能很强,但这只是预期的盈利,市盈率定价技术难以反映高科技企业的公平市值。[①]

---

① 所谓公平市值,即自愿卖方与自愿买方在作出适当市场推广后,交易双方均在知情、审慎及无强迫的情况下,按公平磋商基准进行交换资产所估计之金额。

第三，创业企业具有预期收益不特定的特点，同时其资产构成中的特殊情况造成市盈率估值法对许多创业企业难以适用。一方面，创业企业的研发与成果转化过程中都隐藏着失败的风险，每个阶段的风险不同，都有可能导致预期收益的变化。另一方面，全新的技术的估值非常困难，原因是该技术的市场前景难以确定，在没有先例的情况下很难适用市盈率法。[①] 而且创业企业的现金流也是不断调整的，这是由于其科技成果转化也是动态的过程，随市场行情变化改变投资费用。[②] 同时，关于无形资产的估值问题也值得重视，创业企业无形资产比重通常较高，而无形资产的估值无论是在理论还是实践中，都非常困难。[③]

综上，许多拟在创业板上市的公司即使在其他方面符合法律规定的要求，但运用市盈率法进行发行定价很难反映公司的高成长性，其融资额也非常有限。另一方面，由于估值技术的单一和发行制度的缺陷，拟上市公司抱怨承销保荐费用过高，证券公司则嫌工作量大却无利可图。所以，在主板市场得到广泛运用的市盈率法在创业板的适用性是有限的。本书认为，单一的市盈率定价技术下，原有的发行规则不能有效解决创业板中企业的发行定价问题，将使大量符合创业板功能定位的中小型创新型企业难以利用创业板进行有效融资。创业板的发行定价技术应探索适应创业板市场上中小型企业小规模发行特点的道路。故而，未来在遵循符合商业条件的市值规律的指导下，引入新的定价技术，进而改革现行发行制度设计势在必行。

（二）探索适合创业板上市公司的新发行定价技术

新股发行定价实际上是以单位市值为依据的，估价时将该公司作为一个整体资产估计出其公平市值，再将其分摊到全部股本的每一份上去。一般而言，发行价格的确定过程一般包括两个步骤：第一步是进行公司估值，即对拟发行公司的价值作出评估，这是股票发行价格赖以确定的基础。第二步是选择合适的发行模式以发现股票的市场价格，通过前期促销、路演、询价或竞价等，将该股票的供求信息揉进股价之中，对公司估值进行修正后

① 阶段性差异使它不能使用一个折现率。

② 传统的现金流贴现技术是无法作出这种调整的。

③ 程红：《浅谈传统估值方法在高科技企业估值中的不适应性》，载《黑河学刊》2003 年第 4 期。

确定发行价格。

创业板上市公司主要是高科技为代表的创新型和高成长性企业,理论界和实务界对高科技企业的估值问题进行了大量研究,归纳起来主要有两类方法,一类是在传统的企业估值方法的理论和框架内,通过对某些指标的调整而实现对高科技企业的估值;另一类是突破传统企业估值理论,把实物期权法引入高科技企业的估值中。以下介绍三种有代表性的估值方法。

1. 现金流量贴现法

现金流量贴现法(discount cash flow)是以公司未来一段时间内预测的自由现金流量和公司末期价值的贴现现值来估算公司市场价值的方法。由于现金流是未来时期的预期值,因此必须按照一定的贴现率换算成现值,通过选定恰当的折现率,将公司未来的收益折算到现在的价值之和作为公司的价值。

现金流量贴现法有两个理论基础:第一,现金流量比利润更适合于贴现。虽然股票市场对利润比较敏感,但实证研究表明,企业价值最终由其现金流量决定而非由其利润决定;净现金流量是企业实际收支的差额,不容易被改变,而利润则要通过一系列复杂的会计程序进行确定甚至可能被更改。第二,货币具有时间价值,现在一元钱的价值要高于未来一元钱的价值,因为现在这一元钱可以用于投资,得到一定的回报。

该方法的基本模型为:$V = \sum_{t=1}^{n} \frac{CF_t}{(1+k)^t}$

其中,V 代表企业市场价值,CF_t 代表 t 期的现金流量,k 代表能够反映现金流量风险的折现率。

一般来说,要求被估价公司未来现金流量能够比较可靠地估计,且根据现金流的风险特征又能够确定出恰当的贴现率。在国际主要股票市场上对公路、港口、桥梁、电厂等上市公司的估价和发行定价一般采用现金流贴现法。对于净现金流为正、较为成熟的高科技企业也可以适用这种方法。

随着计算机的普及,越来越多的人开始应用它来计算 IPO 的价格,为证明某个贴现率而提出的支持材料有一堆,其详细程度似乎已经有些过分。著名投资家巴菲特等人在投资中一直坚持以这种分析方法为主,只是在更简单和更实用的层面上使用这些方法而已。

2. 经济收益附加值法

经济收益附加值法 EVA(Economic Value Added)是指一个公司扣除资本成本之和的资本收益。从股东角度看,只有当公司赚取了超过其资本的利润时,公司价值才有增长。①

EVA 估值模型的基本思想在于,公司的价值等于公司总投入资金加上公司未来 EVA 的现值。换言之,公司的市场价值由两个部分组成:一是当前的营运价值,度量公司当前营运业务的市场价值;二是公司未来增长价值,用于度量公司期望增长价值的贴现值。公司实际价值之所以有超过公司账面价值的溢价,就是因为公司在未来具有这种创造经济增加值的能力。由于未来增长价值是不确定的预测值,该方法认为在确定新上市公司基准价时应全面关注各种因素,不仅要考虑公司前期盈利能力、资产质量和产品技术含量,而且要涵盖未来一段时间内公司预期业绩、产品增长率、公司经营风险大小等,测算出预测期内各期的 EV,并确定公司具备创造 EVA 能力的年限,根据这些因素定量加权,估算公司的总价值。②

在计算 EVA 时,首先要确定对哪些项目进行调整,一般企业的调整项目中比较重要的项目包括研究与开发项目、商誉摊销费等。其中,与高科技企业关系比较密切的是对研究开发费用的调整,在计算 EVA 时应对研究开发费用进行资本化,然后在未来的几年内进行摊销。一般来说对研究开发费用的摊销要根据不同的行业或产品而有所不同,通常是以五年作为标准进行摊销。

在 EVA 项下,税后营业利润的值比会计项目更接近它的真正经济价值,是真正从投资角度来分析公司的盈利的。在"网络时代",围绕利用 EVA 对互联网公司估值的应用再次兴起。互联网公司中研究开发费用、市场开发费用以及广告费用占有很大比重,而在 EVA 方法中讨论比较多的是

---

① 该方法计算经济收益附加值的公式为:EVA = 税后营业利润 - 资本成本。其中,税后营业利润 = 税后净利润 + 利息费用 + 少数股东权益 + 本年商誉摊销额 + 递延税项贷方余额的增加 + 其他准备金余额的增加 + 资本化研发费用 - 资本化研发费用在当年的摊销额;资本成本 = 企业当年实际投入资本总额 × 加权平均资本成本率(WACC)。

② 该方法最后确定公司价值的计算公式为:公司的价值 = 实际资本成本 + $\sum_{t=1}^{n}\frac{EVA_t}{(1+WACC)^t}$。

把这些费用资本化，作为投资而不是费用处理，并且这些投资同样要求回报。因为无形资产在互联网公司的持续发展中发挥重要作用，这一点使 EVA 在反映公司未来增长潜力方面具有优势。因此，EVA 方法主要适用于很有前景的高科技型企业。但也要看到，采用经济附加值法也涉及未来现金流、未来税后利润的预测以及贴现率等不确定性问题，难免带有一定的主观色彩。

3. 实物期权法

一般而言，期权是指金融期权，它赋予持有人在规定的到期日或到期日之前、以指定价格(执行价格)购买或出售一定数量基础资产的权利。期权赋予持有人在规定时间执行期权或不执行期权的选择权，期权持有人也必须为此选择权事先支付一定的费用，即期权费。实物期权(real options)是金融期权在企业或项目中的运用，这个概念最初是由 Stewart Myers(1977)在 MIT 时所提出的，他指出一个投资方案产生的现金流量所创造的利润，来自于目前所拥有资产的使用，再加上一个对未来投资机会的选择。[①] 根据实物期权理论，研究开发费用及中试费用类似于期权费，科研成果投入使用所发生的投资相当于买入期权的执行价格，使用这项技术所获得的收益相当于期权标的资产的价格。大多数高科技企业的价值实际上是一组该企业所拥有的选择权的价值，因此风险企业价值评估采用实物期权方法将比较接近其真实价值。

高科技企业实物期权定价的基本思路是，把高科技企业视为若干项实物期权的组合，该企业的价值等于现有资产所产生现金流的现值加上各种实物期权的价值。高科技企业 IPO 定价中运用实物期权方法一般包括四个步骤：(1) 通过贴现现金流法计算该企业现有盈利能力的现值；(2) 通过实物期权定价方法计算该企业潜在盈利能力的价值；(3) 计算各种期权的组合价值；(4) 根据高科技企业拟发行的新股数量，来确定新股发行的价格。

实物期权法认为，对于拥有投资价值的企业而言，企业不必立即决策投资或不投资，例如可以等到出现有利的经济条件时再进行投资。在等待决策的过程中，企业一直保持着最终作出选择是否使用投资机会的权利，这种

① 曹天伟：《利用实物期权法评估高科技企业的价值》，东北财经大学 2004 年硕士学位论文，第 12 页。

权利对企业而言就是其价值的一部分。可见,该方法将企业置于动态的经济环境之中,考虑到了外部不确定的经济条件会影响企业的价值,因而比现金流贴现法更能全面真实地反映企业的内在价值,可以说是企业价值评估思想的一大发展。

实物期权法相对现金流贴现法有一个重要的进步。现金流贴现方法隐含着这样的前提,即整个项目在生命周期内是缺乏弹性的,换言之,一旦决定某个项目是否进行,无论之后的市场环境如何变化,管理者都不会或不能对项目进行重新决策。这种思想忽视了管理者根据项目进展对下一步行动进行调整的管理弹性,因此很大程度上低估了企业的价值。而实物期权法将企业投资的动态序列性和弹性考虑进去了。研发(R&D,Research and Development)投资是最典型的阶段性投资,企业现金的流出远远超过现金的流入,但之后企业可以通过前期研发成果以及在此期间获得的信息对是否进行第二阶段的投资作出决策。

在传统财务理论中,不确定性大意味着贴现率的提高和比较低的净现值。期权本身就产生于风险环境,不确定性高意味着期权价值大,这样反而使投资项目可能具有较高的投资价值。期权理论能较为成功地在定价期权时把握风险的因素,从更理性的角度强调风险的角色。

传统的估值方法忽略了创造期权的价值。各种实物期权能创造未来的成长机会,使公司在市场条件适合时采取其他投资。即使净现值为负,公司从长远的角度着眼仍然会进行投资。很多公司的市场价值取决于它们在将来投资和增长的期权,而不是现在拥有的资本,特别是对于不稳定、不可预期的行业,如电子和生物技术等行业。

当然,凡事都有两面,实物期权法也存在一些问题:实物期权定价的关键是确定各个实物期权要素,使其符合实物项目的特性,满足假设条件。但实物期权要素的确定是非常复杂的。如果一个高科技企业同时包含若干个实物期权,就涉及实物期权的组合定价,即实物期权的可加性问题。实物期权具有不可简单相加性,同时考虑多种期权时每种期权对项目的边际贡献小于其自身价值,然而目前还没有办法来计算剔除重复的价值,这就使得一个企业的价值容易被高估。

因此,实物期权法操作比较复杂,但在市盈率法、现金流贴现估价法等方法不适合时,期权定价模型提供了另一种思考角度。

由此可知，前文所述的各种估值技术各有其适用性和局限性，没有一种单一的评估公司价值的方法总是真正有效，没有哪一种定价方法能完全解决创业板上市公司的估值定价问题。但单纯采用传统的市盈率法必然不能解决创业板上市公司发行定价的问题。对于创业板中许多公司而言，相较于传统的市盈率定价技术，现金流量贴现法、经济收益附加值法、实物期权法在对其公司整体资产和未来成长性的评估活动中的运用，将更有利于数据结果的科学性和客观性。由于股票发行价格的确定是关系到股票能否顺利发行以及上市后表现如何的重要环节，发行定价技术也是确定多种上市标准的重要手段。① 在对上市公司的估值活动中，应当遵循根据公司所处的商业条件，选择合乎公司市值的模型进行估值和定价的基本原则。这是股票一级市场定价行政主导化向市场化转变的必然趋势，是发行定价技术的法律制度化的通道所在，也是充分发挥证券市场资源配置功能的基础性前提。在创业板市场中，高成长性中小企业与新兴高科技企业由于产权结构相对复杂、发展时间短、市场认知度低、投资风险较高等因素存在，更需要与之相匹配的以市场化的发行定价技术为基础的灵活、宽松、高效的上市条件与标准。因此，在我国创业板市场的建设过程中，必须重视发行定价技术的灵活运用。综合多种估值模型和定价原则的多种定价技术必须成为未来创业板公司发行上市定价所遵循的基本原则。具体到法律制度层面，“允许利用多种定价方法确定拟上市企业市值”之类具有提示性的证券法规条款可能是最具可行性的制度设计形式。当然，其对我国的会计、审计、税收与信用评级机制也会产生更为专业化的市场要求，因此，我国创业板发行定价制度必然要经历市场的长期考验才能逐步走向成熟。

（三）符合商业条件的市值规律与券商积极性问题的解决

1. 具备符合商业条件的市值——股票发行上市的基本规律

综合世界各国创业板股票的发行经验，多数国家在上市标准上虽然采取了远低于主板市场的门槛限制，但实际在创业板中上市的企业多具备远超法律规定的上市标准的市值规模。以我国为例，从表 3-1 可以看到，264

---

① 上市条件的关键标准之一在于企业是否符合法定市值，而市值的公允确定则必然依赖于灵活的发行定价技术，所以我们说发行定价技术是确定上市标准的必要条件。

家创业板上市公司，在创业板市场“发行前净资产”、“发行后股本总额”、“最近两年净利润”三项标准中，绝大部分企业以两倍于法定最低标准的规模上市，甚至有相当一部分企业达到上市标准的10倍以上。

表3-1 264家创业板上市公司满足上市门槛情况统计

<table>
<tr><th>市场</th><th colspan="3">主要财务门槛</th><th>满足条件要求2倍以下的比例</th><th>满足条件要求2倍以上10倍以下的比例</th><th>满足条件要求10倍以上的比例</th></tr>
<tr><td rowspan="5">中国创业板</td><td rowspan="2">股本要求</td><td colspan="2">发行前净资产不少于2000万元</td><td>0.81%</td><td>82.54%</td><td>16.65%</td></tr>
<tr><td colspan="2">发行后的股本总额不少于3000万元</td><td>6.06%</td><td>36.98%</td><td>56.96%</td></tr>
<tr><td rowspan="3">盈利要求</td><td>条件一</td><td>最近两年净利润累计不少于1000万元</td><td>3.24%</td><td>84.89%</td><td>11.87%</td></tr>
<tr><td rowspan="2">条件二</td><td>净利润不少于500万元</td><td>3.89%</td><td>72.54%</td><td>23.77%</td></tr>
<tr><td>最近一年营业收入不少于5000万元</td><td>9.21%</td><td>84.45%</td><td>6.34%</td></tr>
</table>

资料来源：深圳证券交易所创业板，http://www.szse.cn/main/chinext/，最后访问时间2011年9月25日；国泰安数据服务中心，http://www.gtarsc.com/，最后访问时间2011年9月25日。

这便意味着法律规定的上市条件被实质架空，法律预设的融资条件大大上升，从而使得大量表面符合创业板上市条件的中小企业在现实的商业条件的制约下不可能被推荐上市。法律创设的融资平台难以发挥其本旨功能，大量中小型创新型企业继续面临筹资无门的尴尬境地，而大量具备雄厚实力的非创新型企业挤占创业板上市资源，长此以往，必然造成创业板功能定位的虚化，不利于资本市场的健康发展。

本书认为，上述问题究其根源在于现行发行上市制度下股票发行上市市场上，存在着任何上市企业必须具备符合商业条件的市值方能为券商青睐，从而成为发行上市推荐对象的基本规律。

以中小企业板上市公司为例，中小企业板的上市标准和主板市场一样，要求拟上市公司最近三个会计年度净利润均为正数且累计超过3000万元。而实践中发行人的盈利记录远远高于法律的要求，每期净利润基本上都为2000万元以上。这正是符合商业条件市值规律发挥作用的结果。股票发行中承销费、审计费、律师费、验资费和审核费等费用都较高，例如主板市场中承销商一般收取筹资额的1.5%—3%作为承销费用。而在中小板中，根据市盈率定价法[1],以发行市盈率为15倍的标准计算,年均净利润达1000万的发行人,其上市融资额仅1.5亿元,倘若按主板市场的比例收取承销费用,则券商的发行承销费仅两三百万。这种情况下,由于中小板的发行程序仍然极为繁杂,承销商投入的人力物力等资源并不比主板少,相形之下收益就相去甚远了;另一方面,一旦公司市值较小,中小板拟上市公司又不可能像主板公司一样给予承销商上千万的佣酬,否则专业服务机构的审计费用和律师费用等很可能消耗了相当部分的融资额,这对公司而言将是沉重的负担,降低了发行人的融资效率。因此,实践中不仅盈利记录较好和融资规模较大的企业上市的可能性更大,监管部门也更乐意选择这些盈利记录远远高于法律要求的企业上市,因此只有融资规模达到一定程度的企业才有被推荐上市的可能。

具体到创业板市场,相比中小企业板,创业板对上市公司净利润的要求更低,根据证监会发布的《首次公开发行股票并在创业板上市管理办法》第10条的规定,要求发行人最近两年连续盈利,最近两年净利润累计不少于1000万元,且持续增长;或者最近一年盈利,且净利润不少于500万元。假设拟上市企业发行当年税后利润是500万元,以理论上认为的正常市盈率水平15至20倍计算,融资额度仅仅为7500万元至1亿元。在此情况下,一方面,依券商针对创业板项目的收费标准,承销费用将对创业板企业构成严重的负担(以募集资金1.5亿计算,即使券商按照下限价格800万收费,IPO成本亦超过融资金额的5%)。另一方面,由于保荐管理办法和工作指引对保荐人的职业责任提出了非常详细的要求,保荐人需要完成的辅导推荐工作较多,而且创业板上市企业的保荐期比中小板企业更长,投资银行执行创业板项目的成本并未较之主板、中小企业板项目明显降低,而创业板企业的特性又决定了该类项目风险的显著性。有限的收入和繁杂的上市程序使得证券公司对保荐发行市值较小的企业到创业板上市的相关服务缺乏兴趣。总之,相较主板而言,创业板属于中小规模发行,发行人的融资规模有

① 根据市盈率定价法,新股发行价 = 每股收益 * 发行市盈率,其中每股收益 = 税后总利润/发行前总股本数。每股收益也是每股税后利润,根据全面摊薄法,每股税后利润 = 发行当年预测税后利润/发行当年总股本数。因此,发行筹资额 =(发行当年预测税后利润/发行当年总股本数)* 发行市盈率 * 发行股份数。在全流通背景下,如果新股发行全部顺利完成,则最大发行筹资额可简化计算为:发行当年预测税后利润 * 发行市盈率。

限,如若股票发行定价过低,发行人难以筹集到满意的资金量,而承销费用、中介费用和发行抑价等发行成本过高,则该发行不符合经济效率;若发行定价过高,又将增大证券公司的发行责任和承销风险,抑制投资者的认购需要,影响股票上市后的流动性。在这种情况下,我们便看到:一方面,目前已在创业板上市的企业都具备远超法律规定的整体规模和盈利水平;另一方面,为了保证符合上市的基本商业条件,创业板企业无一不是超高市盈率发行,其融资规模较之本身的功能定位也极其巨大,超募严重。①

2. 券商在发行中积极性问题的解决

IPO 发行中符合商业条件的最低市值问题的本质在于:对创业板企业的中小市值发行,多数证券公司会因其相对较低的承销费收入而丧失积极性。这一状况作为创业板市场中的世界性难题而普遍存在,可以说券商积极性关系到创业板的健康发展,也关系着创业板的未来。

因此,除了上文所说的选择合适的定价技术之外,还应当从发行机制方面入手,平衡发行人和承销人之间的利益,使上市公司的发行符合商业条件。这意味着在拟上市公司市值较小的情况下,应当以一定的制度设计保证券商基本经济利益的实现,创制鼓励低价发行的法律结构,从而激发其对此类企业项目的积极性。

为解决上述问题,实务中已经采取的解决方案包括:由拟上市公司允诺将限售股托管于该承销商或者承诺未来再融资时继续委托同一券商承销,从而使券商的利益得到一定程度的弥补。而事实上,上述方式由于其利益的可替代性和不确定性,常常不为券商所青睐,更为直接的做法是提高首发的估值水平。然而此类隐性的违背市场规律的行为,显然又将直接导致对高估值和高成长性的关系如何判断以及是否会因高估值透支未来股价的诘问。

本书认为,券商积极性问题可以通过以下两种制度设计有效解决:

(1) 配售方式

由于缺乏政策支持,目前券商通过合同入股的现象较为普遍,但是该方

① 根据深圳交易所公布的数据,创业板上市企业平均市盈率高达 77 倍,平均募集资金达到 7 亿元。参见深交所网站:http://www.szse.cn/main/chinext/scsj/jbzb/,最后访问时间 2010 年 12 月 10 日。

式的后遗症亦始终困扰着券商与企业:传统 PE 模式下,券商和发行人不得不承担无法上市的风险,亦即项目进行以后,一旦 IPO 失败,未能成功上市,此时券商已经入股拟上市公司,我国公司法不允许退股,而券商所获股份一般数量较大,其如何寻找其他投资者退出项目公司将成为难题。故此,PE 方式在政策层面上得到证券监管部门的许可和鼓励是解决券商两难境地的重要节点,我们认为:证券监管部门应当允许一定筹资额度(如 1 亿元)以下时,券商以配售方式取得拟上市公司的部分股份权利。只要发行筹资额度符合一定条件,则在一般情况下,证券监管部门允许发行人对承销商的补偿性配售。在此前提下,承销人与发行人事先订立补偿性约定,内容主要涉及上市后发行人公开向券商配售股份及相应的补偿股份数额。在该补偿合同中,列明发行人以配售股份的方式折抵部分承销费用,即券商可获得较低价格的股份以折抵承销费用。券商作为企业的战略投资者,参股拟上市创业板企业,待上市成功后通过二级市场减持。与传统的 PE 方式简单以合同约束相比,该种方式由于事先得到了证券监管部门的承诺,不用负担可能存在的无法上市风险。

本书认为,配售应成为一种可选择的模式,同时由于配售实质上是入股拟上市公司的行为,出于对有可能产生的不公平关联交易及承销商或保荐人独立性的担忧,关于券商与企业利益冲突的疑问是存在的。但是,应该看到,相较商业条件市值规律影响下的制度缺失对小市值企业融资权利的损害而言,潜在的保荐人独立性和关联交易公平性问题并不严重,通过公开性规则可以有效地将商业风险和道德风险降低。我国《证券发行上市保荐业务管理办法》第 43 条规定:“保荐机构及其控股股东、实际控制人、重要关联方持有发行人的股份合计超过 7%,或者发行人持有、控制保荐机构的股份超过 7% 的,保荐机构在推荐发行人证券发行上市时,应联合一家无关联保荐机构共同履行保荐职责,且该无关联保荐机构为第一保荐机构。”第 5 条第 3 款规定:“保荐代表人及其配偶不得以任何名义或者方式持有发行人的股份。”由此可见,目前的法律设计与小市值企业上市时的配售模式利益分配机制可能存在一定程度的矛盾,对此,可以通过例外性规范的形式加以缓和。例如允许一定筹资额以下的发行人及保荐券商豁免或突破上述限制性规定,但配以必要的公示及相应的承诺或保证机制。再者,为避免承销商通过配售方式获取巨额利益,对于配售股份的价格形成可以设置一定的阀门。

例如在配售制度中约束承销商,如果实际发行价格远高于合同约定的报价,超出的部分必须返还发行人。关于该价格的控制尺度,可以合同或法律强制性规定的形式,直接规定超出的价格区间范围。

需要强调的是,配售制度应支持券商不受限售条款制约,否则其解决券商积极性问题的初衷根本无法实现。这是由于券商持股的时间成本加大,预期利润也将大打折扣。故应允许券商在企业上市后即可将配售股份转让。限售期仅约束“大小非”,承销商不在此列。

(2)权证方式

早在20世纪90年代初期,我国证券市场就推出了权证交易,由于受到当时市场条件和监管水平的局限,投资人对权证的疯狂炒作,使其行权价格远远高于基础股票价格。权证作为衍生工具的积极作用未能得到很好的发挥,反而产生了许多的问题,有些权证甚至异化为纯粹的投机工具。权证交易中的这种过度投机现象,最终导致权证淡出市场。权证于2005年重现证券市场是在配合股权分置改革的背景下,作为非流通股股东支付给流通股股东的对价方式出现,并形成了很大的市场,2006年上半年沪深交易所权证成交金额达9389亿元,仅次于德国市场的12391亿元,位居全球第二。[①] 公司权证具有市场融资工具功能,在股权分置改革中,一些上市公司发行认股权证以取得流通股股东的同意,实现国有股减持的目的。证券公司等金融机构依法可以创设权证,这种创设行为实质上也是融资行为。创设人通过支出较小的代价,将创设的权证投放在证券二级市场获得收益最大化。比如,券商曾经通过创设招行权证CMP1、南航权证JTP1获取了数十亿的利润。尽管我国权证交易发展之路曲折艰难,但是权证作为金融衍生产品对于资本市场的发展具有重要意义。完善的多层次市场应当建立多种交易制度,为投资者提供多种投资产品。

本书建议引入权证制度主要是为了解决中小市值企业上市对券商利益补偿的问题,以调动券商对此类项目的积极性。由于中小型企业在创业板上市筹资规模有限,这些项目对于承销人的吸引不大,而且承销费用成本过高,对发行人也不利。因此,可以通过权证补偿的方式来弥补主承销人利润不足的问题。由于权证具有杠杆作用(即一般而言,认股权证的市场价格要

① 刘颖:《权证法律问题研究》,暨南大学2007年硕士学位论文,第20页。

比其可认购的股票的市场价格上涨或下跌的幅度更大)①,结合中国股票市场目前供小于求、上市初期极少跌破发行价的总体现状,通过允许创业板公司发行权证的方法,券商在拥有权证发行权的情况下,可以在较低的风险水平下,有效地解决其承销费用较低、利润不足的问题。就实质而言,即允许承销商代表发行人卖出认购权证。对于发行总额在一定数量以下的股票(如1亿元),上市前,拟上市企业可以股东大会决议形式与承销商达成协议:若上市成功,将授予中介机构发放一定数量的上市企业认股权证的权利。采用该方式,既可以解决因上市规模较小所收取的承销费偏低的问题,同时承销商也不必面对配售方式下可能遭遇的退出窘境。因为这相当于上市后认购权证的持有人得以特定价格认购特定数量股份,与流通股东一起分担上市成本,券商在出售权证过程中将获得巨大的利益补偿。从阶段上来说,权证方式可分为如下环节:第一步,在发行上市前,承销商与发行人就认股权证事项达成协议;第二步是认购和发行认股权证;第三步是允许权证在一定时期内交易和流通,最后是设置抽签程序,以决定权证的效力。具体而言,承销商与发行人首先就认股权证的发行价格和发行总量上限达成协议,承销商以自己名义发行备兑权证,并允许该备兑权证拥有一定的流动期限,市场交易主体可以买卖、转让该权证。期限届满后,通过抽签决定备兑权证可否行使认股权。为权证提供一定的交易流动期,其意义在于提高投资人购买权证的积极性。在交易期限内,权证可以自由流动,有利于发掘其价值,吸引社会闲散资金。设置抽签程序的目的是为了调整供求关系,充分调动社会资源的同时防止大面积炒作认购权证。该方式存在一定的成本,部分权证经抽签后失效可能从整体上削弱意向方购买权证的积极性,但总体而言,能够有效弥补承销商的经济利益而不致过于浪费资源,并且保护其参与小额企业融资项目的积极性。

实施权证方式,首先要扫清权证发行的政策障碍。值得注意的是,目前我国的权证发行和创设均由交易所进行审批,但对于认股权证而言,持有人的行权将会导致上市公司股本总数增加,为了与《证券法》证券发行审批的相关规定相衔接,本书建议将认股权证的发行改由证监会来审批。其次,根据目前《上海证券交易所权证管理暂行办法》第9条的规定,发行权证的股

---

① 中国证券业协会编:《证券投资分析》,中国财政经济出版社2008年版,第53页。

票必须满足最近20个交易日的流通股份市值不低于30亿元等条件[①]，这意味着只有主板市场上的大盘蓝筹股才有发行权证的可能。而在股权分置改革完成的背景下，如前文所述，权证对于创业板市场的重要作用日益凸显。因此，政策上应当对在创业板市场发行权证进行一定程度的倾斜，法律规定中为一定规模范围内的小额融资发行权证提供空间。再者，为防止天量创设权证，可通过政策强制限定权证的单位价格与交易量。一方面，给出每单位不超过一定金额的指导价格。另一方面，对于权证的实际发行量，规定不能大于标的股票发行量的一定倍数。同时，完善权证发行的信息披露制度，要求承销商或发行人及时准确地公布拟发权证的发行价格和交易量。创业板目前存在严重的资源浪费现象，应该鼓励小额发行。因此，应当强调的是，只有小额融资项目才得被允许发行权证，大额融资不适用该政策。

综上，由于在发行环节存在着符合商业条件的最低市值的基本规律，现行的发行制度难以保证众多符合创业板上市条件的中小额企业得以上市融资。为解决券商在保荐上市过程中，由于市值规模而产生的承销利润不足的问题，未来创业板发行制度中应当允许发行人以承销费用以外的手段进行支付，尤其是为以部分股权类权益进行支付的方式（比如权证、配售等）对券商进行补偿预留空间，从而保护券商对小额融资企业项目的积极性，进而使小额融资企业的权利得到实质保障，充分发挥创业板应有的功能。

（四）其他发行合理化措施

1. 降低公众持股比例限制

根据《深圳证券交易所创业板股票上市规则》第5.1.1条，发行人申请股票在创业板上市，应当符合“公开发行的股份达到公司股份总数的25%以上；公司股本总额超过4亿元的，公开发行股份的比例为10%以上”的条件。此规则宗旨在于保证创业板公司股东的持股分散度，以维持股票的交投活跃程度。多数国家（地区）的证券法规对于上市公司的公众持股比例和持股分散度设有具体的要求。例如伦敦证券交易所要求上市公司的公众持

① 《上海证券交易所权证管理暂行办法》第9条的规定：申请在本所上市的权证，其标的证券为股票的，标的股票在申请上市之日应符合以下条件：（一）最近20个交易日流通股份市值不低于30亿元；（二）最近60个交易日股票交易累计换手率在25%以上；（三）流通股股本不低于3亿股；（四）本所规定的其他条件。

股比例不应低于公司股份总额的25%；纽约交易所的上市规则要求一般上市公司的最低公众持股不应低于110万股，持有100股以上上市股份的股东不应少于2000人，对于“非美国公司”的此类条件则更为严格；纳斯达克全球精选市场上市标准要求公众持股数达到125万股，公众持股市值达到7000万美元；我国台湾地区证券法规也规定，上柜公司持有股份1000股至5万股的记名股东人数不少于300人，且其持有的股份总额合计占发行股份总额的10%以上或逾500万股。目前，我国创业板在持股分散度条件上，沿用与主板市场相同的规定，固然是出于保证创业板股票交易活跃的目的，然而从实践的情况看，显然已经对创业板企业造成较重的负担。前文已述，创业板发行制度的目标在于鼓励中小额发行，处于成长期的创业企业虽然需要必要的资金发展壮大，却远未达到主板市场企业所需的融资规模。上述公众持股比例限制，意味着若企业欲于创业板上市必须至少发行股份总数25%以上(4亿元以上股本额的为10%以上)的股票。而事实上，对于大量创业板上市企业而言，由于私募配售的存在，其首次公开发行所募资金量远远超过其实际所需。从已有的创业板发行情况看，大量企业的公众持股比例都是勉强达到上述下限比例要求。虽然此种做法可能出于诸多因素的考虑，但是一旦创业板公司所需资金量原本即小于上述公众持股比例的要求，那么显然该限制条件就构成了公司超募现象的重要原因之一。

本书认为，根据我国创业板运行的实际情况，上述公众持股比例限制条件可以进行修改，比如下调5%到10%的幅度，理由如下：首先，该比例限制下降，将使得所需募集资金较小的创业板拟上市公司在首次公开发行时的发行总量降低。上述比例下降首先意味着首次公开发行的最低值减小，同等股本规模的公司必须向社会公众发行的股份数降低。鉴于中国股票市场总体供小于求的情况，虽然发行股份总数的减少可能导致发行价较之前有所攀升，但出于对发行市盈率合理区间的控制和发行成功的保证，发行主体和承销机构将对发行价予以适当的调整。因而在发行股数减小、发行价格小幅上升的情况下，由于筹资总额等于发行股数乘以发行价，总体而言，对于所需募集资金量较小的拟上市公司，上述公众持股比例的降低有利于首次公开发行募集总额的下降，从而避免了为满足上述上市条件而造成的超募。其次，当前股权分置改革已经完成，全流通时代维持该比例限制缺乏原有意义。由于过往我国上市公司普遍存在高比例的国有股和法人股，对公司股票流动性产生重大影响，因此，限定上述比例的社会公众持股对于保证拟上市公司实际流通的股份数，维持公司交投具有重大意义。而创业板公司显然不存在上述大比例股票无法流动的问题，所以仍旧沿袭原有主板的制度设计，维持较高的社会公众持股比例要求已经失去了“大小非”时期的意义。再次，从目前创业板已经发行股票的交易状况看：交投活跃，不存在持股分散度的担忧。深交所数据显示，创业板股票受到投资者热烈追捧，自2009年10月30日至2010年10月27日，创业板日均换手率达9.53%，远高于同期深市主板、中小企业板2.13%、3.32%的换手率。[①] 一般认为，换手率越高的股票，游资和散户的参与度也越高。因此，我们认为，根据创业板市场的发行和交易情况，对于拟上市公司发行条件中社会公众持股的比例限制可以适当降低，从而在保证公司股票持股分散度的情况下，维持足够的交投活跃度，减轻募集资金量较小的公司的发行负担，使其募集总额下降，以避免由于法律原因促成的超募所导致的资源浪费现象。

2. *实施存量发行改革*

存量发行是指在公司IPO时，原有公司股东对外公开出售一部分自己所持股份的行为。我国资本市场在功能定位上片面注重于融资功能，这导致了在IPO中几乎全部都是增量发行。而在境外成熟资本市场中，基于市场主体的自愿选择，存量发行与增量发行共同存在于市场化的发行制度之中。根据学者的研究，存量发行的积极效应包括：(1) 让减持意愿较强的股东实现部分股份套现；(2) 促进IPO合理定价和市场流动性的提高；(3) 有利于二级市场并购和上市公司外部治理机制的形成；(4) 有利于创业投资企业的发展。同时，存量发行也可能产生一些负面效应，如可能会导致投资者对公司未来的怀疑，并影响一级市场的发行以及二级市场的股价；增大内部人的道德风险；发行人可能会通过存量发行数量的调整来隐藏对投资者不利的负面信息等。[②]

由于我国《公司法》规定：“发起人持有的本公司股份，自公司成立之日起一年内不得转让。公司公开发行股份前已发行的股份，自公司股票在证

① 数据来源：深交所网站 http://www.szse.cn/main/marketdata/tjsj/jbzb/#，最后访问时间2010年12月9日。

② 蒋学跃：《创业板IPO存量发行法律制度研究》，载《政治与法律》2010年第2期，第95—96页。

券交易所上市交易之日起一年内不得转让。”因此，理论和实务界对于存量发行是否存在法律障碍仍有争议。[①] 本书在此不讨论现行规定下存量发行的可能性，我们认为，未来法律应当明确规定允许创业板拟上市公司在其IPO中进行一定比例（如10%）的存量发行，并且存量发行的对象不应受到限制，发行后此类股份也不应存在锁定期。这是由于：首先，存量发行可避免发行过多新股造成募集资金过量，同时有助于增加新股上市首日股票供应量，降低市场炒作因素的影响，减少限售股份积累，进而有效解决创业板目前存在的超募问题，这对促进IPO合理定价具有非常积极的作用。其次，存量发行改革可以缓解大股东非法占用上市公司资金的问题，能够减少限售股在锁定期期满之后对证券市场的冲击，有利于证券市场的健康发展。再次，存量发行作为成熟市场通行的一种新股发行方式，如果在股本较小的创业板上市公司先行试验，不仅能在一定程度上促使IPO合理定价和解决超募问题，而且能为主板的新股发行制度深化改革提供宝贵经验。[②] 最后，存量发行的目的在于缓解一、二级市场的分割，而倘若限制其发行对象或发行标的存在锁定期则无疑会加剧市场分割的程度，造成一级市场参与的不公平性，无助于前述目的的实现。

应当注意的是，在成熟的资本市场中存量发行也会出现部分股东博取流动性溢价的现象，但是其良好的市场信息传导和法律监管机制有效地控制了这一问题的严重性。而我国市场上，由于以下因素的存在导致存量发行存在演变为欺诈投资人工具的风险：其一，发行定价机制缺乏市场化，加上新股炒作的投机行为，上市溢价远远高于发达国家；其二，集团诉讼制度的缺失和欺诈发行赔偿制度的落后，使关联人违规成本很小甚至几乎没有；其三，不合理的发行制度，如在核准制的发行制度下，承销商事实上很少承担责任和风险，制约发行人的动力不足；其四，上述三种原因的存在，使我国资本市场中的信息传导机制并不完善，关联人的存量发行本身很难成为一种通畅有效的信息传导途径。[③] 因此，未来在存量发行法律制度设计中，不仅应当对存量发行占发行总额的比例进行必要的限制，而且应当对存量发

---

① 蒋欣、李全：《创业板超募现象解析》，载《中国金融》2010年第2期，第49页。

② 冯晓、崔毅：《创业板超募现象的制度性思考》，载《财会月刊》2010年第8期，第33页。

③ 蒋学跃：《创业板IPO存量发行法律制度研究》，载《政治与法律》2010年第2期，第100页。

行原始股东进行资格区分,例如对于企业发起人的存量发行即应进行严格限制,同时通过强化信息披露机制以及保荐人和财务顾问责任保证市场参与主体免受欺诈。

总体而言,通过存量发行改革方式使原有股东减持股份,对于解决创业板市场严重的超募现象将发挥巨大的作用,虽然存在制度漏洞被利用的风险,但对证券市场的发展来说利大于弊,应当成为未来我国证券市场发展和改革的趋势。

3. 针对市盈率的必要行政限制

前文已述,我国新股发行公开募集方式经历了一个"定价—竞价—定价"的反复演变过程。近年来,监管部门对市盈率的控制逐渐放开,我国2004年《证券法》第28条规定:"股票发行采取溢价发行的,其发行价格由发行人与承销的证券公司协商规定",这种不限制IPO市盈率的政策客观上维护了发行人的利益,使得投资者在二级市场上面临第一次交易便破发的风险。之后,2005年修订的《证券法》虽然删除了上述规定,但对于市盈率的管制放开在政策上未有丝毫变化,于是便有了发行市场市盈率畸高的怪状。

本书认为,对于发行市盈率采取行政限制的手段以保证股票发行价格处于合理范围,缓和一、二级市场之间的价格矛盾,是符合我国国情的正确选择。首先,非市场化发行方式的前提不可能得到定价方式完全市场化的结果。现阶段,我国股票发行核准制和网上发行的方式严重限制了发行市场上的竞争,使股票供不应求。在管制了供求的前提下,仅仅放开发行的直接价格管制,形成的价格不可能是市价,仍然是管制价。因此,单纯放开发行市盈率限制无法与市场化的改革取向对接。股票发行市场化是我国股市的目标,市场化进程首要者并非放开股票发行价格;恰恰相反,在股市供给受到严格管制的前提下,目前仍然需要对价格继续进行管制。限制发行价格可能造成巨额资金囤积于一级市场,甚至引发腐败,而放开发行市盈率限制会造成公司疯狂圈钱。两害相权取其轻,作为权宜之计,还是应该选择管制发行价。股票发行市场化恰当的顺序安排应当是:先放开发行竞争,摒弃对股票发行总量的人为控制,以实现股票市场的供求均衡,然后再放松价格管制,最终实现完全的市场化。其次,现阶段,新股发行价格完全市场化会加剧一、二级市场股票价格间的矛盾,加大股票价格调整的幅度,同时助长发行人圈钱的欲望，不利于市场的规范和稳定。对发行市盈率进行限制，将在一定程度上使发行人盲目筹资的欲望得到遏制，而确实需要较多资金的发行人可通过适当增加发行量来解决。把市盈率控制在一定范围内，也将向市场传递如下信息，即监管层希望二级市场的市盈率能够适度，这也有利于二级市场股票价格的合理调整。再次，实证研究的结果表明，现阶段对市盈率进行行政限制具备现实意义，而完全放开管制则可能适得其反。上交所股票在市盈率管制政策变更前后的表现显示："取消股票发行市盈率限制"这一措施对利益均衡的作用有限，对发行定价合理性只有负面影响。而且如果根本的股票发行定价行为方式维持不变，只做修补工作，很难从真正意义上达到管理层所希望的目标。[①] 适当限制发行市盈率会有助于降低新股发行对市场的冲击。我国作为新兴市场，新股发行在相当长时间内应该考虑的重点问题是减缓对二级市场的短期冲击，保证一级市场能够稳定运行，满足市场规模不断扩大的需要。[②]

因此，我们认为，在创业板完全市场化条件尚不具备的情况下，可借助公权力对畸高的市盈率予以强制性规范，采取对发行市盈率进行行政限制的临时措施。具体方法上，监管部门可对创业板市场发行市盈率上限进行规定，同时辅以一定范围的鼓励区间，超过市盈率上限的股票定价势必无法通过发审委的审核，而在鼓励区间范围外的定价则存在无法通过审核的风险。如此，将上述市盈率上限进行较高规定，以避免行政权对定价过多干涉，另一方面，通过浮动区间对发行价进行调整既有利于控制价格水平，又有利于结合企业的具体情况制定出符合估值规律的价格。上述方法能够实质上改善目前创业板市盈率居高不下的状况，平衡了效率和风险，有利于维护投资者对创业板市场的信心。

---

① 姚辉、朱卫华：《取消股票发行市盈率限制的实证研究》，载《华东经济管理》2001 年 4 月，第 79 页。

② 冯巍、陈向民：《我国新股发行对市场指数短期走势影响的实证研究》，载《上海证券报》2002 年 6 月 17 日。

四、创业板交易制度

证券交易制度是指有组织的证券交易所为履行其基本职能而制定的与证券交易有关的各项运作制度和规则的总称,主要包括以下几个要素:交易委托方式、价格形成机制、交易处理方式、市场稳定措施、市场参与者类型和其他选择性手段。前三项内容是必备要素,其中,价格形成机制是证券交易制度的核心。在传统的金融理论中,证券交易制度被认为是证券市场的外生变量,对证券市场的价格没有影响。然而现代证券市场微观结构理论的诸多研究表明,证券交易制度关乎证券市场基本功能的发挥,是证券市场的内生变量,其内在要素也会对证券交易制度的目标产生一定的影响。①

国际证券交易所联合会(FIBV)有关报告指出,一项交易制度的优劣与否,主要看交易过程中有关作业处理(如价格形成、买卖程序、信息传播)的绩效,这里的绩效一词,涵义极为广泛,且针对不同的作业类别和作业阶段具有不同的含义,但其核心内容是指流动性、稳定性、有效性和透明度。② 人们通常将这四项内容作为证券交易制度的基本目标。证券交易制度的各个目标之间存在着既矛盾又统一的辩证关系。在特定情况下,要同时实现这四个目标几乎是不可能的。因此,在设计交易制度时,我们要根据特定的市场情况,对四个目标采取一定的排序,以分清主次,重点关注主要目标。流动性是影响创业板市场能否成功的关键因素。如前所述,创业板市场主要定位于那些达不到主板上市要求的中小型企业和高科技企业,相对于主板上市公司而言,这些企业多处于发展的早期阶段,规模小,时间短,盈利能力不稳定,前景不明朗,社会认同度低,投资风险高,往往无人问津。美国的FCM 市场和英国的 USM 市场就是因为市场流动性严重不足而被迫关闭。此外,稳定性也是创业板市场交易制度的重要目标。从国外创业板的发展来看,创业板的股价波动要比主板强烈。如美国 NASDAQ 市场的指数波动

① 《海外创业板市场交易制度研究》,参见 http://www1.jrj.com.cn/NewsRead/detail.asp? newsid=687908,最后访问时间 2010 年 12 月 9 日。

② 何杰:《证券交易制度论》,经济日报出版社 2001 年版,第 52 页。

幅度要远远大于同期的道琼斯指数。尤其是创业板市场设立的初期，市场规模小，发展时间短，指数的大幅度波动无法避免。如 2000 年，德国 NEUER 市场全部股票指数从 8559 点狂跌到 400 点，跌幅高达 95%。NEUER 市场苦苦支撑无效后，被迫于 2003 年关闭。[①] 因此，在交易制度的四个目标发生冲突时，创业板市场应优先考虑流动性和稳定性这两个目标，同时采取一定措施尽力提高市场透明度和有效性。

（一）引入证券商报价制度

价格形成机制是证券交易制度的核心。依证券价格形成的主导力量不同，可将价格形成机制分为指令驱动制和报价驱动制两类。在指令驱动制下，交易者提交指令并等待在拍卖过程中执行指令，交易系统根据一定的指令匹配规则来决定成交价格。在交易者提交指令之前，证券的价格尚未确定，因此，指令驱动制的本质特征在于通过交易者提交指令来向市场提供流动性，证券价格的形成由买卖双方直接决定。由于每一位交易者是在通过指令向市场表达自己的交易意愿，因而指令驱动制又被称为拍卖制度。[②] 所谓报价驱动制，是指在证券市场上，由具备一定实力和信誉的特许的中介商，不断向公众投资者报出某些特定证券的买卖价格，并在该价位上接受公众投资者的买卖要求。在报价驱动制下，买卖双方的委托不直接成交，证券的交易价格由报价的中介商直接决定。中介商通过这种连续的报价，活跃了证券市场上的转手交易行为，维持了市场的流动性。

两类价格形成机制的运作方式主要存在以下三点区别：（1）价格形成的主导力量不同。在指令驱动制下，交易双方提交指令通过竞价制度形成证券价格，证券价格由交易双方决定；而报价驱动制下，由特许的中间商进场报价提供证券的价格。（2）对市场参与者信息掌握程度的假设不同。指令驱动制所暗含的假设是市场参与者均为成熟投资者，都较为理性，能熟练收集、分析信息，并能够对价格走势作出独立的判断，然后将这些判断变成交易指令，交给市场去验证；而报价驱动市场假设由专业人士掌握信息，只有专家才能分析信息，通过其报价交给市场去判断，投资人接受报价的多少

① 陈霞：《创业板做市商制度研究》，四川大学 2005 年硕士学位论文，第 7 页。

② 吴林祥：《证券交易制度分析》，上海财经大学出版社 2002 年版，第 36 页。

将促使报价向真实价格靠拢。因此，这些市场采取一些措施保证专家在信息上的优势，市场能否获得成功取决于券商的素质及投资人对券商的信任度。(3) 对市场风险的假设不同。在指令驱动制下，上市的证券一般质量较高，市场参与者往往要求组织者对拍卖的证券质量作出保证，上市公司信息披露充分，假设参与者是风险逃避者，市场的风险较低。而报价驱动市场的设计者假定市场参与者对风险的承受力较强，市场总体风险较大。一方面要求中介商对其报价承担一定的风险，另一方面在中介商对证券进行评价并报价后，投资者可以根据自己的分析来决定是否承担风险。[①]

因两种价格形成机制的运作机理不同，其对证券交易制度目标的影响也不同。具体来讲：(1) 对流动性的影响。所谓市场流动性，是指在保持价格基本稳定的情况下，达成交易的速度或者说是市场参与者以市场价格成交的可能性。在指令驱动制下，投资者的买卖指令通过拍卖成交形成证券价格。然而，投资者的指令通常并不是同时到达市场的，因而市场存在着“即时流动性”的问题，特别是对于风险较高的小盘股，在竞价制度下往往无人问津，流动性和波动性问题更为严重。与此相反，报价驱动制可以活跃市场，维持交易的连续性和市场的流动性。在报价驱动制下，中介商通过连续的报价买卖，为市场提供了“即时流动性”。当市场在某个价位上缺乏交易对手时，中介商会即时调整其报价来促成交易。同时，中介商通过其报价主导了价格的形成过程，有助于矫正投资者的不合理预期，稳定市场情绪。此外，报价驱动制处理大额交易指令的能力也是指令驱动制不可比的。[②] 大宗交易难以适用指令驱动制，根本原因在于证券的零售和批发存在本质区别。若硬性规定适用指令驱动制，只能导致机构投资者的投资成本过高，使得大宗交易制度名存实亡，同时也会加剧证券市场的剧烈波动。相反，在报价驱动制下，通过中介商的合理报价可以促成大宗交易的迅速完成而避免市场的剧烈波动。(2) 对稳定性的影响。市场稳定性的主要衡量指标是价格的波动性。在指令驱动制下，价格波动的可能性较大，最主要的原因在于该制度没有设立价格的维护机制，任由买卖盘带动价格变化。而报价驱动制度

① 何杰：《证券交易制度论》，经济日报出版社 2001 年版，第 140 页。

② 龚敏：《我国证券市场引入做市商制度之思考》，华东政法学院 2005 年硕士学位论文，第 17 页。

具有缓和价格波动、稳定市场的作用。首先，中介商的报价要受交易所规则的强制约束；其次，中介商可以及时处理大额买卖指令，减缓它所引起的市场波动；再次，在买卖盘不均衡时，中介商通过合理调整报价，矫正投资者的不合理预期来平抑市场波动。[①]（3）对透明度的影响。在指令驱动制下，由于其实行拍卖制度，买卖盘信息、成交量、成交价格等交易信息可以即时对整个市场发布，交易信息传递速度快、范围广，透明度高；而报价驱动市场假设由专业人士掌握市场信息，只有专家才能分析信息。在这些市场中，中介商往往享有信息上的优势，某些信息无需公开，只有报价的中介商才能看得到。市场的成功与否很大程度上取决于中介商的素质及其在市场上的信誉、市场组织者的监管水平等因素。（4）对有效性的影响。有效性表示信息融入价格的速度和准确性。在报价驱动制下，中介商除了向市场公开信息外，还享有其他报盘信息，他需要根据投资者报单的情况变化及时调整报价。但是，由于报价驱动市场的透明性较低，中介商是否根据有关信息来及时调整报价还存在道德风险，因此，报价驱动市场的有效性低于指令驱动市场。

通过上述分析可以看出，指令驱动市场的透明度和有效性较高，而报价驱动市场则在流动性和稳定性方面存在优势。相较而言，指令驱动制更适合上市公司质量高、市值规模大、交投活跃的主板市场，而报价驱动制更符合上市标准低、风险高、交易不活跃、由中小企业主导的证券市场，因为其上市公司规模小，交投清淡，需要由中介商来发行价格并保证流动性。此外，报价驱动市场对投资者的风险承受能力要求相对较高。

从海外创业板市场的交易制度来看，部分市场采取报价驱动制，如欧洲的 EASDAQ 市场、英国的 AIM 市场、马来西亚的 MASDAQ 市场；部分市场采取指令驱动制，如日本东交所的 MOTHERS 市场、香港的创业板市场等；还有一部分市场是两种价格形成机制并存的混合市场，如美国的 NASDAQ 市场、日本的 JASDAQ 市场，只不过前者以报价驱动市场为主，后者以指令驱动市场为主。[②]

---

① 胡明：《创业板证券市场交易制度和保荐人制度研究》，安徽大学 2003 年硕士学位论文，第 14 页。

② 《海外创业板市场交易制度研究》，参见 http://www1.jrj.com.cn/NewsRead/detail.asp? newsid = 687908，最后访问时间 2010 年 12 月 9 日。

我国创业板市场的交易制度,在价格形成机制上基本沿袭了主板市场的集中竞价交易制度。[①] 我们认为,未来在创业板中应当引入报价驱动,实行证券商报价制,将其作为创业板的核心制度。原因在于:首先,报价驱动制的优势使之更适合创业板的市场特征,更符合创业板交易制度的目标。如上所述,报价驱动制更适合上市门槛低、投资风险高、交投不活跃、由中小企业主导的市场,而这些恰恰都是创业板市场所具备的特征。另外,报价驱动制在维护流动性和稳定性方面的优势也与创业板交易制度目标的选择相吻合,选择报价驱动制,实行证券商报价制度有利于创业板市场的持续稳健运行。其次,借鉴国外成熟创业板市场的先进经验。提高市场的流动性是世界创业板市场面临的共同难题。虽然采取报价驱动制和指令驱动制的市场各有特色,但从发展历程来看,比较成功的创业板市场主要采取报价驱动制,如美国的 NASDAQ 市场、英国的 AIM 市场。日本的 JASDAQ 市场和韩国的 KOSDAQ 市场起初也采取单纯的指令驱动制,后因交易持续低迷,纷纷借鉴美国的 NASDAQ 市场,引入做市商制度来提高流动性。再次,创业板市场实行证券商报价制也是发展我国多层次资本市场的必然选择。目前我国资本市场的基本问题在于单一的市场板块(主板)、单一的交易品种(主要是股票)、单一的交易制度(指令驱动制)。发展多层次的资本市场,就是要在目前的主板市场之外,设立和发展创业板市场、场外交易市场,形成具有不同功能和定位的多层次股票市场;同时,还要大力发展债券市场和金融衍生品市场。与此相对应,发展多层次资本市场,就必须发展多种交易制度,以适应不同市场板块、不同交易品种、不同投资群体的需要。学者王国刚指出,多层次的股票市场应依多层次的交易规则而划分,单一的交易规则只能形成单一的市场。[②] 若证券市场继续采取单一的交易制度,那么未来无论设立多少新市场,都将是类主板市场,依然不能解决现有资本市场存在的基本问题,也与我国发展多层次资本市场的战略目标相悖。

(二)市场稳定措施与强制性做市商功能

市场稳定措施是证券交易制度的重要内容,其目标在于维持证券市场

① 参见《深圳证券交易所创业板交易规则》第三章第五节。

② 王国刚:《建立多层次资本市场体系研究》,人民出版社 2006 年版,第 6 页。

的稳定。波动性是证券市场与生俱来的特征,股价波动是证券市场运行的基础,但如果波动过大,价格变化不连续,投机气氛浓厚,投资者的风险就会加大,甚至影响到整个经济的稳定。因此,抑制证券市场过度波动的市场稳定措施至关重要。

市场稳定措施是证券交易制度的重要内容,其目标在于维持证券市场的稳定。波动性是证券市场与生俱来的特征,股价波动是证券市场运行的基础,但如果波动过大,价格变化不连续,投机气氛浓厚,投资者的风险就会加大,甚至影响到整个经济的稳定。因此,抑制证券市场过度波动的市场稳定措施至关重要。目前,世界各主要证券市场采取的市场稳定措施有以下几类[①]:

第一,涨跌幅限制措施。涨跌幅限制是一种委托价格限制,在证券价格达到波动限制时,超过波动范围的委托为无效委托。涨跌幅限制措施主要有固定数额涨跌幅限制、比例涨跌幅限制和多阶段比例涨跌幅限制三种方式。

第二,市场断路器措施与暂停交易。“市场断路器措施”是 1987 年美国股灾后,Brady 提出的检讨报告中所用的名词,意指当股市波动超越预先设置的标准时所必须采取的交易中断或暂停交易措施。断路器措施一般指整个市场中断交易(即临时停市),暂停交易既可针对个别股票,也可针对整个市场。

第三,限速交易。即当市场波动剧烈时,采取某些措施来减缓交易的速度,使市场稳定下来。如韩国交易所 1997 年开展股指期货交易后,引入了二轮车制度(Sidecar),以使程式交易的可能影响减至最低并保证期货与现货市场的平稳运作。具体措施是当任何合约成交价较前日收盘价下跌 4% 并达 1 分钟以上,则程式交易指令将延迟 5 分钟才执行,5 分钟后自动恢复,Sidecar 制度一天仅执行一次。

第四,特别报价制度。该制度为东京交易所创设,是指当股票的买卖委托不平衡,超出近一段时间平均波动价许多时,交易所就会采取让会员在信息系统上公告特殊买卖价(其价格会比最后成交价高一档或低一档),以提

---

① 佚名:《海外创业板市场交易制度研究》,http://www1.jrj.com.cn/NewsRead/detail.asp?newsid=687908,最后访问时间 2010 年 12 月 9 日。

醒公众注意并吸引相反的委托。特殊报价可以按交易所规定的变动单位在5分钟或更长时间内更改一次(调整一档),直至有足够的委托使供需达到平衡。

第五,市场中介人的调节,如NYSE的专家、NASDAQ的做市商都负有稳定市场的义务。专家和做市商维护市场稳定的作用在1987年的股灾中得到了充分体现。现在大多数结论认为,在1987年股灾中,正是由于专家和做市商的大量存在,才为非理性的股票抛售树起了一道墙,使得股市不至于像20世纪30年代那样崩溃。[①]

第六,调整信用交易保证金比率。如我国台湾地区交易所规定,可在主管机关核定的范围内,根据股价指数的高低,公告调整其融资比率和融券保证金成数,属例行稳定措施。

第七,股市稳定基金。现在很多国家和地区的政府都设立了股市稳定基金,其目的是在股市剧烈波动时平抑股价、稳定市场。如1998年我国香港特区政府为应付国际对冲基金对香港金融市场的巨大冲击,曾动用外汇基金1180亿港币,在现货与恒指期货上进行强力干预,政府的举动成功击退了国际炒家。1999年10月政府将其持股作为信托基金(盈富基金),让广大市民认购。

海外创业板市场主要采取了价格涨跌幅限制、断路器、股票暂停交易、机构干预等市场稳定措施。多数创业板市场都有价格涨跌幅限制措施。采用断路器措施的有美国NASDAQ市场、加拿大风险交易所。采用机构干预措施的有美国NASDAQ市场、欧洲EASDAQ市场。特别报价制度为东京证券交易所的MOTHERS所独设。除我国台湾证券柜台买卖中心外,其他创业板市场交易制度中都有股票暂停交易的规定。

如前所述,创业板市场的股价波动要比主板市场剧烈,因此,采取合理的市场稳定措施对创业板而言尤为重要。目前,我国主板市场采取的市场稳定措施主要包括涨跌幅限制、成交档位限制、临时停牌制度及股市调节基金。目前,创业板关于市场稳定措施的设计,与主板区别较小。

我们认为,应在此基础上借鉴NASDAQ的做市商制度,有效发挥做市商稳定市场的功能。创业板可以考虑采取强制性的做市商制度,规定每只

---

① 何杰:《证券交易制度论》,经济日报出版社2001年版,第140页。

股票必须有2个以上的做市商为其做市,否则不能上市。做市商与上市公司签订做市协议,对其负责的股票负有做市义务,即当市场出现暴涨暴跌或者其负责的股票出现无人应买、无人应卖,或买卖指令不均衡时,做市商作为自营商,应视情况做市,以自己的账户和资金买卖其负责的股票,调节供需平衡,抑制价格剧烈波动,维持市场稳定。但是,为了防止做市商的过度干预,防止其损害股市公正价格的形成以及营运的健全性,应加强对做市商的监管,细化做市的前提条件,确保其在必要合理原则范围内承担做市义务。

(三)创业板市场的投资人结构

市场参与者的类型如投资人结构,也会影响证券市场的稳定和持久发展。从我国目前已经颁布的《创业板市场投资者适当性管理暂行规定》、《深圳证券交易所创业板市场投资者适当性管理实施办法》、《关于进一步推进创业板市场投资者适当性管理相关工作的通知》等规范性文件可以看出,现行创业板交易制度中对投资者入市门槛没有作特别限制。而从实际交易情况看,创业板市场投资者以散户占绝大多数,其交易的散户特征比较明显,首批28家创业板公司股价翻番背后是散户买入量占97%的惊人数据①,重现了主板市场的投资人状况。本书认为:我国创业板市场,在投资人结构上应实行以机构投资者为主、散户投资者为辅的机制。高比重的机构投资者是创业板市场稳定的重要因素,是其能否有效运行的关键。理由在于:

第一,创业板市场的定位和特征使其不适宜所有的投资者直接参与。

不同的市场对投资者的风险承受能力、资金实力、参与动机和市场经验等要求有所不同。创业板市场与主板市场具有不同的功能定位和特征,创业板主要定位于处于成长期的、达不到主板上市要求的中小企业和高科技企业,相对于主板的上市企业而言,这类企业往往经营期限较短,盈利能力不稳定,经营失败的风险很大,且相当多的企业为新兴的高科技企业,技术创新具有很大的不确定性。此外,创业板市场的上市条件相对宽松,容易导

---

① 参见《28家创业板公司股价翻番背后:散户买入量占97%》,新华网 http://news.xinhuanet.com/fortune/2009-10/31/content_12363567.htm,最后访问时间2009年10月31日。

致一些素质较差的企业被包装上市。再者,创业板市场的股价波动要比主板剧烈。上述原因都使得创业板市场的投资风险要远远大于主板市场,它要求投资者具有较强的风险识别和风险承受能力,能够对上市公司的经营风险、技术风险以及市场风险作出独立、客观的判断,并有能力来承受这类风险。基于上述分析,创业板市场在投资人机构的设计上,应当以专业投资者即以机构投资者为主,并适当提高散户投资者的入市门槛。这是因为,散户投资者往往不具备专业知识,投资经验缺乏,信息不对称问题更为突出,对所涉风险缺乏应有的识别和认知能力;且其持有资金规模较小,通常为风险厌恶者,风险承受能力较差,不适合直接参与创业板市场。因此,为了抑制这些风险识别和风险承受能力较差的散户投资者进入创业板市场,在制度设计上可以设定一定的准入门槛,如考虑规定限制每笔最低交易量或最低交易金额,或者限制客户的开户资金额。香港创业板设立之初,就将客户的最低保证金定为25万港元。[①] 但是,对散户投资者设立准入门槛,并不意味着散户投资者不能参与创业板市场,而只是限制风险识别和风险承受能力差的散户直接参与创业板,这些投资者完全可以通过其他渠道间接参与创业板,如通过基金的方式进行参与。

第二,高比重的机构投资者关乎创业板市场的持久稳定发展。

证券市场的稳定与否与市场的投资人机构密切相关。国际清算银行(BIS, 1998)的一项统计发现,机构投资者比例高的发达国家,其股票市场的波动性相对较低,主要原因在于,机构投资者和散户投资者在投资战略和投资方式往往存在很大不同。散户投资者专业知识有限、投资经验不足、持股量小、主要以短期赚取差价为目的,往往容易盲目跟风、追涨杀跌,这种不成熟的投资行为使得证券市场投机气氛浓厚,证券价格波动剧烈。与此相反,机构投资者精通专业的投资知识、投资经验丰富、信息资料搜集齐备、持股份额大,倾向于长期的投资战略,其投资决策是建立在对上市公司的深入分析和对宏观经济的详细研究之上,且一旦其投资组合确定,通常不会发生频繁变动。这是因为机构投资者持股量大,频繁变换投资组合会加剧市场的波动,造成投资成本过高,这是其所不愿看到的。机构投资者的这种投资

① 王耀生:《我国二板市场的上市主体和投资主体研究》,载《内蒙古煤炭经济》2006年第4期。

理念和投资行为客观上有利于证券市场的稳定。如前所述,创业板的上市公司规模小,筹资额少,因此其股价更容易被炒作。如果创业板以散户投资者为主,市场投机严重,势必会加剧股价的暴炒,迫使机构投资者无法长期持仓,不得不转用散户的投资策略,进一步加剧市场的剧烈波动,而市场的暴涨暴跌反过来又会给投资者带来重大损失。这一点在A股市场十几年的实践中已充分得到体现。况且,创业板的股价波动本就比主板剧烈,如果任由这种现象持续发生,很可能导致创业板的最终失败。因此,为了创业板市场的持久稳定运行,在投资人结构上必须以机构投资者为主导。

第三,机构投资者的参与程度关乎创业板市场证券商报价制和做市商制度的成败。

高比重的机构投资者有利于证券商报价制的成功运作。报价驱动市场的设计者是假设市场总体风险较大,投资者的风险承受能力较强。报价驱动市场充分贯彻"买者自负"原则,在证券商对证券进行评价给出报价后,投资人根据自身状况作出判断是否愿意承担这种交易风险。如前所述,机构投资者拥有雄厚的财力和专业的知识背景,其承受风险的能力要远远强于一般散户投资人。从另一方面来讲,大量机构投资者的参与也有利于做市商降低做市风险。做市商负有做市义务,在市场无人应买、无人应卖或者买卖盘不均时,做市商必须以自己的账户和资金买卖股票,以调节市场供需,使股价恢复正常价格。这使得做市商面临很高的存货成本和做市风险。目前创业板市场以散户投资者为主导,则市场剧烈波动的情况时有发生,这无疑会大大提高做市商的做市风险,使做市商稳定市场的功能得不到有效发挥。从以上两个方面来看,我国创业板市场都需要大量机构投资人的参与。

第四,借鉴国外创业板市场的经验教训。

日本创业板市场的投资人结构经历了一个由一般投资者到专业投资者的转变过程。日本的JASDAQ市场源于早期的店头市场,1998年,日本修订后的证券法提升了JASDAQ市场的地位,将其重新定位为证券交易所法规范下的场外市场,2004年12月,JASDAQ市场更名为JASDAQ证券交易所,成为正式交易所市场。20世纪末,日本各主要交易所面向新兴企业的新市场也纷纷设立,如东京交易所的Mothers市场、大阪交易所的Hercules市场、名古屋交易所设立的Centrex市场、札幌交易所设立的Ambitious市场、福冈交易所设立的Q-board市场等。在日本众多的创业板市场中,当属JASDAQ

市场、Hercules市场和Mothers市场影响力最大。据JASDAQ交易所的统计资料显示,截至2008年12月,JASDAQ的上市公司数量为926家,Mothers市场为196家,Hercules市场为169家。2008年JASDAQ交易所被大阪交易所收购,和Hercules并行成为大阪交易所下的子公司。2009年,东京交易所和伦敦交易所合作,创立了面向成长型企业的TOKYO-Aim市场,可以说,现在日本的创业板市场,东京交易所和大板交易所是平分天下。

从发展历程来看,日本虽然有数家创业板市场,但大多数是不成功的,日本依次设立多个创业板市场也间接证明了这一点,其失败的一个重要原因是投资人定位的不准确。在几个创业板市场中,JASDAQ市场的影响力最大。以JASDAQ为例,其投资人结构定位于一般投资人,个人投资者的交易量占到市场总体交易量的71%以上。这种投资人结构严重损害了JASDAQ市场的健康发展,再加上公司治理上的监管不严,上市公司丑闻不断,严重挫伤了投资者的信心,市场持续低迷,2008年被迫被大阪交易所收购。新近东交所建立的TOKYO-Aim市场充分认识到了对一般投资者和专业投资者进行区分的重要性和必要性,将其投资人定位于特定投资者和境外投资者。东交所公布的《面向专业投资者的新市场概要——TOKYO-Aim的创建》一文中阐明:“TOKYO-Aim的创建目的在于,将对象限定为专业投资者,在此基础上,采用成长性企业的成功范例——伦敦证交所AIM的机制与经验,创建对风险资金进行长期投资的市场。”该文进一步指出,“日本有关股票市场的现行法律制度框架,没有投资者的划分,所有个人投资者都能够直接参与。在其他国家,以专业投资者为对象的自由度较高的市场正在不断壮大,而国际交易市场也正在为构建有吸引力的市场而展开竞争。日本也已充分认识到,需要在区分专业投资者和一般投资者的基础之上,着眼于自身的责任,构建能够进一步提高交易自由度的市场。”①日本2008年6月通过、12月12日开始实施的《金融商品交易法》明确将投资者分为特定投资者和一般投资者,出台了关于限定在专业投资者之间流通的新的有价证券的信息披露制度(包括发行时的信息披露和持续信息披露),并要求券商、银行、基金等市场机构对不同的投资者履行不同标准的告知义务。根据该法

---

① 《新市场公布制度纲要 其正式名称为TOKYO-AIM》,参见东交所网站 http://www.tse.or.jp/cn/index.html,,最后访问时间2010年12月10日。

的规定，特定投资者又分为“不可以变成一般投资者的特定投资者”和“可以转变为一般投资者的特定投资者”，一般投资者也可以分为“可以变成特定投资者的一般投资者”和“不可以变为特定投资者的一般投资者”①，详情请见下表：

表 3-2

特定投资者	① 不可以转变成一般投资者的特定投资者： 国家； 日本银行(央行)； 合格的机构投资者(向日本金融厅注册的金融机构)；
	② 可以转变成一般投资者的特定投资者： 地方公共团体；特殊法人；独立行政法人； 投资者保护基金；特殊目的公司(ABS 的发行者)； 外国(事业)法人； 上市公司；
一般投资者	③ 可以变成特定投资者的一般投资者： 不满足①或②的法人； 净资产金额及金融资产超过 3 亿日元并具备 1 年以上交易经历的个人；
	④ 不可以变成特定投资者的一般投资者； 不满足③的个人。

上述规定只是法律的分类，而券商、银行、基金等市场机构可以根据自身的需要对分类进行调整，但原则是从严不从宽。如果金融机构违反了投资者分类的法律规定，通常会受到严格的处罚，包括罚款和监禁。罚款的最高限额是 7 亿日元，监禁的最高年限是 10 年。

基于上述分析可以看出，日本的创业板市场起初是由个人投资者为主导的市场，这种不合理的投资人结构是导致日本数个创业板不成功的关键因素。日本现在已充分意识到区分专业投资者和一般投资者，建立上司公司与投资者之间长期稳定的投资关系的重要性，转变市场定位，致力于建立中长期的投资市场，让专业的机构投资者对那些能为日本及亚洲经济发展作出贡献的国内外企业的成长抱有期待，并分享他们的成果。

从日本创业板市场的发展历程来看，任何证券市场各项制度的建立都

---

① 研究报告：《日本特定投资者制度》，参见 http://www.cfmmc.com/Info/29263，最后访问时间 2010 年 12 月 10 日。

应当为其功能定位服务,交易制度也不例外。创业板市场交易制度的设立应服务于为成长性的中小企业和高科技企业融资的终极目的。要实现此目的,我们应借鉴日本创业板市场发展的经验教训,在投资人结构上,必须进行一定的区分,将创业板定位于以机构投资者为主导的市场,提高散户投资者的入市门槛,避免重蹈日本创业板市场的覆辙。大量散户投资者的直接参与虽然有利于提高创业板的流动性,但这种以短期投机为目的的投资行为并不利于创业板的长期健康发展,不能真正起到为中小企业融资服务的目的。日本大阪法学院的末永敏和教授认为,“中国国内市场的个人购股投机色彩较浓,如何扩充长期稳定的投资人群是中国面临的一个重要课题”。[①] 虽然深交所公布的相关规则针对个人投资者的风险承受能力采取了一定的限制措施,规定具有一年投资经验的个人投资者才可以直接参与创业板市场,但这种措施极其有限,难以发挥构建以机构投资者为主导的市场的作用。

综上所述,在交易制度的各构成要素中,价格形成机制和投资人结构对创业板市场来说至关重要,是创业板市场能否持久、稳定、有效地运行,能否实现其特定的功能的两个关键。未来创业板市场在价格形成机制方面,应选择报价驱动制,实行证券商报价制度,并将其作为创业板交易制度的核心;在投资人结构上,应构建一个以专业投资者为主导的市场;此外,在市场稳定措施方面,应借鉴 NASDAQ 市场的做市商制度,引入强制性的做市商制度,发挥做市商提高流动性和稳定市场的功能;另外,在交易处理方式上,所采用的电子交易系统也应为证券商报价制和做市商制度服务,为经纪人报价和做市提供空间。

(四)交易制度的改革与经纪人制度的完善

上述交易制度的变革必然催生出与之相配套的经纪人制度,这将彻底改变目前我国经纪人制度名存实亡的现状。

第一,投资者与经纪人之间的投资关系会面临重大改变。

通过对海外创业板交易制度的比较研究可以发现,欧美市场倾向于采

---

① 末永敏和:《中国公司赴日本上市的法律与实务》,http://www.civillaw.com.cn/article/default.asp? id=38183,最后访问时间 2010 年 12 月 10 日。

用报价驱动制,而亚洲市场则倾向于指令驱动制。未来我国创业板市场若实行报价驱动制和做市商制度,必然引起现有的投资者关系发生重大改变。欧美市场实行报价驱动制和做市商制度,其理论基础在于英美法的信托理论。英美法的财产法中并无所有权的概念,代之以内容广泛的财产权概念,而且,在同一财产之上可以存在多重财产权。信托理论的法律基础在于,信托关系的受托人和委托人针对同一信托财产,分别享有信托财产权和受益权,这两种财产权利并存。受托人享有独立的信托财产权,其权利内容包括在信托法律关系存续期间占有和管理信托财产,为了实现受益人的利益而处分财产,管理和处理信托事务等。不难看出,这些权能类似于大陆法上所有权的权能。虽然英美法学家对于信托的定义五花八门,但在信托财产转移所有权意义上的财产权这点上却是一致的。但在大陆法系领域内,如何认定信托权利的法律属性却面对着不可逾越的法律障碍——“一物一权”原则的限制。大陆法学家虽然意识到信托法律制度作为一项独特的财产管理方法,对于市场经济发展的促进作用难以被其他法律制度所代替,但如何突破上述障碍却是一个棘手的难题,至今尚未得到解决。我国颁布实施的《信托法》虽然也确立了信托,但却是以委托合同为基础来定义信托,与英美法上的信托制度的本质属性相去甚远。①

日本的JASDAQ市场成立之初为指令驱动市场,后借鉴NASDAQ的做市商制度,1998年12月部分股票开始采用做市商制度。日本在解决做市商制度面临的法律障碍时,将投资者和做市商之间的关系界定为“全权委托”,但此种委托存在固定比例限制。中国未来若采用报价驱动制和做市商制度,可以借鉴日本的此种做法,将投资者和经纪人之间的合同关系界定为“一定范围内的全权委托”,强制性地规定一定的比例,但应当考虑比例的适当性,因为如果比例过低,券商不满意,可能导致交易萎缩。

第二,目前的经纪人制度也将面临重大挑战。

创业板市场实行证券商报价制,证券商作为特许的注册经纪人,要派其代表进场提供股票的双向报价(即所谓的选派“马夹”入场),在很大程度上参与证券价格的形成过程,为市场提供流动性。这需要经纪人发挥其在报

---

① 贾林青:《信托财产权的法律性质和结构之我见》,载《法学家》2005年第5期,第81页。

价驱动市场所需的寻价功能，要求经纪人必须掌握尽可能多的市场信息，利用专业知识、技术和经验去分析判断这些信息，为市场提供公正、合理的报价，并在此基础上为客户提供尽职的服务。除了寻价功能外，实行强制性的做市商制度还需发挥经纪人防范风险的功能。做市商履行做市义务，会导致其面临很高的存货成本和做市风险。因此，防范风险的机制对于做市商来说至关重要，它直接关系到做市商的做市能力和盈利水平。此外，经纪人还需发挥开发创新功能。在国外经纪人制度 200 多年的发展历史中，只要有条件、有机会，经纪人就不断地开发市场，创造新的交易产品，如 NASDAQ 的三个层次市场就是在经纪人的推动下逐步建立的。

但遗憾的是，由于交易制度的选择和部分政策、法律的规定，导致我国目前证券市场经纪人制度的上述机能消失殆尽。首先，我国主板市场采用的是投资者指令驱动制，且采用的交易系统是完全自动化的撮合系统，这种系统具备了完全的议价功能，经纪人无需发挥询价、议价功能，只需将投资者的指令输入联接交易所终端的电脑主机即可。其次，系统是按照固有的软件程序运行，经纪人难以发挥其开发创新功能。再次，从目前各大证券公司的业务来看，由于经纪业务投入高、利润低，各大券商纷纷转移其业务重心，自营业务成为其首要业务，承销业务也转变为券商间竞争的核心业务。可见，创业板市场设立后，要保证证券商报价制和做市商制度功能的有效发挥，对经纪人来说无疑是一项重大挑战。同时，这也间接证明了一点，虽然交易处理方式的电子化是未来发展的趋势，但交易系统的选择必须与特定的交易制度相吻合，创业板采用的交易系统必须能够容纳券商报价和做市商做市。[①]

第三，上述交易制度和经纪制度的变革要求建立和完善适宜机构投资者投资的制度和规则。

如前所述，创业板市场的投资者应限于专业的投资者，即以机构投资者为主导，但是，我国目前尚未建立一系列适于机构投资者长期投资的制度和规则。A 股市场多年的实践显示，我国的机构投资者数量虽已过半，但并未起到“市场稳定器”的作用，反而成了内幕交易、操纵市场、加剧股市波动的始作俑者。根本原因在于，中国市场缺乏鼓励机构投资者投资的制度和规

① 王国刚：《建立多层次资本市场体系研究》，人民出版社 2006 年版，第 49 页。

则，没有为机构投资者提供有效的避险工具，迫使其不得不采用散户的投资策略，如“羊群行为”、“短视行为”等广泛被机构投资者所采用，从而加剧了股市的动荡，也使广大散户投资者损失惨重。我国虽然推出了股指期货（沪深300指），但其效率相对较低，且除此之外，几乎没有适合机构投资者的避险工具。正如末永敏和教授所言，“如何扩充长期稳定的投资人群是中国面临的一个重大课题”，针对此问题，未来除了采取鼓励、培育教育机构投资者的措施外，更重要的是，要发展对整个实体经济具有重大意义的衍生产品，如股指期货、利率期货、国债期货等，机构投资者提供避险工具，使其能够恪守长期的投资理念，从长远角度关注公司的远期前景和治理状况。

不可否认，目前推出的创业板市场，在交易制度方面仍沿袭了主板的投资者指令驱动制，并不是一个真正意义上的创业板，极有可能沦为一个类主板市场。但是，我们也应明确，制度的合理化要经历一个长期的过程，各项制度在上市之后经历一段时间才能逐步完善、趋于稳定，才能真正服务于创业板的功能和定位。

五、创业板市场内的不同交易板

（一）海外创业板市场内部分层的经验

纳斯达克成功的一个重要原因在于其多层次的市场结构。1982年，由纳斯达克市场中最优秀的一些公司组成“纳斯达克全国市场”（NASDAQ National Market），规模较小的新兴公司组成“纳斯达克小型资本市场”（NASDAQ Small Cap Market）。2006年，纳斯达克宣布将股票市场分为三个层次：（1）“纳斯达克全球精选市场”，其上市标准在财务和流通性方面的要求均高于世界上任何其他市场，列入纳斯达克精选市场是优质公司成就与身份的体现。（2）“纳斯达克全球市场”，即原来的“纳斯达克全国市场”，作为纳斯达克最大而且交易最活跃的股票市场，纳斯达克全国市场有近4400只股票挂牌。公司要想在纳斯达克全国市场上市，必须满足严格的财务、资本额和共同管理等指标。（3）“纳斯达克资本市场”，即原来的“纳斯达克小型资本市场”，其上市标准中财务指标要求没有全国市场上市标准那样严格，但它们的共同管理标准是一样的。当小资本额的公司发展稳定后，它们通常会提升至纳斯达克全国市场。这样的多层次性进一步优化了市场结构，吸引不同层次的企业上市。

加拿大也采取了类似的做法。2001 年全国性的创业板市场（CDNX）和多伦多证券交易所合并，更名为多伦多创业交易所（TSX Venture Exchange）。按照有形净资产、流通市值、经营状况、营运资本和股权分布等标准，将上市公司划分为层级一和层级二两个级别，其中层级一是最高级别，层级二要求相对较低，是快速增长的一个群体。这种场内分层制度与退市制度和“毕业”制度结合起来，达不到持续上市标准的层级一公司将降到层级二公司，而达不到持续上市标准的层级二公司将被退市；如果层级二公司达到层级一公司的上市标准，经批准后可以“毕业”进入层级一，而层级一中的上市公司达到多伦多交易所上市条件的，可以申请到主板上市。

这些创业板市场之所以采取这种分层的市场结构，原因主要有以下几点：(1) 创业板主要服务于创新型和高成长性的中小型企业，其行业分布、企业规模和财务状况等发展情况往往差异很大，不宜一刀切地在一个市场板块上市交易，在同一个创业板市场内开设两个或以上的、因发展程度不同而相对独立的市场板块，有利于支持不同成长阶段的中小企业的发展；(2) 财务状况较好和规模较大的企业进入高层次的创业板上市交易，使得投资者对创业板产生良好的预期和信心；低层次的创业板较低的上市门槛有助于及时满足那些盈利状况和企业规模等尚不足以进入主板的中小企业的融资需求，同时也要看到，这些企业也是不断成长的，在突破发展的资金瓶颈之后往往能飞速地发展，达到创业板高层次的上市标准之后也可以升级至高层次板块进行交易。

目前我国的创业板不存在内部细分的层次，我们认为：为了满足不同融资需要和上市条件的企业，使上市标准具有更大的包容性和灵活性，一方面，针对创业板市场内的不同层次，可以分别设立与其功能定位相应的上市标准。最为典型的是纳斯达克市场，三个层次的市场板块都各有三套上市标准，例如全球市场上市标准 1 是针对有盈利的经营性公司制定的，而上市标准 2 和 3 对公司盈利不做要求（见表 3-2），适合那些潜在盈利能力尚未充分显现出来的发展型公司；资本市场的上市标准则相对较低（见表 3-3）。

韩国科斯达克市场(KOSDAQ)也仿照美国纳斯达克市场设置了三套标准,其中上市标准1在业绩方面要求净收益是正数,上市标准2和3则没有业绩要求,标准3是专门针对风险型公司制定的,因而要求最低。加拿大的风险投资市场则设置了较为复杂的上市标准,该市场首先根据行业将上市公司分为技术或工业、采矿、石油和天然气、房地产或投资、研究与开发五个类型,每个行业类别下又分为两个市场层次,每个市场层次下的公司再依其不同情况设置一至三套上市标准。各国的创业板建设的实践经验告诉我们,上市标准设置的多层次性和多样化,有利于吸引不同条件的公司上市,并在同一创业板市场内形成两个或以上因发展程度不一样而相对独立的市场板块,在竞争中发展完善自身的同时整体上推进了整个创业板的发展。

表3-3　纳斯达克全球精选市场上市标准

项目	上市标准1	上市标准2	上市标准3
税前利润	前三个会计年度不少于1100万美元、连续三年盈利且最近两个会计年度每年不少于220万美元	不要求	不要求
现金流	不要求	前三个会计年度不少于2750万美元、连续三年盈利	不要求
市值	不要求	最近十二个月平均不少于55000万美元	最近十二个月平均不少于85000万美元
收入	不要求	最近一个会计年度不少于11000万美元	最近一个会计年度不少于9000万美元
股票开价(美元)	5		
做市商(家)	3		
受益股东(人)	2200		
公众持股数(万股)	125		
公众持股市值(万美元)	7000		

表 3-4　纳斯达克全球市场上市标准

项目	上市标准 1	上市标准 2	上市标准 3
股东权益(万美元)	1500	3000	不要求
总市值(万美元)	不要求	不要求	7500 或
总资产及总营业收入(万美元)	不要求	不要求	分别达到 7500
税前利润(万美元)	100	不要求	不要求
公众持股(万股)	110	110	110
持有超过一百股的股东人数(人)	400	400	400
流通在外股份的市值(万美元)	800	1800	2000
经营历史	不要求	2 年	不要求
最低报价(美元)	5	5	5
推荐证券商(家)	3	3	4

表 3-5　纳斯达克资本市场上市标准

项目	上市标准 1	上市标准 2	上市标准 3
股东权益(万美元)	500	400	400
总市值(万美元)	不要求	5000	不要求
持续经营净利润(万美元)	不要求	不要求	75
公众持股(万股)	100	100	100
持有超过一百股的股东人数(人)	300	300	300
流通在外股份的市值(万美元)	1500	1500	500
经营历史	2 年	不要求	不要求
最低报价(美元)	4	4	4
推荐证券商(家)	3	3	3

另一方面,在上市指标的设置上,对某些指标设置了替代标准,增加了那些能满足关键的上市条件、仅仅由于个别指标不符合要求、但在其他方面又能弥补这些方面不足的公司上市机会。例如,纳斯达克全球市场第三套上市标准中,总市值要求为 7500 万美元,如果达不到该要求,可以用总资产及总营业收入均达到 7500 万美元来代替;在纳斯达克资本市场中,股东权益、市值和净收益三个条件满足其中一个即可,体现了纳斯达克在上市标准方面极大的弹性和灵活度。

(二) 我国创业板市场不同交易板的构想

美国等国家创业板市场结构的多层次性和上市标准的弹性化对我国创

业板的建设有着积极的借鉴意义。我国创业板的推出过程经历了许多曲折,创业板的推出日期一再延迟。2003 年 8 月,时任全国人大副委员长成思危提出一个以稳妥为思路的"三步走"的折中方案:第一步是把发审委已经通过的小盘股集中起来开辟一个中小企业板块,以实现该板块对主板影响范围和程度的有限性和可控性;第二步是适当降低条件,逐步扩大这个板块;第三步是条件成熟时建立一个完整的、独立的创业板。

作为创业板的过渡性方案,2004 年 5 月,证监会正式批准中小企业板建立。就中小企业板而言,该板块集中的是主板市场中股本规模相对较小的上市公司,公司经营风险较大、容易被炒作或者操纵。深交所针对这种风险特征在交易制度和监察制度上进行了制度创新:(1) 改进开盘价和收盘价的确定方式,开盘价采取开放式集合竞价,每个交易日 9:15 至 9:25,交易所的交易主机即时揭示中小企业板市场股票的开盘参考价格、匹配量和未匹配量,开盘参考价格与开放式集合竞价制度相配套,以防开盘参考价格被操纵或者误导投资者;14:57 至 15:00 采取集合竞价方式确定收盘价格。(2) 完善交易信息公开制度,引入涨跌幅、振幅及换手率的偏离值等监控目标,并将异常波动股票纳入信息披露范围,按主要成交席位分别披露买卖情况,提高信息披露的有效性。(3) 完善交易异常波动停牌制度,优化股票价量异常判定指标,减少信息披露滞后或者提前泄露的影响。①

由于中小企业板实行"两个不变",即与主板实行同样的法律规则和发行上市标准,而且设立在深交所主板市场框架内,自建立之初就承继了主板的很多问题,与其说是创业板的"前身",不如说是对深交所停发新股后的变相恢复。2004 年 6 月 25 日,8 只新股在中小企业板上市挂牌,然而仅仅 3 天后便集体跌停,并拖累大盘跌破 1400 点。7 月 1 日,3 家公司因为跌幅过大而被停牌。在中小企业板市场设立运行之后,关于尽快推出创业板的呼吁仍然不断,压力也有增无减。深创投所投的 60 多个项目几乎都是为创业板上市准备的,创业板暂停后,不仅现有项目无法退出,深创投在资金募集上也出现了困难。创业板的搁置加上深交所主板新股停发的冲击,使得大量的资金和机构纷纷转向上海市场。中国科学技术促进发展研究中心创业投资研究所发布的一项研究表明,在创业板暂停后的两年里,北京创投机构

---

① 张宇润:《中国创业板市场法律规制研究》,中国检察出版社 2007 年版,第 54 页。

有三分之一转行或关闭、三分之一则打着创投的名义进行股票或实业投资。对于那些还在从事风险投资的机构来说，除了协议转让和并购外，海外上市成了更加有效的退出方式。据统计，截至2004年底，内地共有296家企业赴香港、美国、新加坡交易所上市，总市值达3492.04亿美元，而同期的深沪两地交易所1377家上市公司的流通市值折合美元才1413.38亿，海外市场已是内地市场的2.47倍，海外市场规模大大超过了内地市场规模。①

中小企业板市场的上市标准仍然是比较高的，相当多的高成长性创业企业尚不能达到其标准，过高的上市门槛使其难以承担风险投资退出渠道的功能，主板市场中多年积弊的延续使其缺乏真正的资源配置和市场定价功能，失衡的制度安排使得这些制度创新回天无力，中小企业板与真正意义上的创业板还有很大的距离。

要使中小企业板市场真正成为创业板市场中的一部分，有必要根据创业板的功能定位并针对现行中小企业板的问题对其进一步地改造和完善。首先，发行上市审核制度现在实行的是核准制，将来应该适应创业板的发展趋势采取发行注册制；其次，发行定价方面，现行单一的、行政化的市盈率定价方式，将向灵活运用现金流量贴现法、经济附加值法和实物期权法等定价模型的方式转变；再次，现行交易制度并未考虑市场的流动性问题，采取和主板一样的集中竞价制度，建议改为证券商报价制度，券商承担强制性做市商义务。该板块各方面的制度改革都很可能是随着创业板市场建立并运行良好之后才会逐步展开。从这个意义上来说，现在推出的创业板也是有其必然性的。

由于前述问题可能难以在短时间内改革，创业板市场推出并运行良好之后再逐步改造中小企业板的可能性较大，有很多人提出降低中小企业板的上市标准的思路。其理由在于，中小企业板上市标准同主板一样高，与该板块为中小企业提供融资的市场定位相悖，也无法承担风险投资退出渠道的功能，如果中小企业板市场改造整合成为创业板的高级层次，就有必要相应降低其上市门槛。

这种观点有一定道理，上市标准较为宽松是全球创业板市场的共同特

---

①　参见《深交所连续推出改革方案 创业板呼之欲出》，http://www.stockstar.com/info/Darticle.aspx?id=SS,20060602,30389141，最后访问时间2010年12月11日。

征。从海外创业板的实践经验来看，各国开设创业板之初的目的均是为了给尚未达到主板上市标准的公司提供融资服务，因而相对主板降低了上市门槛。但是也要看到，投资者权益的保护始终是发展证券市场的重要目标。这种低门槛、宽界面和高风险的创业板市场容量设计，虽然引入了很多具有成长潜力的中小企业，但由于公司本身经营的不确定性，使得其成长过程中具有高风险性，不但使投资者权益面临重大风险，而且会影响整个中小企业板的上市公司的声誉，投资者对市场信心不足将导致这个市场失败等问题。我们要清醒地认识到，创业板之所以为创业板，最为本质的原因是为名副其实的、能持续发展的高成长企业服务。如果它让投资者看到的只是大量存在的风险以及乏善可陈的增长机会，其失败也就注定。例如，德国 1997 年设立的新市场对公司没有制定严格的上市标准，审核部门对申请上市公司的业绩审核也不严格，因此许多缺乏真正成长潜力的公司得以进入该市场。上市的中小公司中有不少业绩欠佳甚至资不抵债，还有一些公司虚报业绩欺骗投资者，只有 5 年多寿命的新市场始终丑闻缠身，投资者对新市场的信心就逐渐在这些事故中侵蚀掉了，新市场长期低迷不振，促使德国交易所最终在 2002 年 9 月宣布现有股票市场全部合并到主板市场。因此，很多国家为控制风险、稳定市场，在创业板市场发展到一定阶段之后均提高了上市标准。

可见，关键问题在于如何在入门标准和上市公司质量之间取得平衡。本书认为，制定上市标准的决策过程实质上是对市场容量和风险控制的组合过程，我国的创业板市场没必要也不适宜再采取欧美等国的创业板初始阶段的低门槛和高风险的组合方式，目前的监管和制度环境可能难以控制降低上市标准所带来的市场风险，而且创业板与主板的上市标准相比很大程度上应该要反映出上市公司的成长性特征，包括业务的成长性、盈利的成长性和收益增长水平的成长性。例如，日本佳斯达克（JASDAQ）市场就设立了公司过去的经营业绩标准和将来的成长性标准，满足其中任意一个即可上市。从现行规定和实践来看，创业板上市标准坚持了盈利性标准，并且在首批创业板上市企业筛选的过程中体现了优质公司的思路。如果中小企业板向创业板的第一层次改革和发展，也不宜将关注焦点集中在是否降低上市标准，而是应该转变思路，制定注重成长性、限制为中度风险并关注适度规模的上市标准，定位为已有一定规模并具有进一步成长潜力的成长性中小型企业。

创业板市场内的不同层次之间应该可以相互升降。中小型企业的成长速度很快，如果层级二公司达到层级一公司的上市标准，经申请并获得批准后可以毕业进入层级一，这个“升级”的程序应该予以简化，并且降低有关费用。场内分层制度与退市制度结合起来，如果第一层次市场的上市公司达不到持续上市标准将降到第二层级市场，而第二层次市场上市公司达不到持续上市标准的将从创业板市场直接退市。通过这种上升和下降机制，既促使上市公司不断提高自身质量，保证公司质量与市场层次相对应，同时，由不同层次的市场分担不同程度的创业风险，从而整体上提高了抗风险的能力。

这样，深交所将建立起包括主板和创业板的多层次证券市场，打造成“中国的纳斯达克”。实际上，早在 2005 年中小企业板的启动仪式上，诸位嘉宾就已宣称“要把深交所建设成一个类似纳斯达克模式的、多层次的资本市场需要艰苦的努力，只有通过不断的创新才能达到这一改革目标”。深交所自 2001 年以后停止 IPO，从 2004 年重新开始 IPO 以来只有中小企业板市场发行新股的实践就可以看出这种趋势。不过，最后的演变应该是深交所成为一个独立的创业板市场，这才是纳斯达克的独立模式。层次分明的创业板才是深交所的特色，即该市场分为层次一和层次二，前者由现在的中小企业板市场逐步改革发展而成，后者为即将建立的创业板。

第四章 三板市场与场外交易市场研究

三板市场，属于场外交易市场，在美国称为“Over-the-Counter Market”（简称“OTC市场”），故又被称为柜台交易市场或店头市场，原本是证券商之间或证券商与客户之间在证券商柜台完成证券买卖，以区别于证券交易所从委托、公开集中竞价直至结算交割的系列过程。时至今日，场外交易市场已成为范围极广的概念，并不以在证券商营业处所的柜台进行交易为限。历史上，场外市场的出现早于场内市场，虽然在以证券交易所为中心的集中交易市场的形成后，曾经经历过排斥甚至禁止场外交易的时期，但是其基础性作用不容置疑。在成熟、发达的证券市场体系中，三板市场是必不可少的组成部分，其与场内证券市场相辅相成、相互补充，适应了不同市场主体多层次的市场需求。就美国证券市场的情况而言，三板市场的交易规模超过场内市场，一直显示出强大的生命力。

三板市场作为多层次资本市场的重要组成部分，其建设步伐、制度设计、发展状况在完善资本市场层次结构、充分发挥金融体系功能、促进储蓄向投资转化、加深社会货币化程度、优化资源配置效率、最终推动经济增长、完善市场经济制度体系等方面对于我国转型时期经济发展而言具有非常重大的意义。中共十六届三中全会提出建立多层次资本市场作为我国发展资本市场体系的目标，引发了国内关于多层次资本市场的诸多讨论，在三板市场方面，有学者认为应完善证券公司代办股份转让系统，从而推动我国证券柜台交易市场的发展[①]；也有学者认为应将产权市场与代办股份转让系统整

① 沈蔚：《完善证券公司代办股份转让系统的分析》，上海交通大学2007年硕士学位论文。

合构建三板市场[1]。

我们认为,我国三板市场在现阶段实践中存在的最大问题在于限制交易人数。对"新三板"上柜公司股东人数不得超过200人的规定,不仅违反了对上柜企业股权分散度的要求,违背了三板市场设立的基本宗旨,实际效果等同于剥夺了市场参与者交易的权利,实质上混淆了发行与交易的区别,与发展三板市场的基本规律和经验相矛盾,是相当错误的。应当明确的是,未来将要建立的三板市场并非现在的代办股份转让系统,各地的产权交易市场也不应都并入三板市场中,三板市场在功能定位、布局设计、交易制度等方面应该具备自身的特征。

一、三板市场的功能

目前学界对三板市场的讨论中涉及的概念名目繁多,比如店头市场[2]、第三市场[3]、第四市场[4]、OTC灰色股票市场[5],通过分析可以发现,上述概念的界分实质上区别了此类市场的功能定位和交易范围。事实上,对于三板市场不同的功能定位,不仅造就了不同的学术概念,而且直接关涉三板市场的基本格局、发行上柜制度、交易制度以及监管原则等重大问题。三板市场的功能定位是三板市场制度研究中各项问题的前提与基础,准确界定三板市场的功能具有重大的理论和现实意义。

(一)为不符合主板创业板上市条件的股份公司股权提供融资和流通渠道

首先,股权的流转性要求法律制度为其提供适当的平台,三板市场的建

---

① 王珺、田增瑞:《产权市场与代办股份转让系统整合构建三板市场》,载《中国集体经济》2008年第1期,第101页。

② 赵万一主编:《证券法学》,中国法制出版社1999年版,第118页。

③ Jean-Luc Soulier, Marcus Best, *International Securities Law Handbook*, 2nd edition, Kluwer Law International Press, 2005.

④ Carmine Di Noia, The Stock-Exchange Industry: Network Effects, Implicit Mergers, and Corporate Governance, 33 *Quaderni di Finanza* 3(Italy), 1999, p. 17.

⑤ 蔡双立、张元萍:《基于资本市场多层次框架下OTC市场的构建:美国的经验及其对中国的借鉴》,载《中央财经大学学报》2008年第4期。

立将为大量目前无法流转的股权提供融资和流通渠道。

我国《公司法》第138条明确规定了股东持有的股份可以依法转让。尤其是股份公司股东的股权,除法律特别规定的情形外,可以自由流转。这是由其自身属性所决定的,也符合市场经济的基本规律。我国《公司法》规定股权的可转让性是对股东权的极大保护,然而如果实践中股东持有的股份没有交易的场所,无疑将对股东权的行使产生极大的限制,这事实上是对股东利益的损害。我国1999年《证券法》规定通过证券交易所发行的股票只能通过证券交易所交易,而其他非证券交易所发行的股票或股权却没有交易的场所;2005年修订的《证券法》尽管规定了依法公开发行的股票应当在依法设立的证券交易所或者在国务院批准的其他证券交易场所转让,但是,未上市股票的转让问题依然没有得到解决。在《证券法》修改以前,我国采取单一的集中证券交易市场原则,主板市场在设定法律制度时,强调规避证券风险,实现证券市场的安全。因此,在发行条件、审批制度和交易制度上都作了严格的规定。不仅如此,在主板市场上市,还需要经历漫长而严格的审批过程,成本较高。已经推出的创业板市场,对于上市公司的条件也作了相当高的要求。这意味着,只有少数符合条件的大型优质股份公司,才能在发行股份后上市,从而在主板和创业板市场上自由流转股份,而大量规模较小的未上市股份公司的股权则缺乏相应的流通平台,现在的主板市场和创业板市场都无法提供与之相配套的制度。这些未上市公司既不能利用股票市场从事融资活动,又不能开展必要的并购活动,实现优胜劣汰,其发展受到了极大的约束;同时,当股权不能流动、不能交易时,缺乏退出机制,股东实际上被剥夺了“用脚投票”的权利,也使得企业的股份制改造徒有虚名。三板市场最为显著的功能,即是为该类股份公司的股权提供与其企业规模、发展阶段相适应的流通渠道,这符合有价证券流通的本质。另一方面,从远期来看,随着股份制改造的深入和现代企业制度的完善,现代场外交易市场不能仅仅作为股权流通的场所,还应具备股权融资的功能,以形成一个具有完整功能的证券交易市场。不过,与主板和创业板相比,现代场外交易市场的门槛更低,对上柜公司的要求更为宽松,以便为达不到主板、创业板上市要求的企业提供更加广泛的融资和退出渠道。

其次,在三板市场内进行交易的,必须是股份有限公司的股权,其交易标的区别于现存的各产权交易中心,非股份公司企业不得在三板市场上柜。

多数国家的上市、上柜规则都要求发行人公司章程与所在国法律对于股东权利和股票的自由转让提供可靠的保障，如果发行人所在国法律或公司章程无法提供此类保障，或者其中含有限制股份转让的内容，则将被证券交易所视为不适宜上市或上柜。其目的在于保障股权的自由流通不受限制，从而确保股权交易的顺畅和效率。有限责任公司兼具资合和人合性，其股权的自由流通受到股东优先购买权的限制，无法满足三板市场对股权流动性的要求，因此有限责任公司的股权必然被排除在三板市场交易的范畴之外。另外，就我国产权市场发展的现实来看，产权市场交易标的内容丰富庞杂，进场交易的产权形式从单纯的实物资产到包括技术在内的各种无形资产，缺乏统一标准，交易标的不规范。由于国办 1998 年 10 号文件曾明确规定了产权交易所“不搞柜台交易、不搞拆细交易、不搞连续交易”的原则，虽然其本质目的在于整顿产权交易市场的秩序，保护国有资产以及维护投资者的利益，但在客观上也影响到了技术产权市场的流动性，使得技术产权交易所在交易方式上不得不以一对一或一对多的谈判方式来完成企业股权的整体转移，不仅效率低下，给小规模风险资本的进入和退出带来了障碍，也不利于投资者分散风险。同时，各产权交易机构还存在法律地位不明确、条块分割严重、缺少全国性统一市场等问题。故各地的产权交易所不应整合于三板之中。

再者，在三板市场初创时期，应当考虑对上柜企业作一定的盈利要求，因此并非所有不符合主板、创业板上市条件的股份公司都可以申请上柜。

三板市场是整个资本市场体系中的基础板块和初级层次，它的市场定位主要在于帮助处于初级阶段中后期的中小企业上市融资，并为主板市场或二板市场退市企业提供缓冲危机的平台。倘若对其上柜条件作过高要求，不仅将使众多具备发展潜力的企业被拒于三板门槛之外，也会使三板上柜成本过高，有碍融资效率。因此，世界各国在上柜企业的资格、上柜程序方面的规定，都远低于创业板市场，甚至在三板市场的低层次板块中几乎不设定实质性条件。从美国证券市场的情况来看，OTCBB 市场与证券交易所以及 NASDAQ 市场相比具有：零散、小规模、无繁琐的上市程序以及较低的操作费用等特点，同时它也具有较高的风险，对发行证券企业的管理要求并不严格。OTCBB 门槛很低，企业没有任何规模和盈利的要求，只要经过 SEC 核准，有 3 名以上做市商愿意为该证券做市，就可向 NASD（全美证券交易商协会)申请挂牌,挂牌后企业按季度向 SEC 提交报表,就可以在 OTCBB 上市流通。与之不同的,我国台湾地区柜台交易市场上柜公司的基本条件为:公司设立满三年;实收资本金为 1 亿元以上;最近年度净资产税前收益率高于 4% 且无累计亏损或最近两年收益率高于 2% 且最近一年高于上一年。由此可见,台湾地区对上柜公司有一定程度的利润率要求,虽然其要求远低于主板市场,但与美国 OTCBB 市场相比,仍较为严格。我们认为:虽然三板市场中多为中小型企业,盈利能力和资本规模都相当有限,但我国目前信用制度尚不发达,我国的柜台交易市场不能像某些发达国家和地区市场一样没有门槛限制。应当借鉴我国台湾地区柜台市场的经验,未来为确保三板市场的成功建立,至少在初创时期,对上柜公司不仅要求其具备积极的财务记录,而且必须为盈利企业,符合一定的利润率指标以保证三板市场企业既有一定的数量来维持交投情况,又不至于因质量过低而出现挂牌与摘牌过于频繁以及交易不活跃等现象。所以,为了维持柜台市场的稳定性与流动性,在三板市场初创时期只允许符合一定盈利标准的企业上柜交易,而非任意不符合主板、创业板上市条件的股份公司皆可上柜,应当成为适当的政策选择。当然,如果未来经过一段时间的运行,相关制度逐步建立健全的情况下,渐进地放宽这一限制,并向美国体制过渡也并非完全不可能。

(二)为小额发行公司提供交易条件

诚如前文第三章所述,由于符合商业条件的最低市值规律的作用,在现有制度下,三板市场中证券的发行同样面临上柜成本和券商积极性的问题。与主板市场和创业板市场不同的是,三板市场中的企业规模和质量水平一般都比前两者中的企业远为逊色,尤其在融资规模方面,其融资能力和需求仅仅依靠在发行中辅以权证和配售制度等方法难以解决所有问题。为此,2012 年 5 月 11 日发布的《非上市公众公司监督管理办法》在三板市场制度设计中引入小额发行制度,为小额发行公司提供交易条件,从而使三板上柜公司最终突破对非公开发行公司股东人数限制的规定,对我国证券法和公司法产生重大而深远的影响。鉴于目前小额发行制度单条成文规则[①]的尴尬局面,未来我国有必要吸取美国法的经验,进一步细化、完善此方面的法

---

① 参见《非上市公众公司监督管理办法》第 42 条。

律规范。

美国的小额发行制度发端于资本市场的内生需求，是资本市场不同融资需求的产物。场外交易市场中多为中小企业，其发行新证券的价值通常较低，与大规模公开发行证券的大公司相比，小公司发行证券时支付费用所占的比例较高。出于协调平衡投资者保护与促进融资便利的考虑，美国证券法创设发展了小额发行豁免制度。1933 年美国《证券法》第 3 条(b)款规定，募集金额在 500 万美元以下者可豁免注册，并授权 SEC 制定相关条例及规则。根据此项授权 SEC 相继制定和发布了若干条例、规则、公告和无异议函，使小额发行豁免制度具体化，主要包括《A 条例》(包括规则 251—263)允许发行 500 万美元以下的证券免于登记，以及《D 条例》中的规则 504 允许发行 100 万美元以下的证券免于登记。SEC 于 1936 年制定了《A 条例》，包括规则 251—263 以及相关格式范本。《A 条例》仅适用于在美国或加拿大注册，主要在美国或加拿大经营的公司。要符合这一豁免，最重要的就是上述发行规模。除发行规模的限制外，《A 条例》还在规则 252 和规则 254 中设定了"好家伙"(good guy)标准和允许发行人为投资者利益而"测水"(test the water)的条款。具有划时代意义的《D 条例》(由规则 501—508 及相关表格组成)中的规则 504 取代了原有的规则 240 为小额发行规定了一个安全港。规则 504 的标题是："对不超过 100 万美元证券限量发售的豁免"，其主要内容包括豁免和需要满足的条件两个方面：在豁免方面，非下述所列发行人在满足本条款 b 项所有条件的前提下发售证券：(1) 根据 1934 年《证券交易法》第 13 条或 15 条 d 项负有披露义务的发行人；(2) 投资公司；或(3) 没有具体商业计划或目的，或者在商业计划中已明确是从事对不确定的公司进行收购的处于发展阶段的公司。在需要满足的条件上，(1) 一般条件：只有满足第 501 条款和第 502 条款 a、c 和 d 项的发售条件和前提的证券发售才能取得第 504 条款豁免资格。但是，第 502 条款 c 和 d 项内容不适用于如下的发售情况：① 只在提供证券注册并要求公开披露和在发售前必须向投资者提供实质性信息的州里发售，而且该发行人按照这些要求进行发售行为的；② 虽然是在那些不要求证券注册、公开披露或在发售前必须向投资者提供实质性信息的州里进行发售，但如果已在至少一个要求证券注册、公开披露和在发售前必须向投资者提供实质性信息的州里按照规定发售过，而且在发售前向所有购买者提供披露文件的(包括那些不作此要求的州)；③ 仅在法律上有证券注册豁免规定并允许公众促销和广告的州里，并且只向“获许投资者”发售的。(2) 根据第 504 条款发售证券的总额不得超过 100 万美元，减去本次发售前 12 个月根据 1933 年《证券法》第 3 条所作的豁免发行额，以及违反该法第 5 条 a 项的发行额。[①] 1992 年，日本亦效法美国以法典形式明文确立了小额发行制度。[②] 小额发行制度是为中小企业度身设计的融资渠道，使得中小企业得以更经济、节省成本的方式融资。从美国非公开发行制度来看，小额发行制度通过豁免监管部门对发行量较小的证券的审核，加快发行人的筹资速度，节约其筹资时间与成本，同时使监管部门的审核压力减小，以便能更有效地分配监管资源。实践中，美国三板市场中正是由于大量小额发行公司的存在，才为其交易的流动性提供了坚实的基础。作为公开发行的有益补充，小额发行应该成为一国证券市场的重要组成部分。在国际金融市场不断朝向全球化、自由化发展的当代，引入小额发行等非公开发行制度已成为各国金融制度创新，增强资本市场活力和竞争力的一大重要措施。

可以想见，未来中国三板市场中绝大部分也是中小企业，融资规模有限，引入小额募集发行制度，可以通过豁免证券监管部门对其发行证券的审核，有效加快其融资速度，节省成本、提高效率。根据目前的规定，由于小额发行制度尚未完善，几乎所有的发起和募集设立都必须经过证监会的审核批准，在此情况下，发起设立的难度加大，耗时可达一两年，不仅设立成本剧增，导致大量中小公司无力承担，而且时间跨度过长，容易错失最佳市场时机，这无疑是对公司法应有功能的重大损害。鼓励小额募集发行，必然使得发起设立制度更为顺畅，有利于促进三板市场中小企业融资，对于恢复公司法功能有重大意义，同时也是三板市场功能定位的应有之义。在现有的法律条件下，未来三板市场如果继续采取核准制，在证监会中设立专门部门审核三板市场公司的上柜发行条件，那么小额募集发行可以显著减轻证券监管部门在发行审核上的负担。同时，建立我国的小额发行制度对于有效缓解中国证券市场供求矛盾，丰富证券投资品种的需要，增加市场的深度和广

① 袁东升:《美国小额发行制度移植研究》，华中科技大学 2005 年硕士学位论文，第 11—14 页。

② 〔日〕河本一朗、大武泰南:《证券交易法概论》，侯水平译，法律出版社 2001 年版，第 23 页。

度，扩大金融产品范围也有着重大而深远的意义。

小额发行在美国法上属于非公开发行的一种。小额发行制度的确立将对现行证券法规中关于非公开发行公司股东人数的规定产生重大冲击。根据我国《证券法》第 10 条的规定，向累计超过 200 人的特定对象发行证券的，视为公开发行。由此，在很长一段时期内，我国对于三板上柜公司的股东人数进行了相应的限制。我们认为，不应机械地理解该条规定，应当认识到：未来三板市场中，一旦公司采取小额发行方式募集资金，即使存在一定禁售期的要求，只要得以发行上柜，那么其股份最终必将在市场中自由流通，经过交易，上柜公司的股东人数必然突破 200 人的限制。在这种情况下，上柜公司甚至可能符合在主板、创业板发行上市的条件。事实上，上述对股东人数限制的规定，混淆了发行与交易的区别，我国《证券法》第 10 条对发行人数进行限制的意义在于区别公开发行与私募，即使是非公开发行的三板公司，对于其发行后的股东人数也不应进行限制。倘若在小额发行存在的情况下，仍然维持目前我国三板市场中对于非公开发行公司股东人数限制的规定，将严重妨碍小额公司的股权流动，从而使小额发行失去其原本的意义，因此，《非上市公众公司监督管理办法》明确取消了前述“200 人”的限制规定。未来我国证券法在小额发行制度方面的细化和完善也应成为必然。

（三）资本退出机制功能与转板问题

三板市场将为下市公司股票提供交易平台，完善上市公司的退出机制，同时为主板、创业板培育上市后备力量，发挥孵化器功能。

由于长期未建立资本退出机制，一些完全丧失主板挂牌资格甚至严重资不抵债的公司迟迟未能被清理出去，已经给主板市场造成了许多不良影响。三板市场的建立将为主板市场和创业板市场上市公司的退出提供“出口”，为不符合上市条件的股票继续交易提供场所，解决下市公司股票交易渠道不畅通的问题，保证证券的流动性需要，也将减轻因上市公司退出带来的资本市场震荡。目前，我国下市公司的股票主要在代办股份转让系统中进行交易。代办股份转让系统是为解决原 STAQ、NET 系统挂牌公司的股份转让问题，经中国证监会批准，证券公司以其自有或租用的业务设施，为非上市公司提供股份转让服务业务所形成的市场。有观点认为，代办股份转让系统即是中国的三板市场,或者应当对其加以规范,进一步发展成为中国的三板市场。[①] 我们认为:代办股份转让系统设立的初衷仅仅是为解决原证券报价系统所遗留的历史问题,交易对象狭窄,虽然后来增加了退市公司股份转让服务业务,扩大了交易对象,但在目前上市公司由于连续三年亏损而被迫在证券交易所终止上市的退市制度下,代办股份转让市场以这两类公司股份作为交易对象,无法摆脱其作为"垃圾桶"的市场定位。这种定位使市场实际参与者很少,交易极不活跃,市场也就无法获得发展。而中关村科技园区非上市高新技术企业进入证券公司代办系统进行股份转让,实质上即是采证券商报价制度,是以券商为主形成的市场。虽然对其进一步改造存在一定可能,但由于代办股份转让系统自身存在大量问题,比如交易方式不合理,实行集合竞价交易,一家股份转让公司只能委托一个证券公司办理股份转让,目前有权从事该项业务的证券公司数量稀少,给投资者造成极大不便;缺乏融资功能,市场投资价值乏善可陈,交易品种单调;信息披露标准较低,投资者间信息不对称;投资门槛较高等等,这使得其在现在看来缺乏三板市场应有的功能。

为了完善市场的循环系统,以规范化的方式揭示证券市场本身所固有的风险性,进而为市场的升级和高风险投资平台的推出奠定体制基础,我国的三板市场必须承担起为主板和创业板市场提供退市通道的作用。发挥退市板功能,并不意味着三板市场只简单接纳退市公司,那些由于经营恶化等原因已不符合主板、中小企业板和创业板市场上市标准而被终止上市的上市公司,通过三板市场提供的这一临时休整平台,经过一定时间整顿、治理,一旦经营状况得到改善,再次符合了相应市场的上市标准,则可以重新恢复到主板、中小企业板和创业板市场上进行交易。因此,三板市场的发展将有效地促进我国证券市场下市制度的完善。未来在建立三板市场的过程中,应当对主板、创业板的下市规则进行相应的设计,已经不符合主板、创业板上市条件的公司应当下降到三板市场中。同时,三板市场自身也应当建立基本的下柜规则,对于交投极端清淡或者严重亏损的上柜股票应当降级到更低层次的市场或者直接与破产重整制度相挂钩。实践证明:OTC 市场的

① 闫莉、李明祥:《我国三板市场亟需规范与发展》,载《化工技术经济》2004 年 10 月第 22 卷第 10 期,第 41 页。

发展,完善了发达国家上市公司的退出机制,促进了证券市场的健康发展,为风险投资提供了退出通道。在促进风险投资发展的同时,还带动了高科技的发展和产业结构的升级。成长中的高新技术企业,由于规模小、风险高,很难达到交易所的上市标准。作为针对中小企业的资本市场,OTC 市场就成了风险投资企业实现成功退出的最佳场所。由于完善的多层次 OTC 市场,20 世纪 80 年代以来,美国的风险投资事业发展迅猛,在其支持下,康柏电脑公司、微软公司等一批世界知名企业实现了最初的成长。

另一方面,通过转板机制的设计,将发挥三板市场的孵化器功能。根据美国证券市场运作的经验,在主板、二板和三板之间,应该形成一套完善的互相升级转换的机制。NASDAQ 市场的一些达标公司可以晋升到纽约股票交易所,OTCBB 市场、粉单市场上的证券在满足高一级市场要求后,也可以升至高一级市场。反之,不能继续满足交易所标准的公司将被降级至 OTC 市场。在 OTC 各层次市场间,不能满足高一层市场标准的公司,也会被摘牌,降至下级市场。主板市场和创业板市场发展壮大的前提是必须要有大量资质好、潜力大、有活力的企业不断进入这个市场。发展三板市场,可以为主板市场和创业板市场源源不断地培养和输送优质上市企业,保证主板和创业板市场的健康发展。一方面,三板市场就像“幼儿园”,对于不具备在主板、创业板上市条件的公司进行“学前教育”,待条件符合后上升到主板、创业板上市。[①] 我国台湾地区立法对这点就作出了明确规定,台湾证券及期货管理委员会(以下简称“证期会”)于 2002 年 6 月 19 日作出决定:“公司申请上柜前,须先登录为兴柜股票,交易满三个月,提前进入资本市场”,这也就是在立法上确定了兴柜市场成为上柜前的预备市场。[②]

因此,我国未来三板市场制度设计中对于满足主板、创业板上市条件的三板上柜公司,应当提供相应的转板机制,允许其上升到主板、创业板市场交易。在上柜协议中,明确转板的条件,由交易所方面控制转板规则的合理性,同时保障发行人相应的选择权。三板市场必将成为优秀企业的孵化地,成为为主板、创业板市场培育上市公司的摇篮。这就是三板市场的孵化器

---

① 舒玲敏:《我国三板市场法律制度探讨》,江西财经大学 2003 年硕士学位论文,第 2 页。

② 马淑华:《上市柜前,须先上兴柜交易三个月》,载《经济日报》2002 年 6 月 20 日。

功能。主板市场和二板市场都是全国性市场，不仅要求上市公司有较高的质量，同时要求其对投资者负责。如果在三板市场上选择经过几年检验，被证实是优秀的公司，再依据有关规则和需要将其输送到主板或创业板市场，就能使三板市场成为一个公司是否能进入高一层次交易市场的考验区。

二、三板市场的基本格局——全国联网交易与各地方柜台交易衔接

世界范围内，三板市场存在着分散的柜台交易市场和以交易柜台为基础进行全国联网交易两种模式。[①] 有学者主张，以“条块结合”的创新型发展模式构建三板市场的体系。[②] 还有学者提出，中国场外交易市场应当采取由一个全国性市场与多个区域性市场相互连通和支撑的双层递进式的市场体系结构。[③] 上述观点都对我国三板市场的发展模式、基本格局和市场结构进行了有益的探索，但未对市场建设中的难点和具体问题的可行性及必要性进行详尽的讨论。我们认为，未来我国三板市场的基本格局应当是在全国各地存在一定数量的柜台交易市场，这些市场必须以某一地的市场为中心进行全国联网，作为中心的市场必须与证券登记公司建立证券过户关系和资金结算关系。

---

① 万金波：《美国场外证券市场法律制度及其对中国的启示》，厦门大学2006年硕士学位论文，第15页。

② 刘纪鹏、王晶晶、马莎莎：《条块结合建立资本市场“小学”体系》，载《中国证券报》2009年8月24日第T01版。所谓“条条”模式，即借助目前具有主办券商资格的25家证券公司，依托中央登记公司和深交所的结算系统的“条条”市场，还应该尽量包容现有深交所正在筹组中创业板市场的特点，来形成“条条”的场外交易市场。所谓“块块”模式即在目前北京中关村、上海、深圳、太原、武汉、重庆、沈阳等地组建以区域性为主的、为中小企业服务的柜台交易市场，使这些地区的产权交易从使用价值的物权形态向价值形态的股权转让过渡，并使之逐步形成“区域性的、以场外柜台交易”为主要方式的三板市场。

③ 高峦主编：《资本市场蓝皮书——中国场外交易市场发展报告（2009—2010）》，社会科学文献出版社2009年版，第299页。所谓中国统一场外交易市场的双层递进式市场结构，是指中国将要建设的统一场外交易市场，从其市场结构看，应该是由全国性场外交易市场的中心交易平台与若干个区域性场外柜台交易市场两个市场层次组成，相互连通，并与场内交易市场相衔接的场外交易市场体系。

（一）分散的柜台交易与地方会员

柜台市场是相对分散的各地区性的场外交易市场，是相对基础的场外交易模式。地方柜台交易的基本特征在于，一般对参与交易的会员资格有所要求，实际交易者在地方市场内需通过本地柜台会员完成交易，因此，在一定程度上限制了交易主体的范围。从我国的情况看，较早的淄博、鞍山、红庙交易市场[①]、如今的中关村科技园区非上市公司股份转让报价系统[②]等都属于该类市场。

未来三板市场中，由于上柜公司实力较弱，不可能采取主板市场的集中竞价交易制度。引进证券商报价制度，由经审核批准的券商，持续地向公众投资者报出某些特定证券的买卖价格（双向报价），可以有效地提高交投的活跃程度，成为三板市场交易制度的必然选择。各地分散的柜台交易市场内，将拥有自己的报价会员，自行撮合买卖。以我国主板市场的情况看，凡是从事经纪业务的券商，必须成为其所进场的交易所的会员。目前我国仅上海和深圳两家交易所，经纪人取得会员资格的情况较为简单。然而，三板市场交易柜台发展后，随之而来的现实问题是，以我国现有经纪人制度的状况，由于部分证券经纪公司的人力、财力限制，必将呈现出某些从事经纪业务的证券商无法成为部分交易柜台会员的状况。这意味着：在三板市场内，一个证券公司既可能同时作为每个区域性交易市场的会员，也可能只作为部分区域性交易市场的会员。其结果是三板市场中将呈现出与集中交易所市场统一会员制不同的局面：每一区域柜台内，经纪人可能具备在全国范围内的任一柜台市场的报价会员资格，从而可以在任意区域市场内从事证券报价业务，也可能仅具备单一或部分交易柜台的会员资格而无法在未取得资格的柜台内进行报价业务。因此，地方经纪会员间交易是三板市场的基础交易类型，地方柜台本地会员在交投活跃情况下拥有优先自行撮合成交的基本权利。

---

① 陈万明：《证券场外交易市场的法律规制》，西南政法大学 2005 年硕士学位论文，第 8 页。

② 吴志团、赵佑启：《新三板市场发展路径选择》，载《中国证券报》2009 年 5 月 19 日第 A12 版。

（二）全国联网交易

联网模式的交易以现代计算机网络技术为基础，结合多个地方性柜台的交易情况面向更广大的投资者寻求交易机会，显然突破了简单柜台交易的束缚，有利于促进证券流动性的实现。目前尚在建设中的天津股权交易中心，即拟建立统一业务模式、统一市场准入、统一交易规则、统一交易系统、统一信息披露、统一自律监管的全国性市场。以全国联网交易作为三板市场交易的基本模式，有利于从根本上发挥三板市场的功能，以下详述之。

第一，以全国联网交易作为三板市场的基本格局，确立三板市场中心，符合国家的金融发展规划和各方利益。

国务院于 2008 年 3 月 17 日正式批复了《天津滨海新区综合配套改革试验总体方案》，其中包括在天津设立全国性非上市公众公司股权交易市场。未来我国三板市场应当以天津滨海新区股权交易市场为核心，通过编制一定的技术标准，将全国各地的柜台交易市场纳入统一的报价系统内。天津地理位置优越，具有良好的经济金融基础，以其作为三板市场中心，不仅有利于我国南北地区经济的协调发展，实现中央的战略部署，而且对于中央对天津滨海新区的功能定位具有重大意义。在交易方式上，可以采用“联网报价、分散成交”的方式，即在全国建立若干家区域交易市场，在天津建立核心报价系统的同时，对全国各地的柜台交易市场的系统在原有的基础上进行技术改造，再通过公用数据交换网或专用高速网络将其联结起来，构成中央报价系统，最终形成一个覆盖全国的、具有一定规模的证券交易报价系统。中央报价系统既作为证券监管部门对三板市场的控制管理平台，也作为三板市场的信息技术处理中心。分散成交是指证券交易报价系统只是提供证券的报价，证券交易则是在客户和券商之间以及券商双方之间通过自主决定进行的，作为经纪人的券商凭自身的意志决定成交与否，成交之后再通过位于天津的中心向中央证券登记公司履行证券过户程序，完成交割。

未来三板市场中，不同地区交易市场的报价可以在统一的中央报价系统中反映，从而使跨地区性的交易成为可能。因此，必须以天津柜台交易市场为核心，建立起全国不同网点间的数据交换机制。三板市场中的证券过户必须经过天津联网中心，中央证券登记公司仅需与联网中心进行交割即可。目前在技术上并不存在任何障碍，可以采取编制统一的技术标准等方式,解决技术上的问题。这就意味着:新申请设立的柜台交易市场,一般都需要接受天津中心所采用的交割和结算条件以及相应的技术标准,从而进入全国联网系统。若新设地方柜台不履行上述手续,则无法纳入统一联网的范围,只能形成不成熟、不发达、区域性的低级柜台交易市场。其功能限于处理柜台市场内部的交易,无法与其他地区的其他券商完成交易。在中央证券登记公司允许其进行证券过户登记的前提下,该类柜台市场亦可能存在,但这种模式的地方市场不应成为政策鼓励的方向。

第二,全国联网交易有利于三板市场整体效率的优化。

现代场外交易不同于传统柜台交易,传统柜台交易是一种较低级的市场形式,正处于不断萎缩的过程,现代场外交易已经逐渐向集中的、有组织的、由现代电讯技术和计算机系统组成的电子交易网络发展。通过采用全国联网的电子交易手段,不仅使交易更加方便、快捷,有利于节省社会资源,降低交易成本,而且有利于增加交易的透明度,使交易过程更加公平,同时在全国范围内寻求交易对手,可以极大地提高交易量,并有利于资源的跨地区充分配置。再者,全国联网有利于监管部门对市场的监控管理,避免为刺激交易活跃度而产生的各区域市场间的恶性竞争,防范社会闲散资金对证券市场造成的动荡。

第三,全国联网交易可以有效地解决可能存在的经纪人会员资格和交易次序问题。

前文已述,由于部分证券经纪公司的人力财力限制等原因,未来三板市场必将呈现出某些从事经纪业务的证券商无法成为某些交易柜台会员的状况。那么,这是否表明所有经纪券商为了能够在三板市场内的所有柜台都得以从事报价业务而必须取得每一个交易柜台的会员资格呢?

在全国联网的情况下,可以有效地解决上述问题。我们认为:在全国联网的情况下,各区域性交易市场与中央报价系统联网,具备特定柜台交易会员资格的经纪商与不具备会员资格的经纪商在撮合交易的时间上将存在先后次序问题。简言之,拥有特定柜台交易市场会员资格的券商在法律规定的一定时间内可以优先撮合成交,在该时间段内,优先考虑具备本市场会员资格的证券商的报价,只要符合条件,即可成交;而超出该规定时间段,则通过全国联网中心,全国其他柜台交易市场会员的报价亦可成交。这意味着:当本地柜台交易市场的交投足够活跃时,应当允许其在本柜台内按照价格优先、时间优先的方式完成交易，只有当本地市场的交投较为清淡时，才允许其他地区柜台市场的当事人报价成交。通过在交易规则上这一时间的设定，能够有效地发挥全国联网的优势，从而解决经纪人会员资格的问题。对于投资者而言，在全国任一交易市场都可以通过联网中心完成交易，其区别在于交易成本。当本地柜台交易市场交投较为活跃时，投资者开户的证券经纪商如果不具备该地柜台交易会员资格，那么由于其次序劣后于拥有本地会员资格的经纪商，则即使报价更优亦无法完成交易，其可能必须通过拥有本地会员资格的经纪商进行报价交易，从而使交易成本增加。

第四，全国联网有利于解决三板市场与中央登记结算公司的联结问题。

目前，我国主板市场在证券交易的登记结算上采"一对一"模式。这种模式的典型特点是：组织制度上，在一国（地区）证券市场上存在多个证券交易所（包括场内市场和场外市场）或者一国或地区只有一个交易所。每一个交易所有自己独立的登记托管清算结算系统，各系统之间基本上没有业务往来，整个市场处于相对分割状态。比如，我国主板市场中并存着两大证券交易所，它们各自都有自己的登记结算机构，专门服务于在该交易场所上市的股票或债券，相互之间很少有业务往来。运作制度上，采用"一对一"模式的国家（地区）一般是新兴市场，因此交投活跃。在运作中呈现出以下特点：托管上，一般是单一市场内实行中央托管；清算结算上，结算公司利用自身中央结算地位，充当买卖双方的交收对手，并为净额交收提供保证，交收风险完全由中央结算公司控制。显然，在未来三板市场中沿用"一对一"模式将使各地柜台市场不得不建立专门的登记托管清算系统和机构，在此基础上与中央登记结算公司进行协调，各自进行证券交易的清算交收。倘若在未来的三板市场中，各地的柜台交易市场分别与中央证券登记公司进行证券过户登记，无疑将过分加重证券登记公司的负担，使其疲于应付，容易造成过户登记业务的混乱。

对于该问题的解决，我国台湾柜台交易市场的经验可资借鉴。在托管上，台湾实行的是较为独特的"证券集中保管账簿划拨制度"，即建立证券集中保管公司，通过岛内联网，把证券交易所、证券金融公司、保管机构、债券自营商等纳入系统。其特点是：采用多层次账户管理模式，投资者的集中保管账户由证券商管理，称为二级账户；证券商的保管划拨账户由集中保管公司管理，称为一级账户。该系统采用净额交收方式，但交易所本身并不参与买卖,它在集中保管公司开设的账户是过渡性的,用以完成实际交易各方之间的交收。简言之,就是在各分散柜台联网的情况下,通过证券交易信息的统一处理,完成证券的过户和资金的交割,从而提高清算交收的效率。我们认为:未来三板市场中,在全国联网的情况下,通过联网中心对各地方交易柜台的证券交割数据进行统一处理后,再由联网中心单独与中央证券登记公司进行联系,从而使证券登记公司与三板市场相联结应当成为理想的选择。在此基础上,遵循净额交收的原则,可以有效避免因交易柜台分散可能产生的效率低下和业务繁杂问题。

第五,全国联网系统中应当包含原代办股份转让系统中交易的股票以及其他下市股票,可有效解决下市公司股权流动问题。接纳退市公司股票进行交易是三板市场的重要功能之一。通过对代办股份转让系统的改造,使其与全国联网系统相联结,可以有效解决历史遗留的下市股票转让问题。简而言之,三板市场的全国联网系统,不仅应当为上柜股票提供交易平台,也应为下市股票的交易提供渠道,使下市公司的股权流动问题在其系统内一并解决,以实现其多重功能。当然,该类股票的在上柜条件方面将与一般上柜股票存在差异,全国联网系统应为其提供技术支持。

由此可见,三板市场全国联网不仅可以有效避免因柜台分散可能导致的交投清淡状况,提高三板市场证券交易的整体效率,而且符合政府对全国金融发展的宏观规划和不同地区间的利益分配,还可以妥善解决如三板市场内证券统一过户、经纪商会员资格和下市公司股权转让等技术性问题。因此,基于现代电子技术的全国联网模式是未来三板市场发展的必然选择。

三、三板市场的上柜审核

(一)三板市场的审核体制

第一,未来我国三板市场在审核体制上,仍将延续由证券监管部门统一进行上柜审核的模式。但从现实操作层面考虑,由于三板市场存在大量地方柜台,随着市场的成熟与完善,采纳发行注册制度,由证券监管部门规定上柜条件,各地方市场根据法律法规自行审核将成为较为理想的模式。

由本书第二、三章的介绍可知，由于各国经济、法律、文化等方面存在较大差异，加上股票发行及上市所在的证券市场乃至金融市场的特殊性，各国在股票发行审核制度方面存在较大的差别。通常，学界将股票发行审核制度区分为两类，一是以美国 1933 年《证券法》和日本《证券交易法》为代表的公开主义为基础形成的注册制（registration），也称登记制或申报制，以美国证券市场为典型代表；二是以欧洲大陆国家公司法为代表的核准制（substantive regulation or merit standard），三板市场中亦是如此。在美国的注册制下，三板中的发行人遵循完全公开原则（full disclosure philosophy）①，就拟发行的股票向证券监管机构申请所谓"暂搁注册"并依法公开公司财务、业务等信息，证券监管机构对其申报公开的材料作形式审查而非实质审查与备案，在一定期限内，主管机构未提出异议的，其证券发行注册即发生效力。注册制所奉行的原则或理念主要有两条：一是发行证券自由原则，即发行证券的种类、时间、地点、对象、价格等问题均由发行人自行决定，属私法上的意思自治行为，政府行政权和他人不得干预，除非违反证券法和公司法上有关程序内容及禁止性规定。二是公开原则，即向投资者提供与公开发行相关的财务资料或其他信息，同时禁止证券发行中存在任何误导、欺诈和虚假陈述。与之不同的，在实行核准制的国家中，法律一般要求证券监管机构在审查证券发行人的发行申请时，不仅充分公开地披露企业的真实情况，而且必须符合有关法律和证券监管机构规定的必备条件；申请在经过证券监管机构或其授权单位的审查并获批准后，发行人方可发行。承前文所述，基于我国现阶段主板和创业板发行审核制度均为"核准制"的背景，根据中国证券法规的规定，股票发行审核由证券监管部门负责，该审核实际分为工作人员初审和发审委复审两部分，其中由抽选专家组成的发审委以投票方式进行的复审起着决定作用。根据我国实践中的做法，发行送审文件中实际应包括上市公告书摘要，因此我国的股票发行审核实际上也对拟进行的股票上市作出预先核准。这种制度安排所导致的后果是，证监会的发行审核基本上取代了上市审核，成为唯一的市场准入门槛。由于仅有为数不多的公司能通过发行审核从而成为交易所争夺上市资源的对象，进而导致上市审核流于形式。而在多数国家和地区，股票发行注册较为简单，上市审核则由

① 曾宛如：《证券交易法原理》，台湾元照出版有限公司 2006 年版，第 31 页。

证券交易所进行，该审核为主要程序，且具一定弹性。

我们认为：采取发行注册制模式，对市场参与主体、监管主体的综合素质及法制环境都有非常高的要求，尤其是必须具备清晰的投资者利益保护框架。2008 年爆发的美国金融危机，暴露出发达国家在其金融监管理念上过度放任的缺陷为世所公认。鉴于我国证券市场仍处于相对不成熟的阶段，注册制的实行是对目前审核体制的重大变革，在以证券市场安全、保护投资者利益为首旨之前提下，未来三板市场至少在初创时期应继续维持核准制的模式，由证监会设立专门的监管审核机构对上柜公司进行统一的实质审查。同时，应当注意到目前实行的核准制在主板市场和创业板市场的运作中已暴露出诸多问题，如若不加改进，未来势必对三板市场发展产生不良影响。这是由于，未来三板市场中申请上柜的企业数量巨大，远超过主板和创业板，如果不采取有效措施，将导致审核效率低下，从而影响三板市场发挥其应有的功能。依当前的审核制度，三板市场发行审核效率问题将较主板和创业板更为凸显：首先，审核时间过长。虽然根据规定，一般 9 个月内就可以完成发行上市（证监会审核 3 个月、交易所安排上市 6 个月），但实际时间远不只如此。出于对上市节奏的控制，根据以往的经验，证监会不时暂停新股发行审核，导致整个发行上市时间被人为拉长，而且期限不可预测，短则一两年，长则三四年。等到企业得以上市时，市场环境可能已经发生了很大变化。而三板上柜企业原本质量偏低，抗风险能力较弱，抑或规模较小，亟需资金的有力支持，难以预期的审核时间，极易导致三板企业错过发展机遇期。其次，审核标准多变，结果具有很大的不确定性。除了《公司法》明确规定的发行标准和上市标准之外，证监会还规定了其他实施发行审核的必备条件。在发行申请过程中，以上市政策形式出现的“证监会规定的其他条件”往往出现较多、较大的变化。即使是情况基本相同的公司，在不同阶段也可能会得到完全不同的结果，基本无法确定能否通过发审委的审核。上述问题，在三板市场中，将由于申请公司数量的激增而使矛盾更为突出，审核部门将难以承受过重的审核负担，这必将影响上柜审核的效率。因此，在维持证监会发行审核主体地位的前提下，应当在审核程序、上柜条件和机构人员设置上配之以与三板市场规模和结构相适应的制度框架，保障三板市场发行审核的效率和质量。

第二，从目前中国法律和各国的实践看，应该鼓励小额募集公司到三板上柜交易,降低其上柜成本。

前文已述,三板市场中引入小额发行制度,那么在上柜审核方面也应当有相应的制度与之配套。对于较小规模的募股或者不以立即上市为目的的募股,多数国家的法律往往不要求发行人履行注册申报程序或者仅需履行极为简便的备案程序,例如我国股份有限公司在股票国际配售中通常安排的欧洲私募、美国144A私募等均可免予申报注册,而在美国,安排其他的私募则仅须向SEC做管制较为宽松的F-6表格注册。作为三板市场的主要功能之一,为小额发行公司提供交易条件,其制度基础就在于通过简化上柜程序、降低上柜成本,使其设立过程更为顺畅。在总体上实行核准制的情况下,三板市场中的小额募集公司仅需要在证监会有关部门履行适当的备案程序,即可以在柜台交易市场上柜交易正是其题中应有之义。当然,未来应当赋予各地方交易柜台对小额发行公司上柜条件进行限制的适度权力,同时严格对小额发行公司应负有的相应的信息披露义务进行监管。考虑到未来三板市场中大量中小企业必然通过小额发行募集资金,对小额发行采注册制,必将通过豁免证券监管部门对其发行证券的审核,有效加快筹资速度、节约成本,从而从整体上提高三板市场的上柜效率。这对促进中小企业融资、恢复公司法功能有着重大意义。

总之,我国三板市场的审核体制,应当采取总体上延续证券监督管理部门设立专门机构进行统一实质审核,而对小额发行公司的上柜审核则引入较为简化和宽松的注册制的模式。未来,各类审核体制的取舍将基于当时法律环境和市场环境的适当判断的政策选择,然而,回顾西方证券市场监管的历史进程,以国家作为证券市场唯一的监管主体,政府承担所有的证券监管收益与风险的监管模式早已远去,各国证券监管的发展模式都经历了一个以政府单边治理为主到证券市场各方主体共同参与的过程。长期的监管理论与实践的发展,证券市场本身日益发展的复杂性、不确定性也使得这种多方参与监管程序与过程的监管模式日见缜密,并根据不同国家和市场的特质衍生出类似而又不同的各种监管模式。西方证券市场监管理念的变迁也许并不能完全适用于我国目前证券监管理念实际变革的需要;但可以肯定的是,结合我国证券市场发展的实际情况,吸收国外发达证券市场监管模式的历史经验,我国未来三板市场的审核体制必然朝着基于信息披露的、政府监管为主体的、市场各方有效组织与参与的共同治理模式方向发展。

（二）三板市场的上柜条件

上柜审核条件与三板市场的功能密切联系，功能定位决定了审核条件的具体方面和总体标准。对三板市场功能的不同诠释将带来对上柜条件的不同法律设计，从美国 OTCBB 市场、英国的 AIM 市场到我国台湾地区的柜台交易市场，上柜条件无不是围绕其三板市场的功能而设定。如果三板市场的功能不确定，则将导致其上柜条件也存在一定弹性。作为多层次资本市场中较基础的一环，三板市场中上柜企业的规模和质量都不可与在主板、创业板中上市的企业同日而语。根据世界各国的具体实践，三板市场的上柜条件总体上都远低于其本国或地区主板和创业板的上市条件。以美国市场为例：与 NASDAQ 相比，OTCBB 门槛很低。[①] 它对企业没有任何规模和盈利的要求，只要经过 SEC 核准，有 3 名以上证券商愿意为该证券报价做市，就可向 NASD 申请挂牌，挂牌后企业按季度向 SEC 提交报表，就可以在 OTCBB 上市流通。OTCBB 既没有严格的挂牌条件和标准，也不提供自动交易执行体系；既不与证券发行公司保持联系，其报价券商所承担的义务也与 NASDAQ 不同。因此，我国未来三板市场对于上柜条件的要求总体上应当秉持降低门槛、放宽条件，为不符合主板、创业板上市条件的股份有限公司，为小额募集公司、下市公司股权提供流通渠道的基本定位。同时，为了保障我国三板市场的成功建立，我们认为：在初创时期可以采取适度的相对严格的上柜条件以保证上柜公司的质量，维持交投活跃度，待市场整体趋于稳定、进入轨道后，再进一步根据市场状况放松上柜条件。

具体而言，根据多数国家或地区的法律，结合我国三板市场的功能，我们认为在上柜条件方面应当包括如下事项：

1. 经强制审计的持续的营业记录和积极的财务记录

多数国家（地区）的证券法规对于申请上柜的发行人公司设有连续营业记录的要求，某些国家或者地区的法律还要求上柜申请人同时达到诸如在一定时期内拥有一定利润量的积极的财务记录要求。以我国台湾地区证券法规为例，在设立年限方面，上柜公司必须依公司法设立登记满两个完整会

---

① 参见 http://www.nasdaq.net/PublicPages/Listing Standards.aspx，http://www.otcbb.com，最后访问时间 2010 年 12 月 12 日。

计年度,兴柜公司需要一个完整会计年度。在获利能力方面,要求上柜公司合并会计报表中税前纯收益最近一个会计年度不低于新台币 400 万元,其占股本的比率最近年度达到4%以上且最近一个会计年度没有累计亏损,或最近两个会计年度税前纯收益占股本的比率平均达到3%以上,或最近两个会计年度平均达3%以上,且最近一个会计年度的税前纯益占股本的比率高于上一年度①;而对兴柜股票,只要求最近一个会计年度无累计亏损。我们认为:对于未来在我国三板市场上柜的公司,应当要求其具备一定年限的持续营业记录(比如在限售期内的公司股票即不得上柜),同时在公司业绩方面,也必须具备积极的财务指标(比如财务报表无重大违规),在初创时期可以参照台湾地区上柜条件对公司利润率设置一定门槛,以保证上柜公司的质量和发展潜力,否则,如果对任意类型的财务困难公司听之任之,不仅不利于三板市场的健康发展,也易导致欺骗投资者、损害投资者利益行为的发生。上述营业记录与财务记录必须经过注册会计师的审计,只有强制审计才能保证财务指标之可靠性,为三板市场的健康发展打下良好的基础。未经审计并出具无保留意见的审计报告的公司不能在三板市场上柜,是避免出现上柜指标形同虚设后果的重要手段。

应当指出的是,对于下市公司而言,此项条件较难满足,这是由于:此类公司的财务表现多为其下市的主要原因,而多数情况下其下市前的财务状况已经不符合上柜条件。故此,本书认为,为便于该类公司股票进入全国联网系统进行交易以为公司重生提供可能,在转板法律制度设计上,至少在上柜初期,应当为其设定例外,即允许下市公司以低于一般上柜公司的盈利性标准(甚至不做盈利性要求)进入三板市场内交易。另一方面,为防止公司质量过低而影响三板市场健康发展及损害投资人利益,对此类公司在三板交易时在财务记录上的例外标准可以设置一定的期间范围,即超过一定年限仍不符合在三板市场上柜一般盈利性条件的,应当强制退出三板。

2. 不符合主板、创业板上市条件的股份公司股票可以自由转让

从我国三板市场的功能上看,在三板上柜的公司无法达到主板、创业板的上市条件,因此,在设计上柜条件时,应当考虑总体上必须低于主板、创业板的上市标准。同时,一旦上柜公司符合主板或者创业板的上市条件,则应

① 曾宛如:《证券交易法原理》,台湾元照出版有限公司2006年版,第111页。

当允许其转到主板或者创业板中进行交易。另一方面,多数国家的股票上市上柜规则中,都要求发行人公司章程和所在国法律对于股东权利和股票的自由转让提供可靠的保障,否则该股票将被视为不适宜上市或上柜的股权。同理,在三板中上柜交易的,应当是公司章程中允许自由流转的股票。这意味着:有限公司的股份由于其受到公司章程中股东优先购买权的限制而必然无法上柜交易,甚至在股份有限公司章程中对股票的自由流转进行限制,也将导致该公司股票无法在三板市场中转让,只有在修改公司章程之后,排除了股票自由流转的障碍,公司股票才可能得以上柜。

3. 具备一定的持股分散度

多数国家(地区)对于上柜公司的公众持股比例和持股分散程度设有具体的要求,比如根据韩国科斯达克市场的规定:募集或上柜出售时,申请日已有500名以上的小股东且其资本占总资本的30%以上的,应符合下列要件之一:(1) 审查申请当日小股东的持股比例超过30%以上的,审查申请后10%以上募集;(2) 审查申请当日小股东的持股比例不足30%的,审查申请后20%以上募集。自有资本超过500亿元的法人,上市申请当日保有500名以上的小股东,且审查申请后其募集持股为10%以上,同时要持有符合其自有资本的股份。[①] 直接上柜时,审查申请当日小股东人数为500名以上,且该小股东通过募集程序的持股比例为30%或10%以上,同时持有符合其自有资本的股份。我国台湾地区证券法规规定,上柜公司持有股份1000股至5万股的记名股东人数不少于300人,且其持有的股份总额合计占发行股份总额的10%以上或逾500万股,在股票承销时,如果上柜公司达到上述股权分散标准,则承销时应提出实收资本额10%或1000万股办理承销;如上柜公司未达到上述股权分散标准,则承销时股本在5亿元以下的应提出20%份额办理承销,股本在5至10亿元之间的为10%,股本在10亿元以上的为4%。推荐证券商必须自行认购总承销股数的10%—25%。而兴柜公司持有股份1000股以上的股东达到300人以上即可。这是由于三板市场中的交投原本就较主板、创业板市场清淡,如果不具备一定的持股分散度,股东数量过少,将使股权的流动性更加低下。在当前我国证券法框架内,我

① 自有资本为500—1000亿元的要持有100万股以上,自有资本为1000—2500亿元的要持有200万股以上,自有资本为2500亿元以上的要持有500万股以上。

们认为三板市场上柜公司的股权分散程度不需高于主板、创业板的上市条件，但其股东人数应满足多于100人而又不超过200人的条件，同时这些股东必须持有一定数量的股份，甚至对其持股总数也可作一定要求。只有保证一定的股权分散度，才能维持三板市场中交投的活跃。

鉴于我国《证券法》对公开发行的规定，中关村科技园区代办股份转让系统(即所谓“新三板”)2012年以前对交易主体采取了诸多不合理的限制措施，其中最为明显的是对“新三板”上柜公司股东人数不得超过200人的规定。这不仅违反了对上柜企业股权分散度的要求，违背了三板市场设立的基本宗旨，也是与世界各国的证券监管政策背道而驰的。三板市场立足于为非上市公司提供股权自由流转的平台，故活跃的交易状况是其健康发展的重要保证。限制三板公司股东人数的规定仅是为了避免被视为公开发行的法律问题，而事实上造成大量投资人被排除在三板市场之外，市场交投清淡，部分企业面临必须有人卖出，才能有人买进的尴尬局面。本书认为，限制市场进入者的人数，实际效果等同于剥夺了市场参与者交易的权利，严重阻碍股权交易进行，限制了交易规模；其混淆了发行与交易的区别，我国《证券法》第10条对发行人数进行限制的意义在于区别公开发行与私募，即使是非公开发行的三板公司，对于其发行后的股东人数也不应进行限制，上述规定与发展三板市场的基本规律和经验相矛盾，是相当错误的。如前文已述，三板市场上股权的流转应当是自由无碍的。因此，《非上市公众公司监督管理办法》对上述限制的放开标志着我国证券法制的又一进步。

4. 利益冲突排除规则

一般认为，发行人公司的控股股东(及关联人士)与发行公司正在从事或即将从事的营业可能存在同业竞争、重大关联交易或其他重大利益冲突的，其将被认为不适宜上市。同理，三板市场上柜公司与其关联人之间存在利益冲突的，亦不应允许其股票上柜交易。比如，我国台湾地区财团法人证券柜台买卖中心证券商营业处所买卖有价证券审查准则第10条第一项各款规定不宜上柜的情形，其中第3款：财务或业务未能与他人独立者。如申请公司与他人签订对其营运有重大限制或显不合理之契约，致生不利影响之虞者。与他人共同使用贷款额度而无法明确划分者。[①] 因此，我国三板市

① 曾宛如：《证券交易法原理》，台湾元照出版有限公司2006年版，第113页。

场的制度设计中,也应对存在利益冲突的情形予以规制。应当注意的是,如果所涉及的利益冲突并不具有严重性,那么也可以通过适当的合同安排加以解决,所以在法律规定中可以设置一定的放宽、放缓的条件。

5. 发行人承诺负担上柜后的持续性责任

在各国(地区)证券法实践中,证券交易所为了指引法律冲突的解决,往往要求发行人公司及其董事签署旨在承担上市后持续性责任的协议文件,并以此作为股票上市的条件。例如,我国台湾地区柜台交易市场在此方面即有如下规定:(1) 承诺事项追踪。在公司申请上柜过程中,上柜部或审议委员会往往会要求发行人附加承诺一些条件。由于其多数是中小型企业,家族化管理痕迹显著,最大的问题是董事和监事不独立,多由亲戚朋友担任,此时审议委员会便要求公司上柜后必须增加一定席位的外部独立董事、监事。(2) 重大信息披露。规定上柜公司凡是发生对财务、业务有重大影响的事件,在事实发生的第二天必须对市场公告。(3) 平时及例外管理。柜卖中心定期对上柜公司进行检查并将结果向市场披露,同时对公司发生的例外事件也及时进行了解。(4) 财务报表的审阅。上柜公司的年度报告、半年报告要经过会计师查阅鉴证,季度报告要经过会计师核阅。由此可知,发行人及其董事通常须承诺的责任主要包括股票上市后的持续性信息披露责任、董事权益公开责任、关联交易公开责任、法定年报披露责任、避免利益冲突责任、适用上市地法律和上市规则事项等。依据这一制度的原理,我们认为:三板中发行人公司及与之相关的当事人同样有责任真实、准确、完整且无误导地披露与拟发行股票有关的一切信息;及时、准确、持续地披露与已上柜股票价格和利益有关的一切信息;对发行人的披露信息予以强制审计;抑制和避免一切影响持股人重大利益的欺诈或误导行为、内募交易行为、损害小股东利益的行为、同业竞争行为、关联交易行为和其他利益冲突行为,以保障上柜股票在公开、公平和充分知情的市场中交易。在上柜协议中明确相应的持续性责任,使发行人公司充分理解其将要承担的法律责任,充分理解违反此类责任的后果,对于公平有效地发挥三板市场的股票融资功能,增强上柜企业的发展后劲,保障三板市场的健康发展都具有极其重要的意义。

另外,在资本额方面,大多数国家(地区)对上柜公司规模的要求都远低于在主板、创业板中上市的企业(比如我国台湾地区证券法律规定,上柜公司的实收资本额必须达到新台币5000万元以上,兴柜公司的实收资本额则为新台币3000万元以上,远低于上市公司6亿元以上的标准)。有些国家(地区)甚至未提出明确的注册资本或实收资本要求,如韩国的科斯达克市场,为了提高其国际性,废除了资本金、负债比率的上市条件,同时为了正确表示企业规模引入了“净资产条件”这一规定。鉴于我国三板市场的功能中,为不符合主板、创业板上市条件的股份公司股权提供融通平台的基本定位,我们认为:未来我国三板市场不必要对上柜公司的资本额作过多要求,即使在政策制定中,出于对上柜公司质量的考虑而对资本额作硬性规定,也必须远低于主板、创业板中的相关要求,以免对众多具备发展潜力的中小企业上柜交易构成障碍。

四、三板市场交易制度研究

(一)证券商报价制度与非强制性做市商制度

三板市场作为场外交易市场,在价格形成机制方面,不能采取主板、中小企业板和目前的创业板所实行的单一的指令驱动的集中竞价方式,而必须以证券商报价驱动制度为核心,同时引入非强制性的做市商制度。这不仅是西方发达国家三板市场多年发展的成功经验,而且其设计和实施的制度细节直接关乎一国三板市场的成败。

场外交易市场的一个重要特征就是交易通过报价证券商进行。国内外证券市场发展的历史证明,流动性是一个市场是否有效和稳定的根本性要素,也是三板市场健康发展的关键。美国的ECM市场和英国的USM市场就是因为市场流动性不强,被迫于1995年和1996年关闭。三板市场中,上柜股票交投普遍较主板、创业板市场股票清淡,竞价交易的土壤不复存在,这使得引入证券商报价制度成为必然:

第一,这是保持三板市场流动性的需要。流动性是证券市场发展的首要前提,缺乏流动性将使委托不能成交,那么市场就失去了存在的基础。电子竞价交易机制(连续竞价和集合竞价)功能的有效发挥,建立在已经存在相当大的市场规模和容量的基础之上。当交易量极度萎缩时,由于供求不足,成交会非常困难。在三板市场中,上柜公司质量相对较差,股票投资者交易愿意较低,这种情况下,证券商报价制度将显示出绝对的优势,因为报价券商在市场中作为交易对手而存在,其首要任务即在于维持市场交易的即时流动性,避免市场在某一价位上缺乏交易对手,矫正投资者的不合理预期。

第二,这是维持三板市场稳定性的需要。价格稳定性是股市正常运行的重要条件。如果价格波动过于剧烈将使市场的投机气氛浓厚,理性投资者就会远离市场。三板市场个股规模较小,极易出现价格剧烈波动的情形。实行证券商报价制度,对于市场上容易引起价格较大波动的过度推高价格的过大买盘或过度推低价格的过大卖盘等买卖指令不均衡状况,报价券商能够通过推迟或者豁免发布这些交易信息、及时处理大额指令、承接买单和卖单、缓和买卖指令的不平衡等措施来抑制价格剧烈波动,从而达到稳定市场的目标。

第三,这是提高三板市场实际透明度的需要。市场透明度广义上是指有关上市公司的重要信息向市场公开披露的程度。狭义上,是有关股票交易信息公开披露的程度,包括交易前和交易后的信息透明度。在不同的交易制度下,信息传递的速度和方式不同,透明度也就不同。电子竞价市场虽然能够适时传递汇总的交易委托和交易结果的信息,但仍然存在严重的信息不对称问题。这是因为投资者根据市场公开披露的信息进行交易时,一方面可能分析能力有限,另一方面存在一部分拥有内幕信息的人。而报价券商对市场信息的掌握和分析能力远远超过普通投资者,对那些内幕知情交易者的做庄行为也有一定程度的威慑力。因此,证券商报价制度对指令信息的透明度不如竞价市场,但报价券商可以对上柜公司的各种交易信息来源进行综合分析,实际上提高了市场的透明度,才使得投资者对原本不了解的公司进行投资。

证券商报价驱动系统是一种连续交易商市场,证券交易的买价和卖价都由报价券商给出,报价券商根据市场的买卖力量和自身情况进行证券的双向报价。投资者之间并不直接成交,而是从报价券商手中买进证券或向其卖出证券。报价券商在其所报的价位上接受投资者的买卖要求,以其自有资金或证券与投资者进行交易,其收入来源即为买卖证券的差价。目前,国内学界多将证券商报价制度简单等同于做市商制度,甚至将两者相互混淆,在进行描述时不加以区别。实际上,做市商负有特定的做市义务,它是经过证券监管部门批准的,与发行人签署协议,得到发行人许可,承诺对发行人证券负有在交投不活跃时的做市义务,保障该证券的交投达到一定程度,自身可以储存买卖的报价券商。而证券商报价制度是一种区别于投资者指令驱动机制的价格形成机制。做市商制度实质是在证券商报价基础上,允许各证券经纪商自行储存和买卖其客户所报买或报卖的证券。做市商是通过提供买卖双边报价为证券制造市场的证券商,因此由其参与并组织的交易制度被称为做市商制度。由于做市商需用自有资金连接证券买卖双方,组织市场交易活动,为证券创造出转手交易的市场,维持市场的交易量和流动性,因此做市商又被称为"市场创造者"。[①] 目前对于证券商报价制度和做市商制度概念的混用,主要原因在于许多国家在实行证券商报价制度的市场中对报价券商往往克以做市义务,要求在允许其对证券储存买卖的同时,必须以其自身为交易主体维护特定证券的流动性和价格的稳定性。诚如本书第三章对创业板市场交易制度所作的分析,在某些市场中,报价券商因法律规定而强制性地负有做市义务,在这种情况下,报价券商和做市商在具体的人格主体或语义指代上存在重合的现象并不存在问题。但本质上说,证券商报价制度和做市商义务或功能在概念上属于两个不同层面的问题。而事实上,证券商报价制度也并不是必然与强制性做市制度相伴相生的。

2000年后,香港市场在股票现货交易市场推行以竞争性报价为主,证券商报价为辅的交易制度,投资者的报价与证券商的双边报价共同参与集中竞价。其特征是投资者的交易对手不一定是报价券商,报价交易通过交易系统自动配对,自动配对的原则是价格及时间优先,报价券商除了负责输入报价确保指定证券有合理的流通量及买卖差价,其他方面的地位与普通经纪并无两样,无买卖优先权。而只有在证券商负责的证券交投稀少时,才显现做市责任;所负责的证券交易活跃时,做市商无做市义务。可见,只有在负特定做市义务时,报价券商才能被称为做市商。做市商最大的特点在于其因负有做市义务得自己储存买卖证券,是通过主动参与、合法维护一只

---

① Alan R Palmiter:*Securities Regulation examples & explanations*,中国方正出版社2003年版,第255页。

股票流动性和股价稳定性的独立证券交易商。这与证券市场中的“违规操纵股价者”的做庄行为不同,两者的区别主要表现如下:第一,目的不同。做市商运作的直接目的是为了保障个股交易的连续性,以避免有行无市的现象发生,其基本职能就是公开持续报价并作为交易一方当事人随时按照投资者意愿进行买卖。而做庄目的在于通过做庄来获取巨额利益。第二,承担的风险不同。在交易风险上,做市商如果报出某只股票的卖价后,持续无市,该做市商就必须进一步降低该股票的卖价甚至低于当初做市商的买入价,直至该只股票有一定的成交记录,因此做市商存在着制度性亏损的可能,而庄家做庄的风险主要来自于信息泄漏或失误、庄家内讧等而非制度的内在要求。第三,行为透明度也存在差异。在行为的透明度上,做市商的做市行为完全依据公开的信息,而庄家在做庄过程中,对其“庄股”是严格保密的,往往想方设法收集、利用内幕信息甚至散布误导性信息,诱导跟庄者“上钩入套”。应当指出的是,当市场上的交投较为清淡时,由于做市商负有做市义务,其储存买卖的行为是其做市功能的体现,不存在违法的情况,但是如果市场中报单较多,交易活跃,由于做市商的特殊地位则可能出现如做市商通过“策略性的合谋”人为地扩大报价价差,提高做市收入,增加投资者交易成本;揭示的数量少于实际委托数量;接受委托至揭示委托的时间超过规定时间等违反信托法上的忠实义务,违背客户利益的行为。这种情况下,做市商擅自进行的储存买卖行为则可能构成违法。

1996 年法国在设立新市场(Nouveau Marche)时,为了增强新市场证券交易的流动性,在采用竞价交易制度为主的同时,也引入了类似于做市商制度的上市推荐人制度。根据新市场规则规定,上市推荐人具有两方面的职能:首先,协助新市场证券的上市,具体包括帮助发行人准备首次上市所需的公开披露文件,并采取必要的措施保证这些文件不存在误导和不一致的内容;出版发行人上市当年和未来两年的财务分析报告;促进该证券上市后的交易等工作。其次,在巴黎证券交易所批准后,为上市证券提供做市,做市期不少于 3 年。如果在与发行人协商后,另一家做市商同意在剩下的时间内为该证券做市,巴黎证券交易所可以缩短上市推荐人的做市期。如果一家上市推荐人仅提供推荐上市的服务,在证券上市后不提供做市,那么他必须获得另一家做市商对该证券提供做市的承诺,并经巴黎证券交易所的批准。上市推荐人也可以不担任某一具体证券的上市推荐人,仅注册为该证券上市后的做市商。由此可知，做市商也不是简单的保荐人，法国新市场中负有的上述承诺性做市义务是强制性要求。

事实上，证券商所负的做市义务并不必然与证券商报价驱动制度相联系，在多数国家的三板市场中并不对报价券商强制克以做市义务。在美国OTCBB市场，证券商只能对可报价的证券进行报价。若一证券商没有对某一证券做市，那么其必须就该证券填写“211表格”并提交该表来使之变成可报价的证券；若一个证券商在过去的30天里至少有12个工作日对某一证券报价并且任何在连续的四个工作日内至少有一次报价，那么该证券也成为可报价证券。另外，对于在OTCBB之外的交易系统上报价的本国证券，如果满足上述规定，也可以被认为是可报价证券。[①]

我们认为：未来我国三板市场应当实行证券商报价驱动与非强制性做市商相结合的制度。所谓非强制性做市商制度是指在证券商报价制度下，三板上柜公司的股票可以由未承诺做市义务的证券报价商负责报价，此时，报价券商只负责相关证券的报价而不需履行维持该证券交投活跃的做市义务；而另一方面，如果发行人能够与具备做市资格的特许报价券商签订含做市义务的协议，由该特许券商负责对该证券做市，则由该做市商负责报价。这意味着：并非每个上柜公司都必须拥有相应的做市商为其做市，对报价券商而言，不需要为三板市场的证券报价负担过重的义务；对发行人而言，自愿性的做市商制度可以在一定程度上降低上柜成本。当然，应当看到，实行非强制性做市商制度虽然在政策层面赋予了当事人更大的选择空间，但同时也预示着该类型市场潜在着更大的风险。这是由于在强制性做市商制度下，每一证券都有若干证券商以自身作为交易主体为其“做市”，在一定程度上保障了证券的流动性和价格的稳定性。反观之，一旦在三板市场中的某些证券不依靠证券商为其“做市”，那么很可能使该证券在交投活跃程度上无法得到保障，股价起伏较大，甚至一直低迷，从而使投资者面临较大的风险。这种情况的存在是与三板市场的定位密切联系的，或者说市场功能决定了三板允许在交易制度的价格形成机制和市场保障措施中，预留相较于主板和创业板更大的制度空间。作为多层次资本市场的基础部分，一方面，投资者应当预见到三板市场存在着的固有风险，许多企业质量较低、实力薄

---

① NASD：*Securities Regulation In The United States*，Third Edition，pp. 7—8.

弱,可能在激烈的竞争中被淘汰;另一方面,三板市场又是培育未来优质企业的摇篮,许多潜力巨大的企业处于其发展的幼稚阶段,无法承担过大的资本市场运作成本,必须依靠优良的制度扶持以迅速走向成熟。在这种功能定位下,只有在制度层面给予更大的选择空间,赋予市场主体更多权利,允许市场参与者遵循商事法律规范"买方自慎"和"卖方自慎"的原则,才能发挥其最优的功效。

(二) 证券报价制度对我国经纪人制度的冲击

首先应当指出的是,诚如前文第三章所述,证券商报价制度的引入将使创业板中投资者与经纪人之间的投资关系面临重大改变,原本简单的委托代理关系将难以适应市场决策的实际需要,而信托法律关系的适用在理论上仍存在巨大障碍,届时可能面临如日本资本市场中将投资者和经纪人间的合同关系界定为"一定比例范围内的全权委托"的局面。这种状况同样在三板市场中存在,而同时三板市场由于其基本格局和交易模式的特异性,又将面临不同地区柜台交易会员资格和交易次序的问题,对该类问题的解决将推动我国经纪人制度的根本性变革。

采取证券商报价制度,与目前交易所的会员制类似,不同的柜台交易市场可以拥有自己的报价会员,自行撮合买卖,拥有同一交易柜台会员资格的报价券商之间优先成交,将对目前的证券经纪人制度造成冲击。承上文所述,三板市场中由于上柜公司实力较弱,不可能采取主板市场的集中竞价交易制度。引进证券商报价制度,由经审核批准的券商,持续地向公众投资者报出某些特定证券的买卖价格(双向报价),可以有效地提高交投的活跃程度,成为三板市场交易制度的必然选择。在全国联网的情况下,各区域性交易市场与中央报价系统联网,一个报价券商既可能同时作为每个区域性交易市场的会员,也可能只拥有部分区域性交易市场的会员资格。其结果是三板市场中将呈现出与集中交易所市场统一会员制不同的局面:每一区域柜台内,经纪人可能因具备在全国范围内的报价会员资格,从而可以在任意区域市场内从事证券报价业务,也可能仅具备单一或部分交易柜台的会员资格,而无法在特定的柜台市场进行交易。这样,具备特定柜台交易会员资格的经纪商与不具备会员资格的经纪商在撮合交易的时间上将存在先后次序问题。由前文可知:在全国联网交易的情况下,拥有特定柜台交易市场会员资格的券商在法律规定的一定时间内可以优先撮合成交,在该时间段内,优先考虑具备本市场会员资格的证券商的报价,只要符合条件,即可成交;而超出该规定时间段,则通过全国联网中心,全国其他柜台交易市场会员的报价亦可成交。对于投资者而言,在全国任一交易市场都可以通过联网中心完成交易,其区别在于交易成本。当本地柜台交易市场交投较为活跃时,投资者开户的证券经纪商如果不具备该地柜台交易会员资格,那么由于其次序劣后于拥有本地会员资格的报价券商,即使报价更优亦无法完成交易,其必须通过拥有本地会员资格的报价券商进行报价交易,从而使交易成本增加。这意味着,在证券商报价驱动作为三板市场的基本交易制度后,现有的经纪人制度将难以适应,从而催生多层次经纪人制度。未来的三板市场中,为了降低交易成本,争夺客户资源,各会员经纪商将不得不在各地柜台市场派驻相关的报单员(即所谓“马甲”)。从投资人角度看,交易制度的变革引起证券公司经纪业务的重大变化,产生类似美国传统的“街名”制度,即股票投资人可以将其股票名义权利登记在证券经纪人、金融中介人或其他受托人名下,而其权利则受到公司法、信托法和特别法规的保护,证券公司下属的部分经纪人将专门负责拉拢、联系客户。这将使得我国原本单一功能的经纪人制度,向多元化、多层次的成熟方向发展。

(三)三板市场的交割结算制度

三板市场因其在基本布局和交易结构上的特异性,不能完全采用主板、创业板中的交割结算制度,必须创设与之相匹配的模式。总体上,我们认为,三板市场在证券的交割与资金的结算上,采取不同的方式:证券过户经过联网中心,与中央证券登记公司进行统一的交割;资金结算方面,采取两段式,在每个柜台交易市场内进行的流转交易,当天本市场的会员间即可进行结算,凡是涉及其他市场交易会员的,则需再进行一次结算。

第一,应当遵循柜台交易与跨地区交易相统一的交割结算原则。

在全国联网交易的情况下,虽然存在分散的柜台交易市场,但相关结算数据应当有统一的处理方式和技术标准。股票的转让过户应当由中央证券登记结算公司统一管理,倘若在未来的三板市场中,各地的柜台交易市场分别与中央证券登记公司进行证券过户登记,无疑将过分加重证券登记公司的负担，使其疲于应付，容易造成过户登记业务的混乱。因此，通过全国联网中心对各地方交易柜台的证券交割数据进行统一处理后，再由联网中心单独与中央证券登记公司进行联系，从而使证券登记公司与三板市场相联结，应当成为理想的选择。这种情况下，联网中心实际上作为各地分散柜台的代表，与其共同对手方中央证券登记结算公司进行证券的统一过户处理。

第二，应当遵循柜台交易与统一交割结算相衔接的原则。

三板市场中毕竟存在若干交易柜台，各地方交易柜台之间、各交易柜台与联网中心之间的利益应当予以平衡协调。这主要体现在：资金结算问题与证券过户登记不同，我们认为，在地方柜台市场内部形成的交易，其股份的转让只发生在特定柜台之中，而与其他柜台市场不发生关系，故可以允许其本市场的会员在当日即完成结算。由此，从柜台交易与全国联网交易的层面上看，地方柜台内的交易在其现金结算问题上可以自行解决，不需经由全国统一的结算系统进行分级结算。在这种情况下，本地的券商应负一定的结算责任，即在合同中应当约定券商所代理买卖的股票都经其结算，且保证当日无负债，钱券两讫。当然，在涉及其他柜台交易市场会员的买卖中，仍存在统一结算的问题：在跨市结算的情形下，与过户登记类似，需要通过全国联网中心进行资金结算数据的统一处理。这样，先由联网中心作为各地方交易柜台的共同对手方进行资金数据的统一清算处理，再由联网中心单独与中央证券登记结算公司进行二级结算。总之，在三板市场的资金结算上，不宜过于绝对化，既不能完全照搬现行场内交易所的统一清算模式，也无法彻底实行各地柜台交易所各自为政的分散结算方式，在制度设计上应给予一定的弹性。

第三，采取周期时间较长的滚动交收结算时间安排。

在中国现阶段的证券市场，稳定性与流动性还存在较大矛盾，但从保护投资者利益的角度出发，维持三板市场的稳定性应作为首要的考虑因素。所以，在证券商报价制度下，对普通投资者股票的清算交割依然应当坚持实行 T+1 制度，甚至采取 T+2 或 T+3 规则，以防止过度的投机操作。

五、三板市场的信息披露问题

（一）三板市场信息披露的重要意义

信息披露制度是证券市场上的有关当事人在证券发行、上市和交易等一系列过程中依照法律、法规、证券主管部门管理规章及证券交易场所等自律监管机构的有关规定，以一定方式向投资者和社会公众公开与证券有关的信息而形成的一整套行为规范和活动准则。[①] 它作为证券法中一项重要而独立的制度，不仅要求发行人和承销人负担募股之前和过程之中的信息披露责任，而且对发行人公司及其控股股东或实际控制人克以上市或上柜后的持续性信息披露义务。依此制度，发行人及相关当事人有责任真实、准确、完整无误地披露与拟发行股票有关的一切信息及与已发行股票价格和利益有关的一切信息，有责任抑制和避免一切影响持股人重大利益的违反诚实信用的行为。信息披露制度的产生，从证券市场投资者角度看，是基于其对于自身所购买的证券上的权利大小的知情权。投资者有权了解相关证券代表的净资产和可能获取的利润收入，倘若发行人不予告知或加以隐瞒，则有可能构成欺诈。从政府角度看，证券市场充满不确定性和风险性，为了弥补市场缺陷及其所导致的弊端，国家无法满足于"守夜人"的消极角色，而不得不主动干预、调节国民经济运行，从而克服市场痼疾，实现社会资源最优配置，信息披露则是进行监管、干预的重要手段。作为多层次资本市场的重要组成部分，三板市场的信息披露制度是监管体制中的核心，当代世界各国的三板市场无不强调其重要意义：

第一，有利于保护三板市场投资者，特别是公众投资者的利益。

信息披露制度最根本、最直接的目的在于保障投资者利益。证券市场依靠投资行为作为支撑，投资行为保证证券发行的实现和适度的证券交易规模，其基础来自投资者对证券市场的信任。在三板市场中，虽然由于其性质将导致社会公众投资者比例较其他市场大为降低，但仍不可否认其存在。

① 孔祥俊：《民商法热点、难点及前沿问题》，人民法院出版社 1996 年版，第 283 页。

这种信任相比证券市场的其他主体而言，对于较弱势的社会公众投资者尤为重要。三板市场中公司规模较小，质量普遍较低，风险较高，更易因投资人对市场信任度的降低而导致市场波动。在证券市场上，发行人与券商在市场中居于主动的强者地位，极易形成对市场信息的垄断，而投资者处于弱者地位，很难获得正确决策所需的充分信息。三板市场的上柜公司，其在上柜审核之时门槛较低，小额发行公司甚至仅需履行注册登记程序，这使得投资者对其证券的信任程度原本就低于主板、创业板。信息披露制度可以保证投资者获得必要、充分的信息，并为投资者投资于公平价格的证券创造最基本的条件，从而提高投资者信心。信息反映越充分及时，发行公司的透明度越高，投资者作出准确投资判断的可能性就越大。信息披露的质量越高，证券的价格就越公平，投资者获利的可能性也就越大。反之，对信息披露制度的忽视将严重影响投资者信心。投资者，尤其是社会公众投资者，对上柜公司的重大信息无法掌握，对于其投资利益无疑将带来最直接的损害。

第二，有利于防止信息滥用和证券欺诈。

证券欺诈不仅破坏证券市场秩序、侵害社会公共利益，也损害投资者利益，因此禁止证券欺诈是证券法的重要任务之一。实践中，证券欺诈常伴随着公司上市上柜信息的隐匿，信息公开的程度不够，公司发起人、内部关系人和证券承销商容易垄断公司信息，造成投资者不能直接或间接获取公司的相关信息，证券市场无法显示该证券的真实价格。三板市场中同样存在上述问题，信息披露制度的建立，将极大地降低发行人散布虚假信息、隐匿真实信息或滥用信息操纵市场的可能性，成为证券欺诈难以逾越的屏障。

第三，是提高三板市场效率的重要手段。

证券市场效率体系的核心是推动社会资源向高盈利投资领域流动。在证券市场上，投资回报是与证券市场价格密切相关的，也是与证券的潜在市场价格相互关联的，以较低价格买进并以较高价格卖出证券，是投资的基本准则。而要保证这种效率的实现，必须使有效的市场信息得以充分、准确、及时地公开和披露，并使每个投资者都可以借助公开的信息进行证券投资的决策。一般情况下，三板市场由于其证券质量较低，交投较主板和创业板市场清淡，市场效率较低，而信息披露制度使市场更为公开、透明，对于促进交投活跃有重大作用，在这个意义上，信息披露特别是强制信息披露发挥着保证三板市场效率的作用。

第四，既是对三板市场进行监管的有效方式，又有利于上柜公司改善自身的经营管理。

信息披露使证券监管部门可根据上柜公司披露的信息资料，有针对性地进行监督和审查，以保证上柜公司质量，引导投资方向，规范投资行为，及时发现和查处违法违规的市场活动，促进证券市场高效运营，确保三板市场稳定和健康的发展。同时，这种以信息披露为核心的监管模式也将促使上柜公司努力改善自身的经营管理，这是其接受社会公众监督的重要方式。上柜公司在投资者的影响下将自我约束、自我完善，提高经济效益，努力扩大其社会影响，提高企业知名度，以保持或增强其对投资者的吸引力，否则投资者将“用脚投票”，果断地行权退出，选择其他投资目标。

（二）发行人及相关人的持续性信息披露责任与强制审计

鉴于三板市场信息披露规则的重要意义，在未来三板市场的建设中应当坚持强化发行人和相关义务人的持续性信息披露责任的基本原则，并以强制审计的方式保证信息披露行为的法律约束力，维护投资人的合法权利。

根据信息披露制度的一般原理和世界各国（地区）的实践，三板市场的发行人及相关人员或机构在上柜前后应当持续性向投资者和社会公众公开与证券有关的影响证券价格和投资者利益的一切信息。我国台湾地区“证券交易法”规定，只要是依照该法发行有价证券的公司就应该于每个营业年度终了后四个月内，公告并向“金融监督管理委员会”申报经会计师查核签证、董事会通过及监察人承认之年度财务报告，这是所有依法发行证券的公司的义务。同时，发行人还应于每半营业年度终了后两个月内，公告并申报经会计师查核签证、董事会通过及监察人承认之财务报告；于每月 10 日以前，公告并申报上月份营运情形，但是经“金融监督管理委员会”核准的除外。因此，台湾地区证券法律对于上柜公司信息披露也要求予以强制审计。同时，“证券交易法”还规定了发行人的临时报告义务，要求在股东常会承认的年度财务报告与公告并向主管机关申报的年度财务报告不一致时；或者在发生对股东权益或证券价格有重大影响之事项时，应于事实发生之日起二日内公告并向主管机关申报。公告、申报事项，应以抄本送证券商同业公会供公众阅览。可见，在台湾地区，发行人的持续信息披露义务并不仅限于上市公司，触发发行人持续信息披露义务的是“证券交易法”上的发行行为。

柜台买卖中心在兴柜股票市场采取了比交易所市场、柜台买卖中心市场更为严格的披露要求,台湾地区"证券柜台买卖中心证券商营业处所买卖兴柜股票审查准则"第26条至第29条细化了定期报告内容和报送方式、通过网络申报系统报送信息的内容和期限,规定了重大讯息应于事实发生日之次一营业日交易时间开始前通过网络向柜台买卖中心申报。

我们认为:由于信息披露中大量涉及财务信息,倘若不经过强制审计,该类信息的真实性难以得到保障,将会使信息披露不具任何约束力。我国证券法律体系中,1993年4月颁布的《股票发行与交易管理暂行条例》对强制审计有明确规定,要求招股说明书、上市公告书及年度报告中所附财务报表必须经由注册会计师提供审计验证。但在嗣后颁布的《公司法》和《证券法》这两部更为基本、更高层次的证券立法以及之后的修订过程中,强制审计的规定未被合理关注。如《公司法》中仅对年度报告的审计作出规定,对于招股说明书及上市报告书中所附财务报表之审计,却并未有规定。而《证券法》则未对会计信息披露作出有关强制审计的规定。尽管实务中的强制审计并未因《公司法》和《证券法》中规定的缺失而受到实质性影响,但由此却显示出两部证券基本立法的缺陷。[①] 固然,为保障投资者利益和三板市场的顺利发展,强制审计将在一定程度上加重三板公司的上柜成本。但鉴于目前我国上市公司信息披露中财务问题虚报造假现象严重,因此,借鉴我国台湾地区柜台交易经验,对于三板上柜公司信息披露应当进行强制审计。

目前,我国一般将监管理解为以政府为核心的活动,由政府承担监管职能。而在美国证券市场,监管职能很大程度上由中介机构承担,即由市场进行审核,会计师承担审计责任,律师出据关于招股说明书信息披露质量的法律意见书。根据 Rule 10b-5 的规定,任何人在买卖证券时不得就任何与交易有关的重大信息作虚假陈述或隐瞒该信息(misrepresentation or omission),或从事其他与交易有关的欺骗行为,否则即构成证券欺诈,将承担民事乃至刑事法律责任:"任何人,无论直接或者间接,通过任何手段或州际商业的媒介,或邮件,或任何国际证券交易手段,而为(1)采用任何计策、计划或人为之欺诈;(2)对事实进行不实陈述或遗漏必需的事实,依当时情况并

① 杨淑娥、王小荣:《我国上市公司信息披露监管体系框架分析》,载《中国注册会计师》2002年第9期,第52页。

非误称的;(3) 从事任何运动、实践或商业做法对公众造成或将会造成欺骗的等与买卖证券有关之行为,均为非法。”这意味着,如果发行人和相关人未将有关公司全部实际情况的信息让投资者知晓,就有可能构成欺诈。从美国 OTCBB 市场的情况看,原本除去《证券交易法》所要求的持续信息披露义务人外,股票在 OTCBB 报价的发行人没有信息披露义务,但是根据 1999 年 1 月 4 日批准的《资格规则》要求,只有向 SEC 或银行、保险监管机构定期报告其财务信息的发行公司,才能将证券在 OTCBB 交易。同时禁止会员为未报告财务信息的发行公司的证券报价。报价券商必须向 NASD 报告发行人的报告时间表。按照这一时间表,如果 NASD 没有按时收到报告或者收到的报告不完整就在发行人的股票代码前添加一个“E”以示区别。如果发行人提交规定的报告有违规之处,将根据发行人的类型给予自应提交报告日起 30 或 60 天的宽限期,宽限期之后,仍未补正的发行人的证券将不再被允许在 OTCBB 报价。[①] 2005 年 11 月 16 日,SEC 批准了《资格规则》的修改,这一修改仅适用于提交报告的结束时间在 2005 年 10 月 1 日及其之后的发行人,这大大强化了对于发行人持续披露信息的约束,这次修改明确规定:禁止 NASD 成员在 OTCBB 上为在过去的两年时间内有三次未在规定的时间内(含《纳达克市场规则》第 6530(a)条规定的宽限期)提交完整年度或季度报告的发行人的证券报价[②];禁止 NASD 成员为在过去的两年时间内已经有两次未满足《纳斯达克市场规则》第 6530(a)(2)、(3)、(4)条的要求而被摘牌的发行人的证券报价。同时该修改规定,只有当发行人在一年的时间里及时提交定期报告才可以重新获得其股票在 OTCBB 报价的资格。通过这些修改,发行人履行披露义务的及时性、完整性得到了大大提高。发行人应该在生效日前报告公司的重大事项,包括合并、收购、更换名称以及所有重大事项的细节和相关文件。发行人必须提前 10 天向 OTCBB 协调人报送关于股票拆细、并股、分红送股或其他分配信息。对于报价券商而言,OTCBB 也具有严格的信息披露机制:其报价的所有国内股票发行、加拿大和 ADRs 交易必须在 90 秒内通过自动确认交易服务系统(ACTSM)报告,其

---

① Securities and Exchange Commission [Release No. 34—40878; File No. SR-NASD-98-51].

② Securities and Exchange Commission [Release No. 34—52291; File No. SR-NASD-2005-011].

他交易在T+1内报告。报价券商需向SEC或其他监管机构提供OTCBB报价公司的年报。

因此,不仅对于上柜公司的财务状况应当通过强制审计的方法予以信息披露,有关其法律状况的信息在未来三板市场中也应当予以充分重视。我们认为:三板市场的信息披露制度的建立,总体上可以参考主板市场,其严格程度基本与主板、创业板市场相当。由于三板市场上柜公司规模较小,也不宜对其克以过重的信息披露负担,否则将使得上柜成本过高,从而有碍具备潜力的上柜公司的迅速发展,也将有悖于三板市场的基本功能定位。

(三) 三板市场的行情披露

证券商报价制度在为三板市场流动性作出贡献的同时,也由于其固有的缺陷可能给市场及投资者带来损害:

其一,市场透明度因报价商的违规行为而降低。一般认为,市场透明度是观察交易过程中与价格相关的信息的能力。高透明度的证券市场意味着信息的时间和空间分布无偏性,所有投资者可以及时、全面、准确地共享信息。证券商报价制度下,报价券商有权推迟或者豁免发布对价格可能产生影响的大额交易信息,由于交易是在券商与投资者之间完成,券商既为买者又为卖者,能够及时掌握买卖信息,而投资者只能在券商将交易信息发布后才得以知晓;同时,证券商报价驱动与集中竞价交易最明显的区别,即在集中竞价的情况下,投资者报价(无论是买单还是卖单)都由交易当事人决定,市场对于交易行情较为明悉,而证券商报价情况下,交易价格由报价券商报出,投资者无法了解市场供需的基本状况,而且一般报价商披露的是上一笔已经成交的报价,其后的报价和交易情况投资者无法即时了解,这也将降低市场的透明度。美国OTCBB市场中便曾经出现证券商揭示的数量少于实际委托数量,接受委托至揭示委托的时间超过了规定时间等许多因透明度降低而损害投资者利益的状况。

其二,投资人交易成本增加。大量的理论和实证研究均表明证券商报价市场的平均交易成本高于竞价市场。证券商报价制度下,证券商同时充当了买者和卖者的角色,证券商在通过买进和卖出证券为投资者提供流动性的同时,其也承担着诸如交易成本、存货成本、不对称信息成本之类的成本和风险,这样就会增加运行成本,从而增加投资者的负担。如果证券商承诸做市义务,则在市场行情出现剧烈波动时,其更将负担巨大的做市风险。诸多学者对证券商报价和做市商制度的交易成本通过模型进行了深入的研究,例如:在存货模型中,证券商定价策略中的买卖价差用来弥补存货性质的交易成本;在信息模型中,证券商定价策略中的买卖价差用来弥补信息不对称,即以对非知情交易者的盈利来弥补对知情交易者的损失。从技术上说,报价制度必定给做市商或者交易会员留有一定的空缺,这也是其利润的主要来源。

其三,增加监管成本。证券商报价和做市商制度下,由于证券商具有不同于市场一般投资者的特殊身份,所以具有一些不同于一般投资者的特殊权利,如推迟或者豁免发布对价格可能产生影响的大额交易信息等,这使得证券商之间可能合谋串通,因此实行证券商报价和做市商制度需要强有力的监管措施来抑制证券商可能存在的违背投资者利益的行为,而实行强有力的监管措施势必会增加市场监管成本,从而增加投资者的成本。

为了规范报价券商和负有做市义务的券商的行为,世界各国证券法律都规定了相应制度,其中以交易所或交易柜台的行情披露制度为核心。例如,在美国市场,SEC 于 1996 年 8 月采用新的委托处理规则(OHR,Order Handling Rules),新的 OHR 规定:客户提交的限价委托如果好于做市商自己的报价,做市商必须将客户委托在自己的报价中体现出来;做市商在 NASDAQ 系统报价的同时,不能在做市商之间的内部交易市场(PTS,Proprietary Trading System)上报出不同的价格,除非 PTS 将最优的报价向所有的 NASDAQ 市场投资者开放。[①] NASDAQ 市场从 2000 年开始推行自动执行系统改革,构建了 NNMS(NASDAQ National Market Execution System)系统,限定所有每笔交易低于 9900 股的委托必须通过 NNMS 成交,将所有做市商报价和数量予以集中显示,并且自动处理所有进入系统的委托,成交 90 秒后自动完成成交报告。在一笔交易成交后 90 秒内,每位证券商通过计算机终端网络向全国证券交易商协会当局报出某一股票有效的买入价和卖出价以及已完成交易的成交情况,买卖数量和价格的交易信息随即转发到世界各

① 龚敏:《我国证券市场引入做市商制度之思考》,华东政法学院 2005 年硕士学位论文,第 6 页。

地的计算机屏幕。[①]

我们认为：要解决上文所述问题，在加强证券商和上柜公司信息披露的质量的监管、增加定期报告的次数、实行按季披露财务报表的同时，必须赋予交易所或交易柜台一线的实时监管职责。确立三板市场中交易所或交易柜台的行情披露制度，应当明确行情披露责任在各交易所或交易柜台，而非报价证券商。各交易柜台有责任监控证券商的报价行为，行情披露以成交价为依据，在柜台交易情况下，以手报单的部分不反映在行情上，成交价反映在行情上可以有一定的弹性，以维护报价券商的利益。交易所或交易柜台应当对例外事项进行及时处理与报告。借鉴美国全国证券商协会(NASD)的交易制度，我们认为对进入我国三板市场的报价券商，报价可遵循如下规定：

第一，在一笔交易成交后的一定时间内，每位证券商必须通过计算机终端网络向各地方交易柜台和全国联网中心报出该股票有效的买入价、卖出价和已完成交易的成交情况，交易柜台和联网中心对各证券商披露行情的有效性和即时性加以监督。

第二，证券商必须双向报价，所报差价须在允许范围内。差价范围由证券监管部门或各交易柜台规定，并时时更新。

第三，证券商的报价不得超过公布的差价范围且必须与主流市场价格合理相关，否则必须重新报价。如果证券商没有及时重新报价，交易柜台或联网中心可以取消其对一只或所有股票的报价。证券商对一只股票一个月内所报的平均买卖差价不能超过其他所有做市商所报平均差价的一定比例范围，否则证券商将被取消报价资格，并在一定时间内，不得重新注册成为交易柜台会员。

第四，在正常营业时间内，交易柜台接受的证券商报出的买价不能等于或大于其他证券商对同一股票输入的卖价，它的卖价也不能等于或低于其他证券商报出的买价，否则其报单无效，交易柜台将对可能存在的违规行为进行核查。

---

① 龚敏：《我国证券市场引入做市商制度之思考》，华东政法学院2005年硕士学位论文，第6页。

第五章　债券市场研究

作为多层次资本市场中的一部分，债券市场的重要程度不亚于甚至超过股票市场。在发达资本市场中，债权市场的规模和容量远远大过股权市场的状况屡见不鲜。鉴于我国债券市场发展长期落后于股票市场的情况，第十届全国人民代表大会第四次会议批准的《中华人民共和国国民经济和社会发展第十一个五年规划纲要》中强调要"积极发展债券市场"；2004 年 1 月，国务院发布的"国九条"明确要求"改变债券融资发展相对滞后的状况，丰富债券市场品种，促进资本市场协调发展。逐步建立集中监管、统一互联的债券市场"；在 2007 年初的全国金融工作会议上，温家宝总理又再次指出："要建立多层次的资本市场体系，加快发展债券市场。"随着金融体制改革的持续深入，债券市场的成熟度将决定未来我国在进行宏观经济调控、优化金融资产结构、推动货币市场的利率市场化进程、调节资金在股票和债券两类产品中的转移、提高资本市场的厚度和广度等方面的表现。

应当说，目前我国债券市场的核心问题是证券业监督管理机构和银行业监督管理机构分别管理两个市场所导致的体制问题。银行间债券市场采用经纪人报价制度反映了债券市场发展的方向，但受制于非证券业的管理体制，对证券市场规则及经纪关系、经纪规则、经纪人规则采取回避的态度，极易在市场发展过程中埋藏风险。我们认为，通过证监会形式上授权银行间债券市场履行一线监管职责的模式将较妥当地解决上述问题。

一、债券市场的核心问题与功能

(一) 债券市场的核心问题

我国债券市场的发展过程经历了以实物券柜台市场为代表的不成熟场外债券市场主导、以上海证券交易所为代表的场内债券市场主导到现阶段以银行间债券市场为代表的成熟债券市场主导的三个阶段。[①] 其中,银行间债券市场成立于1997年,是以先进的电子化平台为基础,实行全国联网、无纸化的经纪人报价驱动交易,以券款对付、见券付款、见款付券和纯券过户等为结算方式的债券市场。长期以来,我国债券市场主要分为银行间债券市场和交易所债券市场,这种市场分割的状态也是我国债券市场的一个显著特征。证券交易所市场主要由证监会管理,而银行间债券市场由中国人民银行及其主管的银行间市场交易商协会管理,两个市场在交易制度、结算制度、市场主体方面都存在较大差异。

本书认为,债券市场的核心是体制问题,目前两个市场由证券业监督管理机构和银行业监督管理机构分别管理的状态,实际上阻碍了债券市场的健康发展。银行间债券市场现行的交易制度实质上属于经纪人报价系统,由经纪人进行报价,类似于早期的纳斯达克市场。经纪人报价系统的引入有效地激活了市场的交投,使得银行间债券市场的交易量占整个债券市场的95%以上。并且,经纪人报价制度是做市商发挥功能的基础,未来市场上,若交投清淡,可以通过做市商制度储存买卖以增大交易量。相比之下,交易所债券市场的系统不能代表未来债券市场的发展方向。虽然两个债券市场之统一在政策上存在现实困难,但从市场发展的角度考虑,以银行间债券市场为主导,在条件成熟后吸收证券交易所市场,从而形成多层次的债券市场体系将是较为理想的选择。

应当明确的是,从理论上讲,银行间债券市场的制度和规则属于证券业范畴。现行管理体制限制了银行间债券市场的正常发展。首先,组织机构

---

① 吴敬琏:《当代中国经济改革》,上海远东出版社2003年版,第226页。

上的分别管理，违反了我国证券法统一监管的原则；其次，由于分别管理造成银行间债券市场对市场建设规则、经纪人建设规则、经纪人管理在政策上采取回避的态度，使之事实上处于无法可依的状态。由于银行业与证券业风险差异较大，以银行自身作为经纪人，容易引发市场风险。不承认银行间债券市场中经纪人的证券经纪地位，则其规则无法与证券业经纪人规则相融合，将致使法律调控缺失、规则制度无所依凭，在现实操作中面临众多挑战。

我们认为，对此问题的解决可以采取由证监会授权银行间债券市场履行一线监管职责的方式。具体而言，银行间债券市场在组织结构和行政管理层面仍隶属于银行业监督管理机构，而证监会仅对其进行原则性授权，以达到形式监管的效果，从而将银行间债券市场纳入证券业范畴。证监会可以授权委托银行间债券市场负责完善交易规则、负责管理经纪人和交易会员、负责制定经纪人规则以持续监管，最终发展出以信托关系为核心的证券经纪人制度。

值得一提的是，2010 年 10 月 27 日，央行、证监会、银监会联合发布了《关于上市商业银行在证券交易所债券交易试点有关问题的通知》，力图打通两个市场。此通知特别解决了此前困扰两市打通的核心问题——债券托管，确立了所谓的“双向转托管”制度。某种程度上，这标志着上市商业银行回归交易所债券市场进入了实质性操作阶段，交易所债市和银行间债市长期以来的分割问题有望逐步得到解决，但此文件对市场的实际影响还有待进一步观察。

（二）债券市场的功能

第一，为中央银行货币政策的实施从直接方式转为间接方式奠定了市场基础。

在现代金融体系中，中央银行进行间接货币政策操作主要是通过公开市场业务，而具有相当规模的债券市场是进行此操作的前提。[①] 以高速发展的银行间债券市场为依托，中央银行在 1996 年正式启动了对市场化程度要求很高的间接操作工具——公开市场业务，并于 1998 年始大规模地进行该

① 凯恩斯在其《就业、货币和利息通论》中谈到当局的货币政策传导机制就是通过债券市场进行的。

操作，使其迅速发展成为货币政策日常操作的主要工具。在我国，中央银行进行公开市场业务操作是通过和公开市场一级交易商进行包括债券现货和回购交易，再由后者在银行间债券市场中通过与其他市场参与者的交易将中央银行的货币政策扩散到整个金融体系。在我国这样的新兴市场化国家和经济转轨国家，基础货币的增长率比较高，中央银行只有进行相当规模的公开市场业务才能准确控制基础货币。为确保实现基础货币的目标，中央银行需要进行相应规模的债券交易。为支持中央银行大规模的债券交易，就需要一个兼具广度和深度的债券二级市场作为基础。

发达的债券市场可以使货币政策的传导平稳化。在1996年以前，中央银行传达货币政策只能通过自身资产来控制基础货币，进而影响商业银行的经营，达到间接控制商业银行负债的效果。中央银行改变基础货币量后，商业银行有两种选择，或者根据已有的新基础货币量调整自身资产负债规模与结构，或者只改变自身的基础货币需求函数[①]，而不调整资产负债。货币政策要发挥作用，就需要商业银行按照中央银行希望的方向来调整资产负债，从而改变货币量。如果商业银行对基础货币的需求函数很不稳定，对基础货币量的改变不敏感，就会削弱货币政策传导的力度。[②] 因此商业银行对货币政策的反应方式十分重要。现阶段，众多的商业银行成为公开市场一级交易商，中央银行通过主动地买卖国债，在保证市场利率和债券价格在一定范围内波动的条件下，就可以完全实现基础货币量目标：在流动性充分的债券二级市场中，商业银行频繁的债券交易使得基础货币在银行体系内再次分配，会降低银行的超额准备金需求，从而使商业银行的流动性大多数时间都处在临界点。当中央银行实施货币政策改变基础货币的数量和政策时，就会对商业银行产生立竿见影的作用，在商业银行调整自身资产负债结构的同时便完成了中央银行的货币政策要求。[③]

---

① 在现实生活中，很难把货币需求看做一个非常确定的量值，而是将其视为一个具有一定宽度的值域。市场化程度越低、货币的流动性越差，这个值域就越大，商业银行对货币政策的“适应能力”就越强，对货币政策的传导不利。

② 孙国锋：《银行间债券市场发展与中央银行货币政策调控》，载《金融研究》2000年第9期。

③ 孙国锋：《央行公开市场业务与银行间债市发展》，http://www.chinabond.com.cn/Info/961066，最后访问时间2013年5月28日。

第二，促进利率市场化，利于货币政策传导效力的提高。

作为货币市场中最基础的指标，利率在日常经济生活中发挥着巨大的作用。一直以来，我国实行的是管制利率政策，使利率更主要地体现为一种分配利益的手段，而不是调节资源流动和甄别投资机会的工具。随着我国经济体制从计划经济向市场经济转轨，利率体制的改革问题提上日程。1993 年中共十四届三中全会《关于建立社会主义市场经济体制若干问题的决定》和国务院《关于金融体制改革的决定》最早提出了利率市场化改革的设想。1996 年中国人民银行在《关于取消同业拆借利率上限管理的通知》中明确指出，银行间同业拆借市场利率由拆借双方根据市场资金供求自主确定。银行间同业拆借利率正式放开，标志着我国利率向市场化迈出了具有里程碑意义的一步。2001 年第九届全国人大第四次会议批准的《中华人民共和国国民经济和社会发展第十个五年计划纲要》中提出“要稳步推进利率市场化改革”。2005 年 1 月中央银行政策分析小组的《稳步推进利率市场化报告》更是列出了我国推进利率市场化的举措。这一系列文件的出台表明了中央政府对于利率市场化在现代金融体系所起作用的重视程度。

在市场经济体制中，利率结构可以通过基准利率、风险结构和期限结构来描述，其中基准利率是核心。经济学家黄达在《中国金融百科全书》中是这样诠释基准利率的：“基准利率是在整个利率传导体系中起主导作用的利率。”在金融市场中，其他利率水平以及金融产品价格确定的依据均是基准利率，所以，基准利率的确定是利率市场化的重要前提。尽管当下理论界对于何种利率①应为基准利率的争论尚无定论，但我们认为，国债利率应该是我国未来市场中的基准利率。在发达资本市场中，国债的流通性常常仅次于通货，持有主体范围极其广泛，其数目和期限结构更是远大于其他金融产品。国债价格的变化会影响到企业的投融资决策、金融机构的资产选择、居民的消费与储蓄以及其他金融资产的定价。债券作为固定收益类证券，本身就是利率产品，影响其的主要因素就是利率；中央政府作为国债的发行人，使得国债具有低风险甚至零风险的特性，在一国所有金融产品中的信用等级最高（且国家也极少会破产），国债利率在实践中常被称为“无风险利

---

① 这些利率主要有一年期存款利率、国债利率、上海银行间同业拆放利率（SHIBOR），尤其是 SHIBOR，作为中央银行主推的利率，其 3 个月以下曲线对于产品的定价有积极影响。

率”。在我国市场化进程中，尽管中央银行的存款利率仍是决定国债发行利率的主导因素（当然，参考国债二级市场的收益率对于国债发行的成败也有着重要意义），但国债利率的确定在很大程度上是通过参考同期存款利率水平、预期将来的利率水平以及预期通货膨胀率水平的基础上作出的，已经越来越显示出其作为基准利率的功能，对存款利率的变动有很强的预测作用。[①] 近年来，随着市场广度和深度的不断拓展，银行间债券市场初步形成了完整的债券收益率曲线，为全国金融产品定价提供了参考基准。虽然债券市场还面临着债券期限结构不够丰富、交易品种主要集中在中期债券、市场尚未完全统一等问题，对于利率政策的传导、价格发现等不利，但不能否认一个发达的债券市场尤其是国债市场，对于利率市场化进程是至关重要的。

第三，改善商业银行的资产结构，为其流动性管理提供便利，同时提高化解金融市场的风险能力，起到了“缓压器”的作用。

我国商业银行的传统业务均以存贷款为主，贷款利息是商业银行利润的主要来源。商业银行的发展战略、风险的认知、监控和防范也主要是围绕信贷资产展开。商业银行信贷资金中产生不良债权，发生呆账、坏账的情形时有发生。旧有的发展模式具有风险高、流动性差、结构单一的特点。债券市场的发展尤其是银行间债券市场的建立，为商业银行的经营策略从传统的信贷业务为重向现代商业银行的信贷业务与非信贷业务并举的转变提供了很好的操作平台。

首先，虽然金融脱媒使商业银行为大中型企业贷款的信贷盈利模式受到了一定冲击，但在我国商业银行与投资银行并未分离的体制下，投资银行业务与资金投资业务是商业银行重要的利润来源，它们极大地增加了商业银行的中间业务收入和投资收益。这种转变不仅使商业银行易于满足8%的资本充足率的监管要求，也符合国际上商业银行的低资本业务和中间业务收入占有相当比重是银行持续发展的关键的经验。其次，商业银行通过银行间债券市场进行主动的负债操作，如发行次级债券、金融债券以及买卖回购产品等方式，锁定其负债期限，减少或者避免流动性风险敞口。在盘活

---

① 杨文奇：《论我国国债发行利率对央行利率调整的预测作用》，载《金融研究》2004年第3期。

了大量的闲置资金的同时，也使商业银行对于中央银行的货币政策更加敏感。再次，商业银行在参与利率市场化的过程中，由于影响利率的因素众多，加之近年来国内宏观经济波动和汇率改革的影响，利率水平的波动呈现幅度大、次数多的特点。正是因为债券市场（也包括货币市场）的基准收益率曲线的完善，为商业银行进行利率管理提供了便利，即更便于根据基准收益率曲线的变化制定公开市场业务和本外币市场的发展策略。据了解，很多商业银行建立了内部收益率曲线，这有利于提高其产品的核心定价能力以及对价格敏感度的预测能力。最后，银行间债券市场的发展，推动了商业银行的产品创新。由于大多数金融衍生品源于债券而发展起来，商业银行作为银行间债券市场最为重要的参与者（尤其众多商业银行具有做市商资格），在发展理念变革、新技术被应用的同时，在负债业务、资产业务等方面也不断尝试和创新。

第四，债券市场的发展对于降低金融市场中的风险有着很大的作用。

对于在20世纪末发生的亚洲金融危机，美国经济学家保罗·克鲁格曼就一针见血地指出："东南亚金融危机的根本原因不是汇率失调，而是坏的银行制度。"就是因为过度的以银行为中心的金融体系、高度依赖银行信贷导致的"期限错配、货币错配"的资本结构①，最终致使了金融风险集中在银行业，未能及时得到缓解和分散，进而造成东南亚国家的金融体系的崩溃，对实体经济亦伤害甚深。为了避免过多依赖银行贷款的情形一再出现，众多东南亚国家的中央政府在危机过后不遗余力地发展国内债券市场，是因为多样化的融资渠道被视为防范金融危机的解决之道，而发展债券市场是多样化融资渠道的主要途径。债券市场不仅为企业提供了其他的融资渠道，而且多样化的投资组合方式使得各类机构投资者能够利用中长期债券来优化资产的期限结构，避免企业短期融资过多，长期资金不足，用短期资金支撑着长期资产，进而引发企业的流动性危机。加之这种直接融资的方式，由投资者自行承担所有风险，分散了原来银行集中承担的信贷风险，对金融体系的稳定是十分有利的。

债券市场实行报价驱动的交易方式，由于提供双边报价的报价商负有在一定范围债券品种、一定价格波动幅度内持续有效提供买卖报价的义务，

---

① 林洋：《东亚本币债券市场的发展与成效》，厦门大学2007年硕士学位论文，第15页。

特别是在市场波动过于剧烈,出现恐慌情绪时,能够通过迅速的报价调整和承接过多的买单卖单,使价格变动趋于连续平缓,抑制非理性因素导致的市场波动。在1987年10月的股灾中,纽约证券交易所的专家①为减缓股价的暴跌作出了巨大的牺牲:平日最多持有仅4亿美元的股票存货的专家,在被誉为“黑色星期一”的这天,于跌市买进11.5—20亿美元的股票,致使一些专家因不堪重负难以继续履行做市义务而不得不卖掉席位。② 1988年美国《市场机制总统特别小组报告》曾经指出,“专家在这次股灾中甘冒巨大的损失和风险,毅然逆大盘而行的做法起到了缓冲和平衡的作用,否则后果无疑会更加严重。”伦敦证券交易所 SETSmm 系统中注册做市商(registered market makers)的主要义务同样也包括在市场条件困难时维持一个最低水平的流动性,以提供一定价格确保成交。

第五,国债、政策性金融债的顺利发行,支持了积极财政政策的实施,保证了国家重点建设资金的到位。

一般来说,国家平衡财政收支可以通过增加税收、增发通货或发行国债的办法。上述三种办法,增加税收是取之于民用之于民的做法,然而增加税收需有限度。如果税赋过重,超过民间承受能力,对于企业和个人生产积极性的打击、一国经济健康稳定的发展是极其不利的。增发通货是最方便的做法,但此种办法亦是不可取的,因为用增发通货的办法弥补财政赤字,会导致严重的通货膨胀,其对经济的影响最为剧烈。故采用发行国债的办法弥补财政赤字,对于有效降低政府的筹资成本、实施积极财政政策是一项可行的措施。政府通过不断发行适量的债券可以吸收单位和个人的闲置资金,帮助国家渡过财政困难时期。在凯恩斯主义看来,通过增发国债来弥补财政赤字具有积极意义:一方面,国债的债权人是本国公民,债务人是政府,政府又以公民代表的身份出现,因此债权人与债务人在地位和根本利益上是一致的,等同于自己欠自己的债;另一方面,发行国债的目的是为了调节经济,在政府债务总额与一国 GDP 总是保持一定比例的基础上,当一国经济走出萧条、步入繁荣时,国债发行量自然会减少;且国债规模的扩大通常会带来较高的经济增长和政府税收的增加,对于政府债务的偿还是很好的

---

① 是纽约证券交易所指定的一种特殊的垄断做市商。

② 何杰:《证券交易制度论》,经济日报出版社2001年版,第140页。

保障。

政策性银行在配合国家产业政策的实施,支持和推进基础产业、基础设施和支柱产业建设等方面发挥着越来越重要的作用。在我国当前的体制安排下,政策性金融债从发行、使用和偿还等方面均与国债没有明显差别,可以认为是一种“准国债”。[①] 尤其在核心的偿还方面,政策性金融债由中央财政提供担保而不存在偿付危机问题。在国际上,我国的政策性银行发行的外债被国际权威评级机构评为国家主权级债券,享有良好的国际信誉。充足稳定的资金来源是保证政策性银行发挥其相应功能的前提。其资金来源除了国家财政拨款以外,主要是靠发行政策性金融债。作为规模仅次于国债的债券品种,政策性金融债能够很好地弥补我国政策性银行在财政资金和中央银行再贷款资金供给方面与庞大的政策性建设项目资金需求的缺口。目前,银行间债券市场是政策性银行市场化融资的唯一渠道:政策性银行通过发行中长期的政策性金融债券将市场中的短期资金转换成长期资金,解决了短期资金过多进入长期贷款领域的问题,避免落入“流动性陷阱”,锁定和对冲了资产负债导致的系统性风险。满足了政策性银行的资金不能来源于基础货币,其融资活动不应与商业银行发生竞争,资金来源应成本低、期限长的要求。至 2010 年 2 月底,在中央国债登记结算有限责任公司托管的政策性金融债券达 44498.26 亿元,这部分资金对于调整产业和区域经济结构,促进国民经济健康发展发挥了重要作用。

二、债券市场交易制度

所谓交易制度是指汇集与交易各方的指令以形成市场价格的规则的总和,实质是市场价格的形成方式。按照交易场所的不同,我国债券二级市场主要分为银行间债券市场和交易所债券市场。二者的交易方式也有所不同:银行间债券市场以经纪人报价为主;交易所市场的债券交易方式与股票交易方式相同,以竞价制为主。

---

① 何德旭、高伟凯:《中国债券市场:创新路径与发展策略》,中国财政经济出版社 2007 年版,第 206 页。

从我国债券市场的实践来看,债券二级市场具有两大特点。第一,债券交易以银行间债券市场为主。一方面,由于债券自身的收益较股票相对低,相对于股票市场中的投资人追求高回报率和能够承受高风险的特点不同,债券市场中的投资人偏好低风险的投资方式,因此只有在大宗交易中才会产生可观的利润,而债券市场的参与者也主要以资金充裕的机构投资人为主。如果在交易所竞价交易下,大宗交易指令很难在短时间内找到对手方;即使将大宗交易指令分解为若干个小额指令,也会对市场价格造成剧烈的波动,从而造成市场的震荡。为了避免交易所市场产生内在的不稳定因素①,在中国人民银行的牵头下,我国于 1997 年建立了以机构投资者为市场主要参与者的场外债券市场,即银行间债券市场。银行间债券市场以大宗交易作为债券交易的基本方式。中国人民银行于 1998 年发布的《银行间债券交易规则(试行)》第二章第 8 条规定:"债券交易数额最小为 10 万元,交易单位为债券面额 1 万元。"2000 年,中国人民银行发布了《全国银行间债券市场债券交易管理办法》;2002 年 7 月,中国人民银行货币政策司发布了《关于调整双边报价商最大报价价差和最小报价金额的通知》,规定:"为提高双边报价券种的流动性,将双边报价最小金额由原来的 1000 万元调整至 3000 万元。"其在 2007 年制定的《全国银行间债券市场做市商管理规定》中有规定:"做市券种单笔最小报价数量为面值 100 万元人民币。"在实践中,交易金额达到千万乃至上亿的交易比比皆是。

第二,以报价驱动制为债券交易的主要方式。首先,债券价格主要受到市场利率、通货膨胀率、基础货币量等宏观经济变量的影响,较股票的变量少得多。这些因素的变化并不非常频繁,使得债券的价格波动幅度及方向并不像股票那样反复无常,在价格变化不大时,交易也就不十分活跃。债券的这一特性决定了债券整体的流动性相对股票较低,并不适合于交易所的竞价交易方式。并且债券具有高度同质化的特点使其价格的变动走向趋于同步。机构投资者对市场的认知能力和分析市场变化的能力较公众投资者要强很多,预期判断有较大偏颇的情况很少发生。因此,在债券市场中比较容易出现单边市场的情况,采用交易所的指令驱动的交易方式很难成交,令做市商提供连续、稳定的双边报价能提供包括在市场出现恐慌时以一定的

---

① 当然,更深层次的因素是为中国人民银行进行公开市场业务提供平台。

流动性。其次，债券市场的主要参与者是机构投资者，适用大宗交易，而竞价交易在各个交易要素方面都是绝对确定的，通常难以在短时间内找到在债券种类、买卖方向、买卖数量等方面都十分匹配的交易对手。报价驱动的交易方式在保证大宗交易的连贯性方面有先天的优势：不仅有做市商报出连续、稳定的双边报价，而且可以在网下一定的交易要素范围内持续地进行"讨价还价"，直至达成双方都满意的结果。由于债券的交易价格均由交易双方根据一定的收益率曲线或债券指数等来确定，报价驱动的交易方式不至于引起价格的大幅度波动。况且某些债券的流动性很差，买卖指令相差悬殊，不适合连续竞价。

鉴于我国债券市场主要以银行间债券市场为主，且交易所债券市场的交易方式与股票市场并无不同，本章拟主要讨论银行间债券市场的交易制度状况。

（一）询价与报价

询价是指交易双方不通过中介，直接就交易价格、数量等交易要素进行一对一谈判，逐笔成交，对交易成员关于市场的全面了解以及谈判能力有着较高的要求。询价与报价的交易方式，让交易双方拥有更多的主动权，还可利用各种谈判技巧达到交易的目的。在银行间债券市场成员数量较多，且交易活跃，成员较为分散的现状下，由经纪人进行询价与报价的交易方式较好地满足了市场的交易需求。

经纪人报价交易一般有三个步骤：报价、报价交谈和确认成交。报价是银行间债券市场交易机制的重要内容，对于任何形式的交易来说，报价都是交易过程中价格形成的关键步骤；报价交谈就是指交易双方讨价还价的过程；确认成交是指一方发送的报价，由对手方确认成交后，交易系统及时向双方反馈成交。[①]

根据报价方式的不同，可以分为对话报价和公开报价。对话报价是交易的发起方向市场中特定成员所作的报价，是一对一的报价，不是面向市场上所有交易成员。这种一对一的报价方式意味着交易双方有着相互了解和

---

① 姚秦：《债券市场微观结构与做市商制度——理论与中国的实践》，复旦大学出版社2007年版，第76页。

交谈的过程。根据规定:对话报价的交谈最多只能进行 8 个轮次,超过 8 轮次后该报价自动转为非活动报价,如果想要继续交易需要重新发起报价,再进入交谈过程。由于在报价的交易方式下,无论是现货交易还是回购交易,交易的价格均由交易双方自行确定,故交易员是有可能通过这种特有的"讨价还价"的过程为本方争取到有利的交易结果。公开报价是交易成员为表明交易意向向整个市场作出的报价。报价方只是报出一个成交意向,没有一定要成交的责任。公开报价可以修改或者撤销,不能直接成交,只有将其转为对话报价经双方交谈才能成交。公开报价的要素包括交易方向、债券代码、债券名称、净价、到期收益率、应计利息、清算速度、结算方式等,其中只有交易方向和债券代码是必须要填写的,净价和到期收益率两者可任选其一填写。

从法律的角度看,公开报价[①]和对话报价分别与合同法中的要约邀请和要约制度有相似之处。如公开报价与要约邀请均没有特定的对象,均不需要对交易或者合同的成立负有相应的责任;对话报价与要约均是向特定的对手方发出的交易或者订立合同的意向,均需要在一定条件下对合同的成交承担责任。我们认为:公开报价可以归为民事法律中的要约邀请制度,但对话报价却不能视同为要约制度。

1. 公开报价与要约邀请

要约邀请是当事人订立合同的预备行为,行为人无须承担法律上责任。要约邀请的要件包括:(1) 是当事人表达某种意愿的事实行为,其内容是希望对方主动向自己提出订立合同的意思表示;(2) 要约邀请人对于相对人的意思表示仍然有决定承诺与否的权利。在公开报价当中,虽然根据规定,必须要填写报价的交易方向和债券代码,但此两项内容并不满足债券交易所需要的全部交易要素。换言之,即使按照规定必须填写的内容也只是为了将来有可能发生的交易行为作出的铺垫。因此,可以将在公开报价中的填单行为视为该当事人买卖债券意愿的表达,且仅此而已。根据询价制的规定,在当事人向整个市场公开其交易意向后,流程必然会转向与特定对手方的对话报价。也就是说,在公开报价的过程中,不会发生交易达成的情

① 公开报价在第一个步骤上实际又分为两步:向整个市场报价和转化为与特定对手方的报价,此处的公开报价准确地讲是指向整个市场所作报价。

形,仍需通过进一步的"讨价还价"来一点点地促使交易的各项要素的确定,这点与要约邀请必须要等待要约人的出现从而推动合同成立的过程也是符合的。在要约邀请中,要约邀请人通常会随着合同订立过程的发展转变为承诺人,对合同的最终成立享有"一锤定音"的权利;根据规定可以发现,在公开交易意向转入对话报价后,"交谈过程中拥有交谈权的一方,即主界面对话报价中'报价状态'显示为'交谈'的一方,同意对方报价,才可确认成交"。这里接受对方报价的一方即为拥有"交谈权"的一方,同样对合同的成立享有最终确认权。

2. 对话报价与要约

要约是希望和他人订立合同的意思表示,只有在与承诺结合后才能成立一个法律行为的意思表示,其本身并不独立构成一个法律行为。要约的构成要件包括:(1) 是特定人所谓的意思表示;(2) 要约内容的确定性;(3) 向相对人发出,相对人包含特定的人和不特定的人;(4) 要约"经受要约人承诺,要约人即受该意思表示约束"①,此点是要约的实质特征。② 在对话报价中,欲达成债券交易的双方都是特定的,是特定的当事人向特定报价人发出的交谈申请,即交谈是特定当事人之间的交谈。因此,对话报价在当事人的要求上是符合要约制度的规定的。在对话报价中,只要报价方的报价没有因违规操作而无效,当拥有交谈权的一方作出具有承诺效力的行为,即同意报价方的报价后交易即告成立。这一规定表明,报价方受其报价的约束只在对手方同意其报价的基础上,与要约的规定亦为相符。而在内容的确定上,对话报价规定,对话的交谈最多能进行 8 个轮次,超过 8 个轮次后该报价自动转为非活动报价;报价方在双方交谈中、对方应答之前可以修改和撤销报价,且只有交易方向、交易券种、对手方、对手方交易员不能修改。这个规定意味着,在交谈开始后、确认成交前无论哪一方给出的交易要素(除了上述报价方的 4 个要素不能修改)都是"讨价还价"的对象。而在要约制度中,要约的内容不仅要求具备足以使合同成立的主要条件,并且该条件必须具体确定;如果受要约人或者要约人提出对要约内容的修改,则被视为提出新要约。因对话报价在内容的确定性问题上与法律明确规定要约

---

① 参见《中华人民共和国合同法》第 14 条第 2 款。

② 韩世远:《合同法总论》,法律出版社 2008 年版,第 66 页。

制度中的内容须具体确定的要求不符，故而不能将对话报价与要约制度简单等同。

（二）做市商问题

前文已述，做市商制的报价方式表现为双边报价，是一种单向撮合的报价驱动方式。在银行间债券市场中，双边报价指经中央银行批准，开展双边报价业务的交易成员进行现券买卖报价时，在中央银行核定的债券买卖价差范围内连续报出该券种的买卖实价，并同时报出该券种的买卖数量、清算速度等交易要素。双边报价的报价要素较询价制中的公开报价只是需要再同时填报做市券种的买入和卖出报价。当双边报价发出后，应答方只需填入成交券种的总额、选择本方清算账户，即可直接点击确认成交。系统将根据时间优先的原则进行单向撮合。成交后，提供报价一方的券面总额相应减少；若应答方所填入成交数大于报价方剩余的券面总额，则按剩余量成交。当买卖报价其中一方或双方的债面总额为零时可以对为零一方的报价要素进行修改；且对未成交部分可予撤销。[①]

做市商具有两大特点，储存买卖功能和为客户利益享有对所报价格在一定幅度内浮动的权利。

其一，储蓄买卖。作为做市商最主要的功能，即通常所说的做市商向市场作出自己的报价后，每个交易者会根据自身的情况来作出最优化的指令流，这些买入或者卖出的指令流在数量上会出现不均衡的现象，致使做市商在买卖债券的过程中产生一定的库存头寸；做市商之后所提供的双边报价价格就会依据库存的债券、对风险的敏感程度以及资本充足率来作出。而库存的债券也会因为价格的波动性给做市商带来该头寸价值的变动风险。对于资本充足率越低、对风险的敏感程度越高的做市商，这种存货带来的风险就越大；就一般来看，特定债券收益率的变动性越大，即价格弹性幅度越大，其所带来的风险就越大；且存货量越大自然带来的存货风险就越大。此风险的存在，使得做市商对于库存债券的数量管理成为其日常的一项重要事务。做市商通过连续不断的买卖使库存的头寸保持在适当的数量范围内，而正是这种对库存头寸的风险防范从内部激发了做市商的交易积极性，

---

① 中央国债登记结算公司：《债券市场》，中国金融出版社 2008 年版，第 150 页。

这也是做市商能够为市场提供流动性的内生因素。

通常做市商会综合考虑市场的价格走势、特定债券价格的变动相关性、自身资本充足率、风险敏感度、融资能力等因素来确定自身的债券库存量。对于债券价格的变动相关性来说,当出现价格的下跌预期时,库存量通常会减少;当出现价格的上升预期时,库存量会增加。但当价格上升至做市商认为的超过其真实价值的水平时,做市商会因为对该债券产生贬值的预期而减少对其的库存量。实践中,做市商往往会根据自身情况设定的库存量上下限来进行债券买卖:当债券库存量超过了所设上限时,就降低其买进报价;当债券库存量低于所设下限时,就提高其卖出报价。[①] 这一过程即为做市商市场的价格形成方式。

其二,为了客户的利益享有对所报价格在一定幅度内浮动的权利。在银行间债券市场中,虽然同业中心没有提供配对撮合的服务,但默许商业银行开展经纪业务,可以说,银行间市场提供了辅助性的撮合服务。对于客户提供的限价订单[②],商业银行可以为了客户的利益而在一定幅度进行调整,以便保证客户的利益更好实现。1994 年的一项研究表明,NASDAQ 市场做市商经常通过"策略性的合谋"人为扩大报价价差,提高做市收入,增加交易成本,损害投资者利益。为了约束做市商的报价权,NASDAQ 市场于 1996 年 8 月采用新的委托处理规则:客户提交的限价委托如果优于做市商自己的报价,做市商必须将客户委托在自己的报价中体现出来;做市商在 NASDAQ 市场报价的同时,不能在做市商之间的内部交易市场上报出不同的价格,除非将最优的报价向所有的 NASDAQ 市场投资者开放。这种规则将具有竞争力的客户委托引入到做市商的报价中,限制了做市商报价权的范围,在确保客户利益不受做市商的侵犯方面起到重要作用。[③]

---

① 曹洪涛:《中国银行间债券市场:结构、行为、绩效》,经济科学出版社 2006 年版,第 111 页。

② 限价订单指投资者在委托经纪商买卖证券时限定证券的买入或卖出价格,经纪商只能在与投资者事先约定的价格范围内进行交易的订单。与市价订单相比,其优点在于价格风险是可预测和控制的。参见屠光绍:《交易体制:原理与变革》,上海人民出版社 2000 年版,第 73—74 页。

③ 冯巍:《海外做市商制度的实践及其相关理论问题综述》,载《证券市场导报》2005 年 1 月。

（三）银行间债券市场交易现状

银行间债券市场投资者在寻求交易时，首先通常会先在同业中心提供的本币交易系统上寻找是否有做市商提供的与自己的交易意向相对应的双边报价；如果正好有在交易券种、交易价格、交易数量等各交易要素均符合交易要求的报价，则直接与该做市商通过点击确认的方式达成交易。其次，如果在做市商的报价中只有少数交易要素不符合投资者的意愿，投资者可径直向该做市商针对那些不符合投资者意愿的要素进行一对一的询价。在实践中，询价的过程很少会通过同业中心的电子平台去进行交谈，一般都是通过网下（如电话、传真、MSN 等大众媒介）的方式进行沟通，这种交谈方式不必受制于询价制网上对话交谈的 8 个轮次的限制以及有交谈权的一方对询价交易的成立享有最终确认权的规定。最后，如果与该做市商未能达成交易，再通过网下的方式寻求广泛的询价交易。询价制的公开报价虽然是通过网上发布的，但是银行间债券市场的交易成员在长期的债券交易实务中通常都会形成自己的“交易圈”，在寻求债券交易时，会将自己的交易意向优先公布在“交易圈”中，有交易意愿的对手会适时地表明自己的态度。在交易不活跃的时期，一般会是一对一进行相关交易的询价；而在交易频繁的时期，也会在“交易圈”内出现一个交易、多个对手方即“一对多”的情形。无论是“一对一”还是“一对多”的询价，最终达成交易的双方之间一般会出具一个交易确认书[①]，以便将双方无异议的交易信息提交至同业中心。当同业中心在核实交易信息后，会向交易双方出具交易确认书，至此，交易完成，各交易要素以交易确认书上的内容为准。我们注意到，银行间债券市场在交易过程中并没有由同业中心提供配对撮合，交易的达成是双方交易成员自己操作的结果。而这点正是银行间债券市场与交易所债券市场在交易制度中最为显著的区别。

根据证券交易的交割方式不同，债券交易可以分为现货交易与回购交易。现货交易指交易成员以商定的价格买卖一定金额的债券并在规定的结算时间内办理券款交割的交易；回购交易指根据融资方与融券方双方之约

---

① 但也会出现不需要交易双方签署交易确认书的情况，通常是交易的一方在银行间债券市场具有举足轻重的地位。

定,融资方(债券持有人)将债券转移给融券方(资金持有者)并获得相应资金,同时约定于未来某一确定日按约定价格反向转移资金和国债的一种交易。上述的交易流程适用于包括现货交易和回购交易在内银行间债券市场所有的交易,然回购交易与现货交易相比在交易方式上有其自身的特点:银行间市场回购交易是一种典型的担保交易,其安全性很高。由于采用场外交易模式,银行间市场回购交易各交易要素由当事人自行协商,所以不存在标准券,商业风险均由当事人自己承担。国债回购的期限从 1 天到 365 天不等,也是由当事人意思自治决定,没有标准化的期限。就回购交易来说,中央国债登记结算公司在交易确认后提供的登记服务,事实上起到了担保交易的作用。首先是审核合同,当事人通过开户银行将指令传给中央国债登记结算公司,由中央国债登记结算公司进行匹配,但其并不对交易内容进行实质审核。中央国债登记结算公司先检查付券方账户是否有券,将准备质押的券加以登记冻结。再审核付款方账户内资金状况。当付券方和付款方的账户内债券和资金量均符合交易条件时,即生成结算合同。这种由中央国债登记结算公司提供担保的方式对于保证交易的最终履行具有积极的意义。

(四)银行间债券市场交易制度发展方向

诚如前文所述,银行间债券市场发展其交易制度应当先解决本身存在的体制问题,通过证监会形式授权银行间债券市场履行一线监管职责使银行间市场纳入证券业范畴,从而发展相关规则。在世界范围内,由证监会授权委托交易市场进行实质监管,其自身履行法律制定和对交易市场的监控职责是相当普遍的模式。证监会进行授权以后,银行间市场仅需向其履行一定的备案和报告义务,不实质改变与银监会的隶属关系。这样,证券业内部便形成了两种监管体制:一为针对上海、深圳交易所等有行政隶属关系的市场的严密的、实时的、跟踪性监管;一为针对无行政隶属关系的市场在进行抽象授权后,不进行实质监管,继续由银监会负责的方式。上述做法将在名义上解决银行间债券市场从事证券业务的问题,改变一直以来在市场交易制度和经纪人制度上的回避政策。前述授权的内容包括制定市场规则、管理经纪人活动和制定经纪人规则等。尽管此方式仍可能产生证监会对银行间市场的监管效率低下以及银行间市场对证监会的相关规则理解偏差等问题,但总体上仍在最大限度上保障了法律调控的严密性和规范性,不致使银行间市场受政策局限而法律阙如、滋生风险。在具体制度层面,银行间市场应坚持经纪人报价制和债券回购担保交易模式,以下详述之。

第一,坚持报价驱动制①,但应该在现有基础上加以完善。

众所周知,银行间债券市场实行报价驱动制,交易所债券市场实行指令驱动制。毫无疑问,在以机构投资者为市场参与者的银行间债券市场中,采用报价驱动制能够更好地应对大宗交易对价格带来的波动以及降低交易成本,在处理大额买卖指令时更为有效。然此两种交易方式最主要的区别在于是否有中央对手方(central counter party)提供配对撮合。在有中央对手方提供配对撮合时,交易双方并不直接进行对话,交易价格的达成由交易双方在固定场所内给出的竞争报价按照价格优先、时间优先的原则确定。我们知道,在银行间市场的各类投资者当中,商业银行尤其是国有商业银行在银行间市场具有举足轻重的地位,拥有大量的资金和债券头寸,在实名制的网下询价谈判过程中,难免发生其利用自身优势打压其他机构投资人的情形。从这个意义上说,使银行间债券市场提供撮合是能够避免"讨价还价"时出现的"倚强凌弱"的谈判现状的。对于同业中心,令其为银行间市场提供撮合仅仅是技术上的问题,不存在其他方面的障碍。但是由于债券自身固有的特性,在银行间债券市场提供撮合理应具备其相应的特点。

本书认为,撮合根据单向、双向以及内容是否确定可以分为三种方式,第一种为由中介机构作为中央对手方,提供的交易要素全部确定的双向匿名撮合,即与交易所的撮合方式相同;第二种为仅向有相匹配的买卖意向的交易双方提供交谈的机会,使交易双方能够对交易要素(主要是交易价格、交易数量)进行"讨价还价",并不是真正意义上的撮合;第三种为做市商的双边报价提供的单向撮合。

对于第一种方式,由于现在所谓的银行间市场的流动性并不能够与股票交易当中的流动性相提并论:银行间市场交投活跃时交易笔数能达上百笔,但有时一天未必能有一笔交易达成;况且现在银行间市场的债券品种并

① 报价驱动制通常仅指做市商制,即做市商在网上提供买卖双边报价来驱动交易的达成;本书认为,在网下询价的做法,同样可以理解为一种"报价"方式,不过此报价可以继续"讨价还价"而已。对于报价驱动方式的理解不必拘泥于网上还是网下、确定的价格还是可以商量的价格。

不十分丰富,流动性最好的品种也仅限于央行票据、政策性金融债等少数,若令同业中心提供交易价格、交易数量等要素全部确定的撮合,放弃现有的交易模式,在银行间市场现有流动性下达成债券这种大宗交易是不切实际的。

第二种方式出现在询价制的对话报价中,结果不尽如人意。比如,8个轮次的对话条件对于交易的达成有很大限制;拥有"交谈权"一方对交易的成立具有最终确定权的规定,在很大程度上限制了最初的报价方的交谈权利。这些规定使得现有的交易在实践中基本摒弃了通过同业中心提供的网上平台进行询价的方式而采用全部网下私下询价的方式。但即使没有上述规定,通过网上平台进行询价仍然不能避免谈判过程中压制相对弱势交易方的情形。而提供匿名交易可以使交易双方将交谈的内容放在交易要素上,而不用过多地顾虑交易外的其他因素如对手方在银行间债券市场的地位等,在交易成立后再由同业中心的交易确认书将交易的全部信息发送至双方当事人。实施匿名交易的做法不仅能够隐匿参与者的交易意向和策略,缓解因大额交易引起的市场波动、促使做市商以及时合理的价格弥补债券头寸,并且能够很好地保证相对弱势的一方交易者在谈判过程中的正当权利,使得谈判过程公平、合理地进行。我们认为,应该在坚持报价驱动制的基础上使交易双方能且仅能在网上进行匿名制的询价交易,且一并废除8个轮次的对话条件和有"交谈权"的一方对交易成立具有最终确定权的规定,使同业中心在未来流动性大幅提升、交易产品种类进一步丰富的情况下提供上述第一种撮合配对服务。

在做市商提供的单向撮合中,虽然做市商制有其在OTC市场中制度设计方面的优势,但因其在银行间债券市场报价合理性等方面存在问题迟迟未能成为该市场中主要的交易方式。竞争性做市商市场通过提供最优报价吸引客户的委托。但在银行间债券市场中,许多做市商为了获得稳定的做市收入,不是通过报价而是通过客户委托路径的定向安排,即做市商与经纪商一体化(银行间市场默认商业银行的经纪商资格)的安排,吸引客户委托。这种定向安排使市场中能够提供最优报价的做市商无法得到客户的委托,影响了做市商市场报价的竞争,也使客户委托的执行价格往往不是当时市场最优价格。在美国NASDAQ市场每月违反最优成交规则的系统报警平均达到10万次,与违反委托显示规则一起成为NASDAQ市场最突出的两类违规行为，客户委托定向安排是产生这一问题的制度根源。[①] 在中国银行间市场交易商协会于2010年2月发布的《关于2009年银行间债券市场做市商做市及评价有关情况的通报》中可以看到[②]，2009年全年银行间债券市场现券成交量达48.87万亿元，做市商报价成交量与报价量分别为1.32万亿元和49.47万亿元，做市商报价成交量与现券总成交量比值为2.79%，依托做市报价的成交量占银行间债券总成交量的比重实际上非常有限，现阶段银行间市场的流动性并不依赖于做市商提供的双边报价。做市商业银行全年报价成交量与报价量分别为1.21万亿元和46.91万亿元，二者的比值为2.59%，做市商报价成交量与其报价量的比值为2.66%。2002年7月，中国人民银行货币政策司发布了《关于调整双边报价商最大报价价差和最小报价金额的通知》，规定"将双边报价最大报价价差核定方式由价格方式改为收益率方式，各期限品种的双边报价债券的最大收益率差为：代偿期在5年以下（包括5年）为6个基点，代偿期在5年至10年（包括10年）的为8个基点，代偿期在10年以上的为10个基点"。但从上述这组数据我们可以看出，现阶段做市商提供双边报价的合理性不仅与市场成交价格相距甚远，而且做市商业银行的提供双边报价的合理性要低于银行间市场做市商提供双边报价合理性的平均值，但是做市商业银行报价量仍然占全部做市报价量的绝对比重（94.82%）。据此我们认为，做市商业银行不仅没有为银行间债券市场提供相应的流动性，反而因为客户提供大规模的报价服务获取了可观的佣金，对于商业银行将做市资格与经纪资格集于一身乃至是否应在现阶段大力发展银行间债券市场做市商理应存有疑问。

第二，银行间债市场回购交易中的担保模式应当成为我国未来担保交易市场的基本模式。

与交易所的国债回购交易模式相比，银行间债券市场的国债回购交易不采用集中竞价的模式，而主要采取一对一的询价交易模式。这一模式的

① 冯巍：《海外做市商制度的实践及其相关理论问题综述》，载《证券市场导报》2005年1月号。

② 从成交主体来看，我国六大行（在银行间债券市场通常指工、农、中、建、交以及国开行）成交量最大，达6613.82亿元，增幅达119.09%，占做市总成交量的50.21%，较2008年提高了13.62%；城市商业银行成交量2684.63亿元，增幅达64.44%，占做市总成交量的20.38%；全国性商业银行成交量为2829.16亿元，占做市总成交量的21.48%。

优势在于:具有显而易见的灵活性,买卖双方可以洽谈特别交易条件,不需依照集中市场的标准合约交易;并且中央国债登记结算公司不承担担保交收义务(即中央对手方的结算责任),结算风险均由个体的交易当事人自行承担。因此,对于中央国债登记结算公司整个系统安全性而言是无任何风险的。另外,该市场的交易手续费低,因而具有很大的市场吸引力。未来国债回购市场可能将更多地采用银行间市场的担保交易模式。

三、银行间债券市场经纪制度

经纪制度在证券市场上具有基础性的地位,它在降低交易成本,提高市场效率,增强市场流动性等方面发挥着重要的作用。在我国债券市场流动性缺乏的现实状况之下,进一步发展我国债券市场的经纪制度更具有深远的意义。目前我国银行间债券市场上存在着货币经纪公司所从事的典型的经纪业务,此外,结算代理行在运作结算代理业务的形式之下,也已经实际操作了经纪业务,但经纪业务的制度框架尚未确立,经纪制度相应的作用尚未充分发挥,我国债券市场上的经纪制度亟待完善。

(一)经纪关系的本质

货币经纪公司是在金融市场上为金融产品交易提供媒介信息、促成交易的专业化机构。货币经纪公司被称为金融市场的"润滑剂",在降低成本、提高效率、增加资金交易价格的透明度、提高流动性、支持公开市场操作、推进金融市场市场化等方面作用显著。

中国银行业监督管理委员会于2005年8月颁布的《货币经纪公司试点管理办法》中指出,货币经纪公司是指经批准在中国境内设立的,通过电子技术或其他手段,专门从事促进金融机构间资金融通和外汇交易等经纪服务,并从中收取佣金的非银行金融机构。根据《货币经纪公司试点管理办法》,货币经纪公司的服务对象仅限于境内外金融机构,不包括非金融机构和个人。在业务范围方面,货币经纪公司经中国银行业监督管理委员会批准,可以经营包括境内外外汇、货币、债券市场交易、衍生产品交易等在内的部分或全部经纪业务,但不得从事任何金融产品的自营业务。自《货币经纪公司试点管理办法》颁布之后，上海国利货币经纪公司、上海国际货币经纪有限公司和平安利顺国际货币经纪有限责任公司相继成立。这三家货币经纪公司的设立都采取了中方投资人与全球主要货币经纪公司合资设立的方式，以借鉴大型国际货币经纪公司在网络建设、服务创新等方面的先进经验和做法，并利用国际交易网络，实现境内金融机构与国际金融市场的衔接。

自全国第一家货币经纪公司于2005年12月成立至今，货币经纪业在银行间债券市场中的作用已逐渐显现。随着越来越多的新机构加入银行间债券市场，由于货币经纪公司提供的撮合业务恰好能够满足处于信息劣势地位的这些机构获取信息的需求，货币经纪公司信息平台的作用日益重要。上海国利和上海国际两家货币经纪公司2007年的债券经纪业务交易量仅为9044.56亿元，市场占有率仅为1.5%，但2009年以来其市场占有率上升速度比较快，而由货币经纪公司撮合完成的人民币利率互换交易市场占有率连续保持在20%—30%左右的水平，2008年8月的市场占有率一度超过40%，其客户范围也基本覆盖了国内利率互换市场的主要参与者。随着银行间债券市场的不断发展，货币经纪公司的市场份额还有较大的上升空间，其对券种的价格走势也将发挥越来越大的引导作用。[①]

从根本上说，银行间债券市场的经纪公司发挥着债券经纪人的职能。由于我国的大陆法传统，在经纪关系和经纪规则的发展中始终面临着信托关系和经纪关系条款的完善问题。前文已述，证监会对银行间债券市场授权管理的内容应当包括对于债券经纪人的管理、制定经纪规则和发展经纪关系的信托条款。现阶段在上述规则方面，对于全国范围内的投资者而言，都非常不透明，严重阻碍了银行间债券市场业务的发展。

经纪关系的本质即信托，我国在信托法上就信托合同条款问题和强行法规则问题都有亟需完善之处，承认银行间债券市场经纪人的地位，有利于上述问题的解决。经纪人报价的交易方式前景广阔，由于体制问题的存在，未来我国经纪人制度亦有分别发展的可能，但是以信托为核心的经纪人制度显然更有利于我国债券市场与国际接轨。从这个角度说，发展和完善经纪人制度的信托规则也将成为我国资本市场发展的必由之路。

---

① 李丹丹、苗燕：《货币经纪公司引导 债券市场价格作用凸显》，载《上海证券报》2009年8月27日。

（二）结算代理业务

根据《关于开办债券结算代理业务有关问题的通知》，债券结算代理系指吸收公众存款的金融机构法人受市场其他参与者的委托，为其办理债券结算等业务的行为。该业务的内容主要是：(1) 以委托人名义为委托人在中央国债登记结算有限责任公司办理债券托管账户开户、销户等手续；(2) 根据委托人的指令，为其办理有关结算手续；(3) 在债券利息支付和本金兑付中，为委托人办理相关事宜。[①] 这一业务主要是为满足中小金融机构及非金融机构进入银行间债券市场的需要而推出的，并寄望于增强市场流动性，更加有效地传导央行的货币政策。[②] 对这一重要市场制度的介绍，需要结合我国银行间债券市场的整体架构来进行。我国银行间债券市场的参与者有如下几个层次：首先是银行间债券市场成员。[③] 根据是否与中央债券簿记系统直接联网、直接办理结算业务，我国银行间债券市场成员分为直接结算成员和间接结算成员。其中，间接结算成员即丙类结算成员，由中小型金融机构和非金融机构构成，其结算业务须由后面所述的甲类结算成员代理。但在交易方式上，中小型金融机构可直接与市场其他参与者（包括其结算代理行）进行交易，亦可逐笔委托其结算代理人与其他市场参与者进行交易。而根据2000年《关于开办债券结算代理业务有关问题的通知》，非金融机构法人进入全国银行间债券市场只能与其结算代理人进行债券交易，但2005年发布的《中国人民银行关于债券结算代理业务有关事项的公告》则适度扩大了非金融机构投资者在银行间债券市场的参与范围，即非金融机构投资者可以与银行间债券市场上所有具备做市商资格或债券结算代理业务资格的金融机构进行债券交易。[④] 直接结算成员中具有结算代理资格和（或）债券柜台交易业务资格的存款类金融机构为甲类结算成员，可以代理丙类结算成员进行交易结算。除了甲类和丙类结算成员以外，银行间债券

---

① 《关于开办债券结算代理业务有关问题的通知》（银发[2000]325号）。

② 中央国债登记结算公司：《债券交易与结算》，中国金融出版社2008年版，第113页。

③ 所有在中央国债登记结算有限责任公司（简称中央结算公司）登记注册的市场投资者称作“市场成员”。参见中国债券信息网，http://www.chinabond.com.cn/Channel/19879，最后访问时间2010年12月18日。

④ 《关于开办债券结算代理业务有关问题的通知》（银发[2000]325号）。

市场中的其他金融机构为乙类结算成员,仅可以从事债券自营业务。① 其次,在银行间债券市场成员之外,还存在着面向个人和企业投资者的商业银行柜台交易市场,它可以说是银行间债券市场的延伸和分支,又被称为零售市场。截至2010年2月,银行间债券市场的成员总数是9366家,其中丙类账户中的非金融机构已达到6007家,占全部市场成员的64.14%。从数量上看,非金融机构已经成为银行间债券市场一支重要的生力军。而未与中央债券簿记系统直接联网的非金融机构能够进入银行间债券市场,正是借助了债券结算代理制度这一重要的市场安排。

自1998年银行间债券市场开始该业务的试点以来,债券结算代理制度不断得到完善,业务也得以不断深化和拓展。2001年5月,中国人民银行批准4家国有银行、10家股份制银行和25家城市商业银行开展债券结算代理业务,代理对象仅限于中小金融机构。2002年10月,中国人民银行下发了《关于中国工商银行等39家商业银行开办债券结算代理业务有关问题的通知》,将代理对象扩展到非金融机构法人。2005年,结算代理行已增加到44家。自债券结算代理业务开办以来,代理开立账户数量、代理结算托管量、代理结算交易量等方面都取得了较快的发展。2008年,43家债券结算代理行共计代理开户数为6449家,代理托管量为3892.2亿元,代理结算量达到51803.18亿元。②

具体分析我国结算代理业务的内涵,实际上该业务中已经含有经纪业务的成分。其一,如前所述,中小金融机构可直接与市场其他参与者(包括其结算代理行)进行交易,亦可逐笔委托其结算代理人与其他市场参与者进行交易。这在《全国银行间债券市场债券交易管理办法》中已有明文规定,非金融机构应委托结算代理人进行债券交易和结算。③ 在中小金融机构委托其结算代理人与其他市场参与者进行交易的情况下,其结算代理人所为的行为实际上就是经纪业务。其二,在实践中,债券结算代理人从事的结算

---

① 中央国债登记结算公司:《债券交易与结算》,中国金融出版社2008年版,第60页。

② 中国债券信息网:《中国人民银行关于2008年度债券结算代理业务开展情况的公告》,http://www.pbc.gov.cn/publish/tiaofasi/584/2009/20090729200911676210851/20090729200911676210851_.html,最后访问时间2013年5月28日;以及石贝贝:《招商银行债券结算代理业务量2008年居全国首位》,载《上海证券报》2009年4月15日。

③ 《全国银行间债券市场债券交易管理办法》第10条。

代理业务已经远远超出了代理结算的范围,如客户培训、信息服务、理财咨询等,利用自身在信息和客户资源方面的优势开展了债券经纪业务,赚取佣金。[①] 据了解,在实践中出现结算代理人通过挂靠丙类账户的方式为客户开展的经纪业务。

尽管在债券结算代理制度之下,中小金融机构和非金融机构法人可以通过债券结算代理人进行交易,可以被认为是债券经纪业务的有益尝试[②],但它仍与真正的债券经纪有着很大的区别。首先,从事债券经纪业务的商业银行与投资者之间的法律关系应当属于信托关系,但目前商业银行在结算代理业务的形式之下所从事的仅是简单的代理,与信托关系有着本质的不同,其目前也不能发挥信托关系所能起到的活跃交易的作用。其次,商业银行的代理对象仅限于中小型金融机构和非金融机构,而将广大个人投资者群体排除在外,个人投资者只能通过商业银行柜台市场与其开户的商业银行进行交易。并且目前广大非金融机构在银行间债券市场上只能与银行间债券市场上具备做市商资格或债券结算代理业务资格的金融机构进行债券交易,非金融机构仅能从事现券买卖和逆回购业务,其活动范围受到了很大的限制。再次,债券经纪业务尚未在制度上予以明确规定,结算代理人若开展了经纪业务,在结算代理业务应有的办理债券托管账户开户、销户,办理有关结算手续,办理利息支付和本金兑付等事宜之外,还包括了提供投资建议、培训客户等,内涵广泛,但代理费用却相对比较低。根据《关于开办债券结算代理业务有关问题的通知》,代理费用包括托管账户维持费和债券结算代理佣金。托管账户维持费按中央结算公司有关业务规则制定的标准收取。债券结算代理佣金由结算代理人和委托人商定,但不得超过结算债券面值总额的0.1‰。这被认为是收益与支出不匹配,可能影响结算代理人开展此项业务的动力。但若按照经纪业务收取佣金,在现行制度框架内又可能被认为是违规操作。在这些因素的限制之下,这一制度对增强市场流动性的作用十分有限,未达到最初制度设计的目标。2008 年底,43 家债券结算代理行共计代理开户数达 6449 家,占全部市场成员(8299 家)的 77.7%,

① 高远、肖丹:《关于债券结算代理业务发展现状及向经纪业务转变的探讨》,载《河北金融》2008 年第 3 期;以及刘晓妍:《债券结算代理业务:中小企业融资的新思考》,载《金融与经济》2009 年第 4 期。

② 冯光华:《中国债券市场发展问题研究》,中国金融出版社 2008 年版,第 93 页。

但全年代理托管量和结算量所占比例则相当小。其中，代理托管量为3892.2亿元，仅占银行间债券市场全部债券托管量（151102.26亿元）的2.58%。此外，债券结算代理业务发展存在着严重的不平衡现象，从代理开户数、代理托管量、代理结算量等指标上都可以看出两极分化的问题。在2008年开展债券结算代理业务的43家银行中，有26家银行的代理托管量为10亿元以下，其中代理托管量为0亿元的有4家银行，15家银行的代理结算量为100亿元以下，其中代理结算量为0亿元的有6家银行，存在着“睡眠户”的现象。显然，商业银行在活跃市场方面发挥的作用还远远不够，非金融机构加入银行间市场的潜力还没有被充分挖掘出来。实践孕育着制度变革与创新的现实需要，已经有许多学者提出应当以结算代理为载体，探讨开展经纪业务的途径。

但现实中也存在着诸多对商业银行开展债券经纪业务的疑虑或诟病，主要包括：（1）由于商业银行都有自营业务，在市场行情变化时，往往采取有意压低或抬高价格的方式损害委托人的利益，或为了满足自营的需求而延迟客户的交易委托，难以保证代理交易的公正性，并且目前制度并未放行商业银行开展经纪业务，在实行分业经营的中国也不能允许商业银行担任经纪人；（2）以存贷款为主营业务的商业银行与经纪业务专业化运作的要求相距甚远[①]；（3）如果委托人原本是银行自身的客户，则为其办理这项业务会影响甚至减少银行的存款，这对存贷款等传统业务仍是主营业务的银行而言是难以接受的，除非争取来的委托人是他行的客户。[②]

我们认为，这些担忧都可以通过一定的制度设计予以消除。

首先，商业银行的自营业务并不必然影响其公允地为客户的利益开展经纪业务。在采取全能银行模式的德国，银行内部的不同大类银行业务之间，在人事、资金等方面均实施独立的管理，彼此之间设有“防火墙”，特别是决策各有其严格的程序。[③] 可见，通过此种“防火墙”设计，是可以保证商业银行经纪业务的公正性的。真正的关键在于商业银行从事债券经纪业务在我国分业经营体制下的适法性问题。我国选择分业经营、分业监管的金融

---

① 冯光华：《中国债券市场发展问题研究》，中国金融出版社2008年版，第93页。

② 苏瑾：《结算代理业务现状及发展建议》，载《中国货币市场》2004年9月。

③ 黄达：《金融学》，中国人民大学出版社2003年版，第338页。

体制,是与我国尚不规范的金融市场和不甚完善的金融监管体系相适应的,但在当代世界金融业由分业经营向混业经营体制转型的潮流与金融市场全球一体化深入发展的大背景之下,尤其在中国加入 WTO 之后,逐步从分业经营向混业经营过渡,以提高国际竞争力、迎接国际上的严峻挑战,已经成为中国金融市场发展的必然趋势。① 事实上,我国在立法层面上已经逐步松动了对分业经营的限制,有学者认为,金融控股公司相对于全能银行模式是更为适合中国国情的走向混业经营的目标模式。2003 年修正的《商业银行法》将原来的第 43 条修改为:“商业银行在中华人民共和国境内不得从事信托投资和证券经营业务,不得向非自用不动产投资或者向非银行金融机构和企业投资,但国家另有规定的除外。”这一除外条款的规定可以认为是为向混业经营的探索埋下了一个伏笔,为成立金融控股公司留出了法律空间。又如,中国人民银行、中国银行业监督管理委员会和中国证券监督管理委员会于 2005 年颁布了《商业银行设立基金管理公司试点管理办法》,允许商业银行设立基金管理公司,募集和管理基金,则在这一探索进程中迈出了实质的一步。实践中,目前我国也已经存在着一些金融控股公司,一类是由于历史的原因造成的,例如中信公司、光大集团和平安集团;另一类是得到中国主管部门特批的一些商业银行组建的金融控股公司。我们认为,在解决商业银行从事债券经纪业务的合法合规问题上可以采取金融控股公司这一形式,即将债券经纪业务从商业银行中剥离出来,成立独立的债券经纪公司,以商业银行、债券经纪公司等为核心、以资本为纽带建立金融控股公司。

其次,对商业银行债券经纪业务专业化水平不足的担心大可不必。实际上自中国外汇交易中心于 1997 年 6 月开办银行间债券交易业务以来,商业银行在银行间债券市场上纵横捭阖已近十六载,可以说是积累了丰富的债券业务操作的经验,并且考虑到商业银行在银行间债券市场上的主导作用以及银行间债券市场在中国债券市场上的绝对优势地位,实际上商业银行的债券业务水平在中国债券市场上恰恰是处于领先之地位,只要商业银行在未来扩展经纪业务时能够保证战略上的重视与财力、人力、技术等方面的支持,商业银行在其经纪业务运作中显示出足够的专业水准是可以期

① 鲁向东、张立洲:《金融业走向混业经营的战略构想》,载《财经问题研究》2002 年第 11 期。

待的。

再次,固守存贷款等传统业务只会造成商业银行利润来源渠道过于单一,即主要限于存贷利差,而这是很成问题的。综合经营多种业务有利于以多元化资产结构分散风险,同时拓宽利润来源。未来商业银行债券经纪业务纳入制度框架之后,考虑到债券经纪业务包含服务的多样性,商业银行从事债券经纪业务所获得的佣金与从存贷款业务上所获得的收益相比显然应当是占有优势的,开展债券经纪业务对商业银行而言也是具有充分的吸引力,商业银行不应因噎废食。

进一步分析,我们还可以看到,商业银行在银行间债券市场上从事债券经纪业务实际上具有很大的优势,并且对银行间债券市场的发展有着极端重要的作用。其一,商业银行的债券经纪业务对降低交易成本、提高市场效率发挥着重要的作用。2002 年以来,银行间债券市场上非金融机构的身影从无到有,时至今日,还有越来越多的非金融机构加入到银行间债券市场中,截至 2010 年 2 月,银行间债券市场上丙类账户中的非金融机构已达到 6007 家,占全部市场成员(9366 家)的 64.14%。但这些非金融机构在银行间债券市场上却并非如鱼得水。一方面,分散的非金融机构投资人从众多潜在的交易对手中通过自身逐一询价最终找到交易对手将面临着高昂的交易成本;另一方面,债券市场的很多交易不仅涉及价格变量和数量变量,还涉及期限变量等复杂因素,非金融机构投资人在银行间债券市场上往往属于掌握信息不充分的一方,在信息搜集、分析能力上相对薄弱。可见,单由非金融机构投资人相互之间进行债券交易,不仅对其自身困难重重,而且也将难以实现债券市场高效率的要求。而商业银行凭借其多年的操作已经建立起了广泛的信息网络和熟悉市场行情的专业队伍,通过经纪服务将广大非金融机构投资人的供求信息汇集起来,使非金融机构投资人的报价得以集中,由其作为经纪人,能极大地降低非金融机构在依靠自身力量搜寻交易对手过程中所发生的市场交易成本,并使非金融机构投资人在价格、数量、期限、信用等信息充分把握的基础上能够及时地作出交易决策,从而大大提高市场的交易效率。[①] 其二,商业银行开展债券经纪业务能够有效地推动我

① 中央国债登记结算有限责任公司债券研究会主编:《债券市场前沿问题研究》,中国市场出版社 2007 年版,第 330—331 页。

国银行间债券市场流动性的提高。流动性是衡量债券市场发展质量的重要标志。可以说债券市场功能的充分发挥关键在于市场流动性的提高。而目前我国银行间债券市场的流动性不高,2009 年现券交割量为 488682.15 亿元,债券托管量为 175294.7 亿元[①],现券交割量占债券托管量的比重为 278.78%,与美国、日本债券市场 10 倍以上的流动性相比相差甚远。[②] 而所谓"经纪商为市场组织流动性",经纪商的重要贡献正体现在其对流动性的促进功能上。前述商业银行开展债券经纪业务带来的交易成本降低、市场效率提高进而增强流动性的作用自不必言,除此之外,其增强流动性的作用还体现在如下两个方面:一方面,非金融机构乃至个人投资者都可以借由经纪人——商业银行而进入银行间债券市场,充分扩大银行间债券市场的参与主体范围,扩展这些投资人的参与幅度,为银行间债券市场流动性的提高奠定必要的基础。另一方面,由于银行间债券市场在交易与结算费用、结算安排等方面优越于交易所市场,一旦在法制框架内确立了经纪人制度,非金融机构与个人投资者可以与金融机构一道享受到银行间债券市场的优越条件,中国债券市场整体流动性将会出现大幅度的提升。详而言之,在交易与结算费用方面,银行间债券市场的费用要远远低于交易所市场的费用。具体而言,根据同业拆借中心于 2005 年 11 月 3 日颁布并生效的《中国外汇交易中心、全国银行间同业拆借中心关于本币市场实行有偿服务的通知》(中汇交发[2005]302 号),以及 2006 年 8 月 2 日印发的《关于调整本币市场交易计费方式及实行优惠措施的通知》(中汇交发[2006]217 号),同业拆借中心对本币市场服务的收费内容包括四方面:交易手续费、交易终端使用费、数据接口服务费、中国货币网和中国票据网服务费。在主要的收费项目即交易手续费方面,通过询价系统进行的交易按融资类交易和买卖类交易以及融资类交易按期限实行区别费率:1 天(含隔夜)融资类交易按百万分之零点五计费,2 天以上(含 2 天)融资类交易按百万分之一点五计费,买卖类交易按百万分之二点五计费,以当年每个交易日发生的交易量为计费基数逐笔计费,按季收费。此外,同业拆借中心还实行了一些优惠措施,如:通过

---

① 数据来源于中国债券信息网(www.chinabond.com.cn)的统计月报。

② 中央国债登记结算有限责任公司债券研究会主编:《债券市场前沿问题研究》,中国市场出版社 2007 年版,第 330 页。

按交易量分段实行优惠费率对交易量大的机构实行优惠（具体优惠措施见表5-1）；对单笔交易实行手续费封顶，对大额交易实行优惠，即单笔交易手续费若超过1000元，则按1000元收取该笔交易的交易手续费。在后台中央国债登记结算公司方面，其收费项目包括结算过户服务费和账户维护费。结算过户服务费因交易品种、结算方式、收费对象、收费标的的不同而不同，例如，现券交易如果采用纯券过户的结算方式，则每笔向结算双方收取100元，如果采用见券付款、见款付券、券款对付的结算方式，则每笔向结算双方收取150元，不论每笔交易量有多大。账户维护费则根据账户类型和托管量收取相应的费用，例如，甲类账户如果托管量超过200亿元，则按每月每户收取1.8万元，如果托管量小于200亿元，则按每月每户收取1万元。总体上来看，按笔收费是银行间债券市场的一个重要特征。交易所债券市场则按成交金额的一定比例收取交易费用，以上海证券交易所的现券交易为例，交易费用为成交金额的0.02%。[①] 这样，一笔1亿元的现券交易，银行间债券市场（假设采用纯券过户的结算方式）的交易费用为2600元（$100000000 \times 0.000025 + 100$），交易所债券市场的费用（$100000000 \times 0.02\%$）为2万元，后者为前者的7.69倍。显而易见，银行间债券市场的费用要明显低于交易所债券市场的费用。而在结算安排方面，我国银行间债券市场实现了全体参与者（包括银行机构和非银行机构）RTGS + DVP +“央行货币”的结算方式，在防范结算风险方面做得甚为成功。DVP（Delivery versus Payment），即券款对付，是债券与资金同步进行相对交收并互为交收条件的结算方式。我国银行间债券市场DVP的基本过程是：中央结算公司债券簿记系统根据交易者提出的债券结算指令，直接向央行簿记系统发出资金划收即时转账报文，债券簿记系统在收到央行支付系统清算通知的同时办理债券过户，从而实现每笔交易的债券和资金同步交收。而该DVP又采取了实时全额（Real Time Gross Settlement）的券款对付模式，并且使用的结算资金是“央行货币”，即结算双方均使用在中央银行开立的准备金账户进行结算处理。DVP能有效地控制信用风险和流动性风险及其引发的其他风险，实时处理则大幅度提高了结算效率，而直接使用“央行货币”作为结算

① 数据来源于上海证券交易所网站（www.sse.com.cn）：《交易费用：沪市证券交易及相关业务费用表》。

资金最大限度地降低了支付的信用风险和流动性风险，使该结算方式成为确定性最强、效率最高的结算方式。[①] 而在中国证券登记结算公司的系统，债券过户在交易日（T 日）完成，资金交收则在交易次日（T+1 日）完成，DVP 因而未能实现，资金清算支付基本是通过交易所与交易商指定的清算银行实施。[②] 由此可见，在结算风险的防范、结算效率等方面，银行间债券市场均具有优越于交易所市场的制度设计。

表 5-1　交易手续费折扣累进优惠表

交易种类	交易量区间（亿元）	手续费优惠幅度（%）
融资类交易 1 天品种	0—4000（含 4000）	0
	4000—8000（含 8000）	10
	8000—12000（含 12000）	20
	12000—16000（含 16000）	30
	16000—20000（含 20000）	40
	20000 以上	50
融资类交易 2 天及以上品种	0—4000（含 4000）	0
	4000—8000（含 8000）	10
	8000—12000（含 12000）	20
	12000—16000（含 16000）	30
	16000—20000（含 20000）	40
	20000 以上	50
买卖类交易	0—2000（含 2000）	0
	2000—4000（含 4000）	10
	4000—6000（含 6000）	20
	6000—8000（含 8000）	30
	8000—10000（含 10000）	40
	10000 以上	50

综上所述，我们认为，商业银行开展债券经纪制度能够极大裨益于中国债券市场效率和流动性的整体提升，银行间债券市场的债券经纪制度应当得到足够的重视，应尽快研究设计适合于我国国情的银行间债券市场的债

① 中央国债登记结算有限责任公司债券研究会主编：《债券市场前沿问题研究》，中国市场出版社 2007 年版；曹海珍：《中国债券市场发展的理论与实践》，中国金融出版社 2006 年版；中国人民银行：《2008 年中国金融市场发展报告》，中国金融出版社 2008 年版。

② 袁东：《债券市场：交易制度与托管结算》，经济科学出版社 2005 年版，第 142 页。

券经纪制度,明确债券经纪制度的运行机制与业务规则以及债券经纪人的权利与义务等内容,推动现阶段的结算代理制度向经纪制度转变,以发挥经纪制度的功效。

(三)经纪制度的未来发展

在未来商业银行开展债券经纪业务的具体制度设计上,我们提出以下几点构想:第一,有观点认为,我国“分业经营、分业监管”金融体制下商业银行从事债券经纪业务存在合法性问题。本书认为,一方面,我国《商业银行法》要求商业银行不得从事证券业务,其具体规定为“国家另有规定的除外”,而非“法律法规另有规定的除外”。因此,实务中认为,央行作为我国银行间市场的主管机关,其作出的规定即可视作“国家规定”,在此基础之上,商业银行参与相关银行间市场的业务,即为合法。另一方面,前文已述,采取由证监会授权的方式,可以有效解决银行间市场从事证券业务的矛盾。但是,从风险角度考量,银行间市场从事证券业务的性质意味着需要负担高于银行业的风险。因此,基于风险防控的“防火墙规则”可以将债券经纪业务从商业银行中剥离出来,成立独立的债券经纪公司,并建立以商业银行、债券经纪公司等为核心、以资本为纽带的金融控股公司,从而独立出来的债券经纪公司可以利用原来商业银行债券业务方面的网络渠道与专业能力拓展债券经纪业务。

第二,在证监会授权银行间债券市场履行一线管理职权后,发展经纪人和会员管理规则、经纪人业务规则、完善信托合同条款和强行法规则,将债券经纪人与投资者之间的法律关系构建为信托关系,改造当前的结算代理业务,从而为未来与国际接轨进行铺垫。

具体而言,即投资者基于对债券经纪人(受托人)的信任,与经纪人订立债券经纪合同,将自己的财产权委托给经纪人,由经纪人按投资者的意愿,以经纪人的名义,为投资者的利益或特定目的,进行管理或处分的行为。①这里,投资者既是委托人又是受益人,此种信托属于自益信托。应当注意到,当前结算代理业务的某些制度安排实际上已经为信托关系的建立准备了一定的基础。其一,结算代理人目前提供的代理结算服务,使中央结算公

① 参见《中华人民共和国信托法》第2条。

司对众多投资者结算行为的有效组织成为可能。其二,企业的丙类账户是企业直接在中央结算公司开立的,属于一级托管账户,是中央结算公司的客户,作为一级托管人的中央结算公司必须对丙类账户的账务数据记载的正确性和完整性负责。企业除可以通过结算代理人查询自身账户情况外,还可以在营业时间随时通过中央结算公司的中央债券语音/传真查询系统查询其托管账户情况,直接得到可靠的账户信息[①],除可查询其债券余额外,还可查询到具体的每笔交易的情况,从而在一定程度上实现信息披露的要求和投资者对经纪人的监督,在这个意义上近似于信托登记制度实现的功能。中央结算公司还考虑在未来为丙类账户提供专门的网上查询系统,将为投资者了解其账户情况提供更大的便利。

在这些基础上,我们可以考虑更进一步,将当前的结算代理业务转变为经纪业务。一者,经纪人不仅可以接受企业投资人的委托,亦可以吸纳个人投资者,使银行间债券市场参与者多元化,也使社会上投资者群体都能够进入银行间债券市场,分享银行间债券市场上的优惠与利益,这也有助于中国未来债券市场的统一。并且考虑到此种制度设计下的经纪人在数量上较之做市商占有绝对优势,且覆盖面广,通过发挥其信息集约化优势,进而促进成本降低效率提高的作用将十分显著,并且其促成的成交价格也将更加接近市场的真实情况。[②] 二者,建构了信托关系之后,经纪人即有权为受益人的利益在投资者报价的基础上进行一定的浮动,这样经纪人就可以根据市场及时、灵活地进行证券交易,从而实现投资者权益的最大化,同时起到活跃交投的作用,其对整个债券市场流动性的正面影响不容低估。

四、积极研究推出债券衍生产品完善我国固定收益产品市场

我国债券市场的深入发展,还需要衍生产品的有力配合。衍生产品除

---

① 中央国债登记结算公司:《债券交易与结算》,中国金融出版社 2008 年版,第 119 页。

② 孙宇:《银行间市场的价格形成机制——兼论做市商、经纪商的功能》,载《中国货币市场》2004 年第 5 期。

为市场参与者提供规避市场风险的重要工具之外，在基础产品的合理定价上也发挥着重要的作用。[①] 而在债券市场上，衍生产品对实体经济的推动还有着更为深远的意义。可以说，发展固定收益类的金融创新产品对于我国多层次市场的发展具有重大意义，债券市场中的衍生品交易是统一的固定收益产品发展的必由之路。

现阶段，债券品种和市场流动性不足已成为制约我国债券市场发展壮大的主要原因。而在继续推出新的基础产品之外，推出新的衍生品，实现从基础产品市场向衍生产品市场发展，是丰富债券品种的重要途径。还可以想见，新的衍生工具的出现，又必然衍生出更多更新的交易品种和交易方式，多种交易产品必然要求与之相适应的多种交易制度的建立，从而推动市场的全面创新，大大增加基础产品市场的深度和广度，并进而提高市场的流动性，降低市场的风险[②]，因此，未来依托银行间债券市场建立和发展债券衍生品也可谓顺理成章。

尽管近年来我国衍生品市场已经取得了显著的进步，但仍应当清醒地看到，我国衍生品市场的发展还并不充分。一方面，目前我国银行间债券市场已推出了包括债券买断式回购、债券质押式回购、债券远期交易、人民币利率互换、债券借贷[③]、远期利率协议等在内的衍生产品，交易所债券市场方面则推出了债券质押式回购，但总体上交易所的交易量近年呈现出萎缩态势。可见，许多对我国金融系统、整体社会经济有益的衍生品种尚未开发，远远不能满足市场的需要。另一方面，现有衍生品的交易规模仍相对较小，交易不够活跃，流动性状况堪忧。我国衍生产品市场发展的相对滞后，一方面不利于国内金融企业提高国际竞争力，另一方面则使得我国衍生产品的定价权受到境外衍生品市场的挑战，实际上不利于中国的金融安全。

从这些问题出发，推动我国债券市场衍生产品发展应当从丰富衍生产品品种、提高衍生产品市场流动性方面着手。

首先，应当积极推出新的衍生产品，并且应当着重补充对我国金融体系

---

① 中国人民银行：《2008 年中国金融市场发展报告》，中国金融出版社 2008 年版，第 92 页。

② 中央国债登记结算公司：《债券市场》，中国金融出版社 2008 年版，第 251 页。

③ 中国人民银行于 2006 年 11 月初发布《全国银行间债券市场债券借贷业务管理暂行规定》，宣布银行间债券市场于 2006 年 11 月 20 日起正式推出债券借贷业务。

和整体经济秩序具有重要意义的衍生产品品种。着眼于我国债券市场的具体情况,可以考虑推出包括国债期货、利率期货[①]、利率期权、信用衍生产品等品种,为债券市场投资者提供更加丰富的风险管理工具。其中,发展国债期货的时机可谓最为成熟。国债作为债券市场上的最基本品种,不仅是目前我国债券市场最受欢迎、市场交易最活跃的交易品种,而且它的发行机制、监管机制都较为完善。此外,根据发达国家的经验,国债期货交易必须以一定规模的现货市场为支撑。各国开展国债交易之初,其国债占 GDP 份额大致为 14%—45%。而当前中国国债规模占 GDP 份额约为 15%,已经高于韩国(14.4%)等国开展国债期货时的水平,应该说已经达到了可以支撑国债期货市场发展的现货市场的一定规模。[②] 再者,各个期限国债发行量的增加,我国国债的期限结构的进一步改善,还将为国债期货的发展准备更为充分的基础,并且有助于建立一个具有流动性的人民币收益率曲线,进而裨益于目前中国市场缺乏无风险收益率曲线作为衍生品定价基准问题的解决。我们有理由期待国债期货的发展将成为近期内债券市场发展的一个重头戏。利率期货和利率期权对中国同样有着重要的意义。其一,随着中国利率市场化的发展,利率波动风险日益突出,在缺乏有效风险对冲工具的情况下,广大经济主体面临着越来越大的风险暴露,利率期货和利率期权则可以为广大经济主体提供规避利率风险的对冲工具,可以起到稳定利率市场,降低由升息或降息等货币和财政政策产生的系统风险的作用。其二,通过价格发现功能的实现,利率期货和期权有助于形成市场认可的、充分反映市场货币供求的市场基准利率。[③] 信用衍生品的发展也有着深远的意义。在我国以间接融资为主的格局下,集中于银行体系的信用风险仍然是我国金融系统中潜藏着的最大风险。发展信用衍生产品市场,使信用风险在市场参与者之间便捷地买卖和转移,有利于银行业信用风险的转移和分散,促进

---

① 利率衍生产品中,除了一部分是以货币存款利率作为基准外,大部分都是以债券为基础资产,因此利率衍生产品一般是指债券衍生品。因此广义上国债期货属于利率期货的范畴,但考虑到国债期货在我国发展时机最为成熟及其重要性,这里将国债期货与利率期货分而述之。参见中央国债登记结算公司:《债券交易与结算》,中国金融出版社 2008 年版,第 173—174 页。

② 谢圣姬:《中国金融衍生品市场发展研究》,复旦大学 2008 年硕士学位论文,第 43 页。

③ 卢文莹:《利率期货与期权》,复旦大学出版社 2008 年版,第 81 页。

我国金融系统的整体稳定。① 值得一提的是，经中国人民银行批准，2010 年 10 月，中国银行间市场交易商协会发布了《银行间市场信用风险缓释工具试点业务指引》，正式推出了中国市场的第一类信用衍生产品——信用风险缓释工具。从《指引》施行以来的市场情况看，信用风险缓释工具的交易尚不活跃，与该信用衍生产品相关的会计、税收及法律制度也不甚完备，但是，我们认为，作为债券市场的一项重要的功能性补益，中国的信用衍生品市场将会在不久的将来得到稳步的完善和发展，市场的活跃程度也将伴随着更多主体的参与而逐步提高。

其次，债券市场衍生产品的发展与基础产品的发展是相互促进的。一方面，衍生产品的发展能够增加基础产品市场的深度和广度，而另一方面，衍生产品的发展也需要现货市场的壮大来提供有力的市场基础。在现货市场的发展问题上，中国债券市场仍是任重道远。再次，债券市场衍生产品的发展需要作为衍生品市场重要基础设施的利率市场化的深化：衍生品的报价和定价的实现，需要完善的市场利率曲线作为市场定价的基准。而目前人民币利率曲线不尽完善，市场参与者缺乏进行准确定价和设计产品的依据，这正是中国债券远期和利率互换等衍生品不活跃的主要原因之一。应当看到，衍生产品的发展本身即有助于建立一个具有流动性的人民币收益率曲线，而且中国在利率市场化方面已经作出了突出的成绩，并已经为利率衍生品的推出提供了条件，以 3 个月上海银行间同业拆放利率（简称 3MShibor）为基础的利率远期协议和以 3MShibor 为基础的人民币利率互换协议就是在央行 2007 年 1 月 4 日推出 3MShibor 后应运而生的。但不容忽视的是，市场化的广泛认可的利率并未形成，衍生产品发展的障碍仍未扫除，利率市场化改革仍需提速。

不仅如上所述，债券基础产品与衍生产品的发展有着相互促进的关系，实际上债券基础产品与衍生产品还有着更为内在的联系，其对于对冲交易的发展具有重大意义。具体来说，由于债券等固定收益工具收益、期限相对固定，适合于投资者进行各种技术分析，而其易分割或易组合的特点则使投资者可随意构建投资组合，从而可以满足投资者多样化和个性化的需求，体

① 中央国债登记结算公司：《2007 中国金融市场发展报告》，中国金融出版社 2008 年版，第 111—112 页。

现资金成本、规避风险的各种要求，由此可以说，由于债券本身的特点，债券天然就是最适合作为金融衍生产品的基础资产。[①] 因此，我们更应把握债券基础产品与衍生产品这种相伴相生的关系，一方面大力发展现货产品，另一方面推动衍生产品的繁荣，并配合现货产品，进一步促进市场效率的提高与市场流动性的增强。不仅如此，充分利用银行间债券市场由同业拆借中心提供的前台交易系统与中央结算公司提供的后台托管结算系统，可以搭建起我国统一的固定收益产品市场。从目前的情况来看，同业拆借中心设计开发的新一代本币交易系统本身就是现货与衍生产品一体化的交易平台[②]，依托于中央结算公司的后台系统，银行间债券市场目前也已经实现了高效、安全的 DVP 机制，使债券与现金转换更便捷、风险更低，从而为基于债券与现金快速转换的衍生产品创新奠定了重要基础。[③] 在基础设施已相对完备的情况下，我们更应该充分利用此平台，为固定收益产品市场的发展和创新发挥更加积极的作用。

五、完善债券市场及衍生品市场的信息披露制度

债券市场的健康发展离不开信息披露与信用评级制度的保驾护航。信息披露制度是提高债券市场透明度的有效途径，其对于克服债券市场上的信息不对称，防范内幕交易和欺诈行为，保护投资者权利，促进衍生品价格发现和资源配置功能实现具有重要的意义，也是降低金融体系风险的必要条件，信息披露制度因此成为债券市场监管的核心，在债券市场法律制度中处于基础性的地位。

目前，我国衍生品监管主要是对其业务进行审批和对其经营的合法性进行监管，对日常经营过程中的风险性监管尚未真正进行，基本上还是重审

---

① 中央国债登记结算公司：《债券交易与结算》，中国金融出版社 2008 年版，第 173 页。

② 中央国债登记结算公司：《2008 中国金融市场发展报告》，中国金融出版社 2009 年版，第 34 页。

③ 同上书，第 40 页。

批、轻管理，重视银行存贷业务的质量和风险、轻表外业务的质量和风险。[1] 可以说我国债券市场的信息披露制度远远没有发挥其应有的作用，尤其在银行间市场上，监管缺位这一问题十分严重。银行间市场上交易的产品尤其是衍生产品缺乏信息披露，潜藏着巨大的风险。实际上世界各国都存在对衍生品场外交易监管不足的问题，2007 年以来肇始于美国并酿成全球金融风暴的信贷危机，究其原因，信用违约掉期（CDS）缺少充分的信息披露和监管缺位难逃其咎。目前，CDS 的监管问题已经引起了美国有关部门的重视，如纽约联邦储蓄银行就在极力推动市场参与者进行信息披露。[2] 美国的这一惨痛教训再次证明了信息披露制度对于发展健康、安全的衍生品市场的极端重要性。

国际清算银行巴塞尔委员会也将信息披露作为对金融衍生品监管的重点。巴塞尔委员会提出的信息披露的原则包括：信息披露应将定性与定量相结合；既要说明衍生品业务的范围、特性及其对金融机构盈利的影响，也要揭示衍生品交易的风险及管理措施；披露的信息应与金融机构内部风险管理系统相一致，从而体现最新的风险度量和管理技术。[3] 我们认为，巴塞尔委员会提出的有关信息披露的原则是值得借鉴的，具体而言，完善我国债券市场的信息披露制度可以从以下几个方面着手。首先，信息披露义务人应当包括发行人与信用评级机构。在确定信息披露义务人时应当严格依照申报人负责的原则，因此发行人是当然的信息披露义务人。此外，通过引入推定原则，将申请过程中的附带承诺人也纳入信息披露义务人的范围，这里的附带承诺人主要指的就是信用评级机构。我国信用评级行业目前弄虚作假现象的存在，在很大程度上就与评级机构在信息披露中的义务与责任不明确有很大的关系。因此，建议将评级机构列为信息披露义务人，并建立相应的对评级机构的评价机制及惩罚退出机制，在其不履行其信息披露义务时，要求其承担相应的法律责任，甚至逐出评级市场。其次，相关信息披露义务人负担的信息披露责任是持续性信息披露责任。在这一责任之下，相

---

① 高汉：《金融衍生工具法律监管的思考——以美国次级债危机为视角的分析》，载《金融与经济》2008 年第 9 期。

② 黄益平：《我国上市银行衍生金融工具信息披露研究》，厦门大学 2009 年硕士学位论文，第 20 页。

③ 张立勇：《金融衍生品市场监管问题及对策》，载《湖北日报》2009 年 6 月 5 日。

关信息披露义务人有责任真实、准确、完整且无误导地披露与拟发行债券有关的一切信息,并且有责任及时、准确、持续地披露与已发行债券价格和利益有关的一切信息,有责任抑制和避免一切影响债券持有人重大利益的欺诈或误导行为等利益冲突行为。[①] 而持续性信息披露责任可以通过评级机构的持续性评级报告来具体化。我国银行间债券市场基本上已经形成了一个信息披露的规范体系,对债券信息披露的具体规定也包含了发行前的公告、交易流通期间的定期和重大事件公告,但这种制度上的规定尚未充分在实践中得到落实,发行后的持续信息公开可以说是寥寥无几。[②] 再次,在衍生品信息披露的内容方面,我们认为,衍生品高杠杆性和高风险性的特征决定了其杠杆率和风险状况应当成为信息披露的重要内容,必须坚持风险可控原则。由于衍生品交易具有很高的杠杆性,随着衍生品合约标的物价格的变动,合约价值的变动可能数十倍于所缴纳的保证金,可能的盈利与亏损的幅度都被极大地放大,放大到整个市场上,这种杠杆性发挥的作用将更加不可想象。因此,衍生品的杠杆率必须在信息披露环节中向投资者公开。巴塞尔委员会于 1994 年 7 月 26 日与国际证券委员会共同发表了一份联合报告,将金融衍生品交易的风险分为六类,即市场风险、信用风险、流动性风险、操作风险、结算风险和法律风险。[③] 我们认为,在衍生品交易的各种风险中,考虑到流动性风险对投资者利益的巨大影响,卖方至少应对衍生品交易的流动性风险、市场风险等进行披露。流动性风险包括两方面的内容。一是市场流动风险,即由于市场环境的急剧变化及场外衍生品的非标准化而导致交易者未能迅速以足够的数量和合理的价格变现或平仓。[④] 一般来说,场外交易的衍生品,由于绝大多数合约是根据交易双方的需要量身定做的,遇到市场价格波动剧烈时,往往很难找到交易对手进行平仓止损,因而面临的市场流动风险大。二是资金流动风险,即衍生品交易者流动资金不足,合

---

① 董安生:《国际货币金融法》,中国人民大学出版社 1999 年版。

② 刘铁峰:《银行间债券市场信息披露制度研究》,载《中国货币市场》2009 年第 2 期。

③ 叶永刚:《衍生金融工具》,中国金融出版社 2004 年版,第 248 页。

④ 陈晶晶:《场外金融衍生品市场的监管制度研究》,吉林大学 2009 年硕士学位论文,第 9 页。

约到期时无法执行支付义务或无法按合约要求追加保证金的风险。[①] 市场风险指衍生品因基础产品的市场价格发生不利变动而带来损失的风险。这类风险若不能很好地控制，对于衍生品交易者而言也可能是致命的。[②] 除流动性风险和市场风险之外，一切对衍生品价格和投资者利益造成影响的其他风险，也都应当得到适当的披露。此外，在对衍生品各种风险进行披露的基础上，还应对衍生品的整体风险作出说明，以使投资者更便捷地把握衍生品的总体风险状况，妥善保护自己的利益。最后，在信息披露的具体实现上，需要仰赖信用评级发挥作用。信用评级正是服务于信息披露的需要，起到一个简化信息披露的作用，此二者是紧密联系的。信用评级的主要功能在于揭示信用风险，显示债券的投资品质，进而为投资者的债券投资决策提供便利。具体而言，一方面，信用评级是预测债券违约风险的良好指标。国际经验表明，高信用级别债券的违约率明显低于低信用级别债券。另一方面，根据财务管理的基本原理，风险与报酬同增。若债券的投资风险较高，往往需要较高的投资报酬率对投资者予以补偿；而若风险较低，投资者则可接受较低的投资报酬率，也就是说，信用评级的等级与债券的投资报酬率之间有着高度的相关性。[③] 投资者正是根据风险和收益对称的原则来决定是否投资某固定收益产品。实践中，信用评级对于一些比较成熟的投资者而言已经成为其投资决策不可缺少的工具。国际上著名的信用评级公司——标准普尔和穆迪公司的每一项评级结果都直接影响了国际金融市场的投资决策。[④] 笔者在调研中所了解到的某商业银行在其债券投资管理中还建立了内部评级，并进而规定在既有外部的债项评级或发行主体评级又有内部评级的情况下，以内部评级为准。此外，信用评级还是重要的固定收益产品定价工具。利率是发行价格的主要因素，它是在基准利率的基础上加上由信用等级确定的风险溢价。如前所述，信用等级和信用风险的大小有着明显的负相关性。由此可见，信用评级提供了衡量信用风险的相对可靠的标

---

① 黄益平：《我国上市银行衍生金融工具信息披露研究》，厦门大学 2009 年硕士学位论文，第 11—12 页。

② 同上注，第 11 页。

③ 陈朴、姜振寰：《国外债券信用评级的要点及发展趋势研究》，载《哈尔滨工业大学学报》（社会科学版）2009 年 5 月。

④ 马文洛：《信用评级：债券定价的主要依据》，载《上海证券报》2005 年 2 月 3 日。

尺，是衡量风险溢价的有效工具，由此对固定收益产品的定价起到重要的参考作用。事实上，随着债券市场的快速发展，信用评级受到了越来越多的关注，信用等级的定价作用也日益显著。[①] 信用评级作为债券及衍生品市场的基础设施的重要组成部分，其重要性不言而喻，在此基础上，我们提出，应当积极发展完善我国的信用评级行业，发挥其在信息披露中的重要作用。评级机构应当改进信用评级的规则，充分地说明衍生品的杠杆率和风险状况，并且建立科学、合理的定价模型，使投资者能够简单、便利地了解衍生品的风险与投资品质。目前，根据中国人民银行发布的《信贷市场和银行间债券市场信用评级规范》，银行间债券市场中长期债券信用等级分为 AAA、AA、A、BBB、BB、B、CCC、CC、C（除 AAA 级、CCC 级（含）以下等级外，每一个信用等级可用"＋"、"－"符号进行微调，表示略高或略低于本等级）；银行间债券市场短期债券信用等级分为 A-1、A-2、A-3、B、C、D（每一个信用等级均不进行微调）。我们认为，评级机构同理也可以对不同的衍生品进行分类，并且考虑到衍生品的复杂性，评级机构应当充分运用其专业能力，对衍生品的等级作出更为细致的划分。尽管衍生品的价格构成是极端复杂的，涉及艰深的金融工程学，但作为专业人士，评级机构也是有能力确定衍生品的定价原理并发展出衍生品的定价模型的。目前我国评级行业在评级技术水平上存在着明显的不足，大部分国内评级机构在评级方法上还未形成系统性的行业评级体系和不同产品的评级方法体系（尤其是结构化产品的评级模型方面的评级技术），这种落后的客观现实更说明我国评级机构应当扩大研究力量，加大在研究上的投入。只有这样，借助专业的评级机构的专业能力和独立、客观、公正的评判，投资者才可以对衍生品的风险度和价值有一个直观的了解，从而最大限度地控制债券市场上的风险。

---

① 《中国银行间债券市场信用评级行业年度报告（2008）》，中国金融出版社 2009 年版，第 9 页。

第六章　金融衍生品市场研究

发展金融衍生市场是我国继续金融深化进程的必然要求和现实需要，大力发展金融衍生工具是解决我国证券市场长期以来交易品种匮乏的有效路径。金融衍生品市场是保证安全性、流动性和盈利性的重要制度。[①] 根据美国经济学家米勒的观点，发展中国家经济的风险系数较高，因而更加需要衍生交易工具来平衡与转移风险。美国与其他发达国家金融市场的发展历史证明，金融衍生产品在规避风险、提高资本利用效率等方面发挥的作用不可替代。随着金融市场全球化与一体化的发展，金融风险的传播速度越来越快，影响也越来越大。在这种情况下，我国的金融体系面临着巨大挑战，与国际市场接轨、加快金融衍生品市场的建设无疑成为了资本市场发展的迫切需求。

应当明确的是，现阶段我国股指期货市场的格局表明：在产品设计、保证金比例和法律监管方向上的缺陷，导致沪深 300 指数期货存在被境外市场严重影响的风险。一直以来，大宗商品期货市场存在着境内市场随境外市场波动的情形，但鉴于国际商品期货市场巨大的交易量，作为全球市场一部分的中国市场亦不可避免地受其影响。然而，在股票现货市场相对独立于境外现货市场的股指期货领域仍出现这样的局面，将大大降低我国推出股指期货的意义。这种反常的状况，一方面，缩小了国内金融衍生品的市场规模，挤压了国内衍生品交易的利润空间。更为重要的是，未来随着市场的迅速发展将严重影响对本国现货市场的定价主动权，使得国外市场对国内市场的影响大为增加，并且引起市场波动的可能性和波动程度都将增大，同时还可能引起大额资金频繁进出中国，对市场造成较大冲击。一旦出现境

---

① 田超：《发展金融衍生品架构多层次资本市场》，http://www.jfdaily.com，最后访问时间 2010 年 4 月 16 日。

内市场走势完全依附境外市场的局面,则相当于放弃了对现货市场的定价权,也将导致市场监管难度的加大。应当指出的是,若跨市套利作用造成我国股指期货市场与全球市场的趋同,其唯一可能的积极因素在于导致政策因素的影响大为削弱,市场作用使政策控制无法发挥充分的功能,政策的合理性将经受市场规律的检验,这无疑将构成对政府和监管层政策的重大考验。

一、金融衍生品概述

(一) 金融衍生品的定义与基本特征

1. 金融衍生品的定义

金融衍生产品(financial derivatives)又称为“金融衍生品”、“金融衍生工具”、“衍生证券”、“衍生交易”、“金融派生品”等,其概念是相对于原生产品而言的,即从传统金融工具中衍生出来的新型金融工具。迄今为止,世界范围内针对金融衍生工具并未形成严格统一的定义。

美国经济学家弗兰克·丁·法博齐在《资本市场:机构与工具》一书这样解释道:“一些合同给予合同持有者某种义务或对某一种金融资产进行买卖的选择权。这些合同的价值由其交易的金融资产的价格决定。相应地,这些合约被称为衍生工具。”①国际清算银行巴塞尔委员会在《衍生产品风险管理准则》中将衍生产品定义为:“广义而言,衍生产品是一种金融协议,其价值取决于一种或多种基础资产或指数的价值。”②国际衍生产品研究小组的定义是:“金融衍生工具是指当事人之间的双务合同或者交换支付协议,它的价值正如其名称所体现的,衍生于基础资产或者相关的基础比率或

① 转引自田超:《金融衍生品:发展现状及制度安排》,中国金融出版社 2006 年版,第 3 页。

② 国际清算银行:《巴塞尔银行监管委员会文献汇编》,中国金融出版社 1998 年版,第 147 页。

指数。”[①]经合组织将金融衍生品描述为:“金融衍生品是一份双边合约或支付交换协议,它们的价值是从基本资产或某种基础性利率或指数上衍生出来的。其依赖的资产或比率包括汇率、利率、商品、股票及其他指数。”[②]而ISDA[③] 报告定义认为“衍生合约是涉及现金流量的双边合约,其目的旨在为交易者转移风险。当合约到期时,双方的标的总额取决于基础商品、证券或者指数的价格变化”[④]。美国金融衍生品监管机构之一——联邦商品期货交易委员会(CFTC)在其编制的《衍生市场、产品和金融中介机构的国际管理:共同分析框架和管理规定提要汇总表(1994)》中认为:“一般来说,衍生品是规定以某些基础手段、投资、货币、产品、指数(‘基础权益’)为基础的权利和义务的协议。这种权利和义务可能是基础权利的现金结算、交割或转移。衍生品本身并不授予或转移基础权益,当基础权益到期或履行时(视衍生品的种类而定),才产生基础权益权利的转移。衍生品合约本身不是基础权益的转移,除非用抵销的方法消灭合同,转移是作为一项单独交易的组成部分发生的。”[⑤]而美国著名的银行业智囊研究集团“华盛顿 30 人小组”(CG-30)在 1993 年发布的《全球衍生工具:惯例和准则》报告中,将金融衍生品定义为:“价值派生于基础资产或基础率或指数的一种双边合约或支付交换协议。”

中国银监会在《金融机构衍生产品交易业务管理暂行办法》中借鉴了巴塞尔委员会的做法,对金融衍生产品采用原则的定义,即衍生产品是一种金融合约,其价值取决于一种或多种基础资产或指数,合约的基本种类包括远期、期货、掉期(互换)和期权,衍生产品还包括具有远期、期货、掉期(互换)和期权中一种或多种特征的结构化金融工具。

---

① 转引自陈欣:《衍生金融交易国际监管制度研究》,北京大学出版社 2006 年版,第 10 页。

② 宁敏:《国际金融衍生交易法律问题研究》,中国政法大学 2002 年博士学位论文,第 58 页。

③ ISDA 是指国际互换和衍生协会(International Swapsand Derivatives Association),前身是“国际互换交易商协会”,成立于 1985 年。1993 年更名为“国际互换和衍生工具协会”。目的是通过统一的互换合约的格式和条款来建立明确的市场交易规则和秩序。

④ 转引自陈欣:《衍生金融交易国际监管制度研究》,北京大学出版社 2006 年版,第 11 页;陈小平:《国际金融衍生品市场》,中国金融出版社 1997 年版,第 150 页。

⑤ 徐冬根:《国际金融法律与实务研究》,上海财经大学出版社 2000 年版,第 854 页。

金融衍生产品是在传统金融工具（如货币、股票、债券等）上衍生出来的，通过预测股价、利率、汇率等未来行情走势，采用支付少量保证金或权利金甚至仅仅以信用为基础签订远期合同或互换不同金融商品的衍生交易合约。[①] 衍生品的基本特征是保证金交易，即只要支付一定比例的保证金就可以在一定时空范围内支配产品描述的全额交易，不需实际上的本金转移，合约的了结一般也采用现金差价结算的方式进行，只有在到期日以实物交割方式履约的合约才需要买方交足贷款。金融衍生品的主要特征是依托一种投资机制来规避资金运作的风险，同时又具有在金融市场上炒作交易、吸引投资者的功能。因此，金融衍生产品交易具有杠杆效应。保证金越低，杠杆效应越大，潜在风险也就越大。国际上金融衍生产品种类繁多，而且随着金融创新的发展，金融衍生品经过衍生再衍生、组合再组合的螺旋式发展，繁衍出了更多的品种。[②]

2. 金融衍生品的基本特征

尽管种类繁多，但是金融衍生品的基本特征仍可主要概括为以下几个方面：

第一，杠杆性是金融衍生品的基本特征。在金融理论中，杠杆性是指以较少的资金成本获得较多的投资，以小搏大，以提高投资收益与资金效率的操作方式。金融衍生工具交易一般只需要支付少量的保证金或权利金就可签订远期大额合约或互换不同的金融工具。典型的金融衍生交易方式是以原生工具的价格为基础，交易时不必交纳相关资产的全部价值，而只要缴存一定比例的押金或保证金，便可得到相关资产的管理权。而待到交易约定的到期日通常对已交易的金融衍生品进行反方向交易，并进行差价结算。[③] 在收益可能成倍放大的同时，投资者的风险也会成倍放大。因此金融衍生品的杠杆性一定程度上决定了其高投机性和高风险性。

第二，虚拟性是金融衍生品的基本特征。虚拟性是指证券所具有的相对独立于现实资产运动之外，却能给证券持有者带来一定收入的特征。金融衍生品可将某种商品、货币等作为基础资产，也可以以某种虚拟资本作为

---

① 田超：《金融衍生品：发展现状及制度安排》，中国金融出版社 2006 年版，第 11 页。

② 王石：《中国金融衍生品研究与中国期货市场实践》，吉林大学 2006 年博士学位论文。

③ 刘冰：《金融衍生品市场监管法律问题研究》，辽宁大学 2007 年硕士学位论文。

基础资产或原生资产。当金融衍生品的原生资产是股票、债券之类的虚拟资本时，金融衍生品则具有双重虚拟性，金融衍生品市场的规模大大超过原生市场的规模，甚至远远地脱离原生市场。而一旦出现严重背离便可能会加剧金融风险和金融动荡。[①] 金融衍生工具的虚拟性使得衍生工具市场的规模有可能大大超过原生市场的规模，严重时甚至会影响实体经济的稳定与发展。

第三，跨期性是金融衍生品的基本特征。金融衍生品是给予交易对手的一方在未来的某个时间点对某种基本的资产（或者是对某项资本资产的现金值）拥有一定债权和相应义务的合约。[②] 交易双方通过对利率、汇率、股价等因素变动的趋势，约定在未来某一时间按某种条件进行交易或者选择是否交易。金融衍生品影响的是交易者在未来一段时间或时点上的现金流。在从事交易时，订约与履约时间上有相当程度的分离。

第四，金融衍生品一般都具有高风险性。金融衍生品的交易后果取决于交易者对基本工具未来价格的预测判断的准确程度。基础金融工具价格的不确定性决定了金融衍生品盈亏的不稳定性。根据巴塞尔委员会与国际证监会组织1994年联合发布的《衍生工具风险管理指南》，与衍生品交易有关的基本风险包括信用风险、市场风险、流动性风险、操作风险和法律风险等。但是由于杠杆性、虚拟性、未来性，以及射幸性[③]等因素使得金融衍生品交易的风险程度，相对于传统金融品，提高到了前所未有的高度。

（二）金融衍生品的基本形式与主要类型

从国际发达资本市场的现状来看，金融衍生品的发展出现了日益复杂化、结构化与杠杆化的趋势，各类跨行业跨市场甚至跨国家的衍生产品层出不穷，因此很难穷尽其类别。但根据金融衍生品自身交易方式及基本特点的不同，可以将金融衍生品大致分为远期合约、期货合约、期权合约、掉期合约等形式。具体来说，远期合约是远期交易的法律协议，交易双方在合约中约定在未来某一确定的时间内以约定的价格购买或者出售一定数量的某种

---

① 刘冰：《金融衍生品市场监管法律问题研究》，辽宁大学2007年硕士学位论文。

② 任志刚：《衍生工具：市场发展及风险控制》，中国金融出版社1996年版，第42页。

③ 乔纳丹·泰纳鲍姆：《金融癌症：世界金融和经济秩序总危机》，马宾译，载《经济社会体制比较》1996年第1期。

资产。远期合约主要集中在商品交易所。期货合约是一种标准化合约,是买卖双方在有组织的交易所内以公开竞价的方式达成的,分别向对方承诺在合约规定的未来某时间按约定价格买进或卖出一定数量的某种资产的书面协议。期权合约是指买卖双方所订立的,由买方向卖方支付一定数额的权利金,而买方取得在一定时间内、以双方事先约定的价格购买或者出售某种特定基础资产之权利的协议。期权交易是买卖权利的交易,期权合同有在交易所上市的标准化合约,也有在柜台交易的非标准化合同。互换掉期是独立品种,互换合约是交易双方依据预先约定的规则,在未来的一段时间内,互相交换一系列现金流量(本金、利息、价差等)的交易合约。更为准确地说,掉期合约是当事人之间签订的在未来某一期间内相互交换他们认为具有相等经济价值的现金流(Cash Flow)的合约。较为常见的是利率掉期合约和货币掉期合约。掉期合约中规定的交换货币是同种货币,则为利率掉期;是异种货币,则为货币掉期。①

远期,又称"远期合约"(forwards/forward contract),是20世纪80年代初兴起的一种保值工具,指合约双方同意在未来日期按照固定价格交换金融资产的合约,承诺以当前约定的条件在未来进行交易的合约,会指明买卖的商品或金融工具种类、价格及交割结算的日期。远期合约是必须履行的协议,不像可选择不行使权利(即放弃交割)的期权。远期合约亦与期货不同,其合约条件是为买卖双方量身定制的,一般通过场外交易(OTC)达成,而后者则是在交易所买卖的标准化合约。远期合约规定了将来交换的资产、交换的日期、交换的价格和数量,合约条款因合约双方的需要不同而不同。远期合约的主要类型有远期利率协议、远期外汇合约、远期股票合约。总体来说,远期合约是相对简单的一种金融衍生产品。

金融期货包括利率期货、货币期货、股票价格指数期货、黄金期货等。利率期货(interest rate futures)是指为转移利率变动所引起的证券价格变动的风险而以金融证券为对象的期货合约。世界上最先推出的利率期货是于1975年由美国芝加哥商业交易所推出的美国国民抵押协会的抵押证期货。利率期货主要包括以长期国债为标的物的长期利率期货和以三个月短期存款利率为标的物的短期利率国债。货币期货(foreign currency futures)是指

① 王石:《中国金融衍生品研究与中国期货市场实践》,吉林大学2006年博士学位论文。

以汇率为标的物的期货合约。货币期货是适应各国从事对外贸易和金融业务的需要而产生的，目的是借此规避汇率风险，1972 年美国芝加哥商业交易所的国际货币市场推出第一张货币期货合约并获得成功。随后，英国、澳大利亚等国相继建立货币期货的交易市场，货币期货交易成为一种世界性的交易品种。目前国际上货币期货合约交易所涉及的货币主要有英镑、美元、日元、加拿大元、澳大利亚元以及欧洲货币单位等。[①] 股票价格指数期货是全球股市剧烈波动的产物。股市大幅度下跌，给股票持有者带来巨大的风险，为转移这种风险，产生了股票指数期货交易。股票价格指数是一组股票价格变动情况的变动指数，而股票价格和股票价格指数的变动趋势是同方向、同幅度的，所以，在股票的现货市场和股票价格指数的期货市场作相反的操作就可以抵销出现的风险。最具代表性的股价指数为：美国道琼斯指数、标准普尔指数、金融时报证券指数、英国金融时报工业普通股票指数、日经 225 股票指数。股票指数期货，指以股票指数为标的物的期货合约。股票指数期货是目前金融期货市场最热门和发展最快的期货交易。股票指数期货不涉及股票本身的交割，其价格根据股票指数计算，合约以现金清算形式进行交割。[②]

期权又称“期权合约”，是在期货基础上产生的一种以金融衍生产品作为行权品种的交易合约，即在特定时间内以特定价格买卖一定数量交易品种的权利。合约买入者或持有者（holder）以支付保证金——期权费（option premium）的方式拥有权利。合约卖出者或立权者（writer）收取期权费，在买入者希望行权时，必须履行义务。期权交易为投资行为的辅助手段，当投资者看好后市时会持有认购期权（call），而当他看淡后市时则会持有认沽期权（put）。期权交易充满了风险，一旦市场朝着合约相反的方向发展，就可能给投资者带来巨大的损失。实际操作过程中绝大多数合约在到期之前已被平仓（此处指的是美式期权，欧式期权则必须到合约到期日执行）。

期权主要有如下几个构成因素：（1）执行价格（又称履约价格、敲定价格）。期权的买方行使权利时事先规定的标的物买卖价格。（2）权利金。

---

① 丛正、王文荣、郭文超：《浅析我国金融期货的设立和运行》，载《商业时代》2007 年第 16 期。

② 同上。

期权的买方支付的期权价格,即买方为获得期权而付给期权卖方的费用。(3)履约保证金。期权卖方必须存入交易所用于履约的财力担保。(4)看涨期权和看跌期权。看涨期权,是指在期权合约有效期内按执行价格买进一定数量标的物的权利;看跌期权,是指卖出标的物的权利。当期权买方预期标的物价格会超出执行价格时,他就会买进看涨期权,相反就会买进看跌期权。

在市场实践中期权的种类很多,除上述根据期权合同赋予持有者履约时买入或卖出的标的物行为不同分为看涨期权和看跌期权以及根据期权持有者在有效期内履约的灵活性分为欧式期权和美式期权以外,还可根据期权合同标的物不同分为利率期权、外汇期权、股票期权、股票指数期权、黄金期权、期货期权等。

掉期合约(swap contracts)是一种由交易双方签订的在未来某一时期相互交换某种资产的合约。更为准确他说,掉期合约是当事人之间签订的在未来某一期间内相互交换其认为具有相等经济价值的现金流(cash flow)的合约。较为常见的是利率掉期合约和货币掉期合约。掉期合约中规定的交换货币是同种货币的,则为利率掉期;是异种货币的,则为货币掉期。

交换的具体对象可以是不同种类的货币、债券,也可以是不同种类的利率、汇率、价格指数等。一般情况下,它是交易双方(有时也有两个以上的交易者参加同一笔互换合约的情况)根据市场行情,约定支付率(汇率、利率等),以确定的本金额为依据相互为对方进行支付。掉期合约一般都是非标准化的,因此不能像期货合约和期权合约那样上市交易。

而就金融衍生品的交易场所来看,一般来说高杠杆性产品潜在风险较大,大多集中在交易所进行场内交易,低杠杆性产品以及无杠杆性的合约根据其自身风险评估以及各国市场实践等具体因素可能于场内交易也可能于场外进行交易。集中交易市场主要交易期货、期权等标准化合约,OTC 市场则主要交易互换、远期等非标准化(customer tailored)合约。利率期货合约和股票指数期权合约是交易所市场的主要交易品种,芝加哥商业交易所(CME)上市的欧洲美元利率期货(期权)合约、SP 500 股指期货、欧洲交易所(Eurex)的 Euro Bund 利率期货、芝加哥期货交易所(CBOT)的 10 年期美国国库票据利率期权,以及韩国证券交易所(KSE)的 KOSPI 200 股指期权是目前交易所市场上各类金融衍生品合约中最活跃的交易品种。OTC 金融衍生品市场的主要交易品种包括远期和外汇互换、远期利率协议、利率(货币)互换,以及利率(货币)期权。

此外,内置型衍生品和结构化衍生品也是金融衍生品按不同标准分类下出现的重要产品。内置型衍生品指嵌入到非衍生合同中的衍生品。该衍生工具使主合同的部分或全部现金流量将按照特定利率、金融工具价格、汇率或者利率指数、信用等级或信用指数等变量的变动而调整,例如公司债券条款中可能包含赎回条款、贩售条款、重设条款等。而结构化金融衍生品是指在金融远期合约、金融期权、金融期货、金融互换等基础上,利用其结构化特性,通过相互结合或与基础金融工具结合开发设计出的复杂金融衍生品。例如,在股票交易所交易的各类结构化票据以及目前各商业银行推广的外汇结构化理财产品等。实际上,对于金融衍生品的种种分类仅具有理论上的意义。随着金融衍生品交易的日趋活跃与不断演化,金融衍生品在很多特性方面将处于模糊状态。

二、金融衍生品市场的功能与意义

中国资本市场目前正处于新兴加转轨的阶段,结构和功能上尚存在着一些缺陷。资本市场的运作效率仍然比较低下,资源配置功能有待进一步完善。欲深化证券现货市场发展,拓宽证券市场的广度和深度,不能单纯从现货市场入手,必须配合衍生品市场的发展,运用金融衍生品的优势来完善证券现货市场功能,提升证券市场的质量与效率。

国际上市场经济发展高度繁荣的国家,大多建立了多层次的资本市场体系。例如在美国多层次的资本市场体系中,以芝加哥商业交易所为代表的交易场所提供的各种金融衍生品不但为整个资本市场提供了类型各异、风险不一的投资产品,满足了不同偏好的各类投资者的需求;更重要的是,它为资本市场提供了各种可供选择的避险工具,使得在出现单边市(无论是上涨还是下跌)时,系统性风险在很大程度上得以化解。正如世界金融期货创始人、芝加哥商业交易所永久名誉主席利奥·梅拉梅德所指出的,美国乃至世界其他金融市场的发展历史证明,金融衍生产品在规避风险、提高资本利用效率等方面发挥的作用不可替代。国际货币基金组织(IMF)发布的

《全球金融稳定性报告》中，专门论述了金融衍生品在新兴市场中的作用，认为金融衍生品提供了规避外汇、利率、市场和违约风险的功能，使资本流动、资产组合的选择余地更为宽广。一个完整的金融市场体系至少应该包括资本市场、货币市场、金融衍生品市场，金融衍生品市场是保证安全性、流动性和盈利性的重要制度。①

（一）金融衍生品的基本功能

1．转移和规避系统性风险

金融衍生品是以市场风险的存在为基础性前提的，是为适应市场投资者风险管理的要求而出现的金融创新工具。通过金融衍生品交易的过程，我们可以看出，其实质上是将整个市场内相关的市场风险、信用风险、技术风险等集中于远期、互换、期货、期权等交易市场上，通过构建系统性的衍生品模型来将风险集中打包并逐步分割，重新分配和转移。由于我国股市目前实行的现货单向交易机制，投资者只能做多，无法做空。即只有在股价上涨时才能赚钱，而一旦遇到突发事件或重大利空信息的系统性风险，股价暴跌几乎没有还手余地，特别是类似由我国 2008 年股市暴跌的这种巨大市场风险带来的损失投资者只能接受，无法回避。而股指期货的推出则为股票市场增加了做空机制，投资者便可以借助股指期货交易达到对冲和规避系统风险、锁住收益的目的。

2．价格发现功能，促进合理的市场波动

金融衍生品之所以能够进行市场预期并且发现价格，是因为理论上现货与期货市场的价格紧密联系，而且市场中存在大量的潜在买家和卖家自由竞价，所以金融衍生品的交易是建立均衡价格的一种有效方法。而这种市场化的价格发现功能毫无疑问地可以促进现货市场与期货市场价格的相对平衡，对于稳定市场秩序和形成合理的市场波动都具有重要意义。再以股指期货为例，其具有的套期保值功能，可以使投资者在股票现货价格与股指期货价格偏离过大时，采取相应套利策略，通过现货与期货的方向做多或做空机制使两个市场的价格趋于均衡，促进股票现货市场价格的回归，缓解

---

① 田超：《发展金融衍生品 架构多层次资本市场》，http://www.jfdaily.com，最后访问时间 2010 年 4 月 16 日。

股市震荡的幅度和速率,保持市场交易秩序的相对稳定,同时也可以减轻投资者的损失,以提高市场投资的安全性。

3. 降低交易成本,促进交投活跃,增加证券市场的流动性

如前所述,金融衍生品的基本特征之一为杠杆效应,相对于现货交易来说,衍生品交易只需要付出很低的成本投资便可以较少的资金控制相对较大的衍生品交易。也就是说,金融衍生品交易由于杠杆效应而存在着巨大的投机获利机会。由于市场价格波动频繁和极大的不确定性,投资者从中抓住套取高额利润的机会的心理可以极大地刺激交易频率,提高交易效能。但同时我们也必须看到,金融衍生品的杠杆效应在促进交投活跃、增加市场流动性的同时,客观上也链条式地成倍放大了潜在的系统性风险。

综上所述,衍生证券对于金融市场的重要意义决定了我国必须发展金融衍生品市场,它是我国资本市场成长的必然要求与发展趋势。从我国证券市场的发展现状来看,不论是跨市套利投机者对我国股市的长期打压导致的股市暴跌并延伸到的定价权问题,还是权证市场凸显出来的诸多弊端到投资者结构的培养优化问题,无不与衍生证券品种和市场的发展密切相关。我们不能仅仅因为美国次级债所引发的金融危机便视金融衍生品为洪水猛兽,恰恰相反,美国金融危机正是从反面给予了我们警醒和启示,即发展衍生证券市场必须辅之以行之有效的监管机制,必须发展系统监管基础上的金融衍生品市场,并以此为契机推动我国金融市场的进一步发展。

(二) 金融衍生品对完善资本市场的积极意义

从世界各国金融市场的发展规律来看,在金融现货市场得到初步发展之后,金融期货与期权市场必然会应需求得到迅速发展。在此基础上,反映实体经济与金融秩序要求的各种金融创新产品会层出不穷。美国领先于其他发达国家率先实现了其金融产业的换代升级,其优势是显而易见的;继美国之后,大多数发达国家均在其金融现货市场的基础上建立了金融期货交易市场,根本改变了早期以暴涨暴跌为特征的单边市场格局,此类国家的金融机构始终希望进入发展中国家的金融市场,实现其技术领先优势。

金融衍生品市场的发展必将改变我国资本市场的格局。我国资本市场目前仍处于初期发展阶段,其基本特点在于:市场结构单一,其主体为采现货交易的主板证券市场;产品品种单一,呈两极化发展趋势,即高风险的股

票现货产品与低风险的债券产品高度发展,缺少中间层面的避险性工具,不利于机构投资人长期投资;银行间柜台交易市场缺乏相应监管,相关产品的发行、持续性信息披露、信用评级几乎均处于无规则可依状态。而在我国发展起相关的金融衍生品市场后,这些问题中的大部分将会得到解决。金融衍生品市场的基本作用在于形成有规则约束的卖空机制,它可以有效地引导现货市场、平抑市场波动;它必然会改变我国机构投资人的经营盈利方式,形成以套期保值为内容的对冲交易模式,这一双边市场机制的形成,将根本改变我国市场投资人的行为方式,成为我国资本市场升级换代发展的起点。

金融衍生品市场的发展将有助于优化与完善我国资本市场结构。投资者可以在股票现货市场和金融衍生品市场同时操作,实现套期保值,规避和转移股票现货市场的风险,这一点对目前现货市场投资者来说显得非常重要。金融衍生品市场的完善,还有助于进一步提升现货市场的价格发现功能,提高市场定价效率和合理性;可以增加现货市场的广度和深度,刺激现货市场规模的扩大,为大盘蓝筹股的加入创造良好的市场环境。由于金融衍生品市场的发展需要现货市场指数作为基础工具,因此衍生品市场的发展又为现货市场指数化产品提供了发展契机,促使现货市场完善指数体系,推出不同风格的指数产品。另外,金融衍生品将推进融资融券业务的发展,作为提高现货市场定价效率的重要制度安排,融资融券制度是金融衍生品市场的重要配套制度之一。

三、未来我国金融衍生品市场的定位与发展

(一)未来我国金融衍生品市场的发展路径

随着近年来我国金融体系改革的不断进展,发展金融衍生品的条件正在逐渐具备。作为构建多层次资本市场的重要一环,发展金融衍生品将有助于优化我国资本市场结构,提升金融市场竞争力。

但是,我国目前极端缺少对于实体经济和金融秩序有益的金融衍生品,这使得我国还无法通过金融衍生品市场有效调整资源配置。对于多数大宗

商品的定价并没有给予期货市场环境的支持,实际上是在放任实体经济发展中的浪费与低效率。因此,应当根据我国的实际情况,有步骤有计划地发展对我国实体经济有重要作用的金融衍生产品。

2008年美国金融风暴给我们的教训在于:不能脱离开实体经济与金融秩序的要求,任意发展有悖强行法与社会公共利益的衍生产品;不能放松对银行间柜台市场和非集中交易市场的监管,令高风险性产品在此类不受义务约束的市场中自由交易;不能忽视金融产品的特性,而应当对其任何品种均附加以信息披露约束,包括对各种固定收益产品严格的评级约束。因此,我国应当把握这一原则,在金融衍生品市场发展初期优先推出对于整体经济形势和金融秩序有重大影响的衍生工具,而后才是稳妥慎重地发展各种应变强、效率高的个股型或小型化衍生产品。

由于对社会经济和金融有重要意义的产品都集中于从事杠杆性衍生品的集中交易市场,因而本节主要论述的是金融期货市场。集中交易市场拥有专门的结算机构,采取会员制,实行无负债的每日结算制度,及时调整保证金账户以控制市场风险。由于结算机构是所有交易者的对手方,为衍生品交易提供了高效简便的对冲机制和结算手续,同时承担了所有的信用风险,提高了市场的流动性和安全性。就我国衍生品发展而言,集中交易市场是发展重心。至于其他形式的交易,从金融安全考虑,目前还应受规模比例的限制。

发展交易所市场衍生产品的意义在于这将有助于提升市场的定价能力,增强金融机构实力,以及提高交易所和整个金融市场的竞争力。交易所衍生产品是市场融合的桥梁,股权类的衍生产品可以直接连接股票现货市场与商品期货市场,打通证券公司与期货公司的联系。衍生品交易可以打通商品期货资本市场、货币市场与外汇市场等的界限,实现整个金融市场的融合,对完善金融市场体系具有重要意义。随着世界经济的一体化,金融资本大量参与衍生品交易,发展交易所衍生品将有助于提高本土市场话语权,维护国家金融市场安全。同时,交易所衍生产品是结构化产品,通过构造结构性金融产品,在满足投资者差异化需求的同时,提升机构业务能力,推动行业整体实力的提高。此外,发展交易所衍生产品有助于强化金融市场的产品服务能力,增加投资品种,丰富交易类型和策略,有利于场外市场的建立和发展,也增强了现货市场的吸引力。①

本书认为,我国金融衍生品的发展应从我国市场需求出发,产品应该有指向性。对场外市场的衍生品要慎重,应鼓励在统一结算交割体制下的场内交易。应该优先发展基本的、简单的场内标准化金融衍生品,重点进行场内交易。含期货期权性质的衍生品应放在期货交易所,金融现货产品则应放在有监管的证交所或商交所内交易,通过交易所一系列制度安排加强监管,并最大限度地降低金融衍生品市场的负面效应。对于场外交易市场,也应该尽可能地纳入法律监管调控的范围内。

我国场内金融衍生品的发展应先从简单的、基础的产品开始发展,如股指期货、期权等产品,以便和当前监管能力相适应。② 继续推出像沪深300股指期货那样对整体经济和金融秩序有重大影响的产品。根据中国金融期货交易所的规定,股指期货合约是期货交易所统一制定的标准化协议,是股指期货交易的对象。在股指期货成分股确定上,笔者认为,应当在沪深300指数的基础上逐步推出效率相对较高的50、100股指期货。具体来说,我国推出的沪深300股指期货虽然强调了反操纵性与市场安全,但其成分股结构效率较低,保证金比例过高,市场反应性及引领性均不够,无法发挥蓝筹股效应。在这种情况下,国内市场股指期货难以抗衡境外市场高效率的股指期货产品(特别是在ETF产品的引领下)。在H股与A股日益趋近的大环境下,如果缺乏有效的股指期货产品对抗境外市场,则国内市场损失的市值将由H股股东赚取。而如果将成分股只限于50只股票之内的大盘蓝筹股,则可充分发挥蓝筹股效应,提高境内股指期货市场交易效率,夺回A股市场定价权。

综上所述,我国金融衍生品市场应先推出有良好市场基础的股指期货产品,待积累经验后再推出股指期权和有针对性的个股期权,使股权类衍生品市场逐步细化深化。而在利率产品市场方面,我国强调了很多年的"利率市场化",但任何市场化都需要具体的交易工具予以支撑。具体来说,利率衍生品的发展可以国债期货为突破口,之后发展货币类衍生产品。2005年

---

① 周明:《积极发展交易所衍生品提升竞争力》,http://www.sina.com.cn,最后访问时间2009年10月27日。

② 杨鹏:《夯实基石创造中国证券市场发展新范式》,http://www.sina.com.cn,最后访问时间2009年2月6日。

7月21日中国人民银行启动人民币汇率体制改革，将人民币从固定汇率制度退出，允许每日0.3%的浮动空间。随着汇率改革的深化，迫切需要建立一个有弹性、有深度的外汇市场作为平台来发现均衡汇率。在市场开放方面，先以国内市场为中心，等待资本项目的自由兑换实现后再考虑我国金融衍生品市场的全面开放。[①] 从我国股票市场、债券市场发展和利率市场化、汇率形成机制改革进展看，发展衍生品应以较为成熟的股指类为试点，在条件成熟时，再逐步发展利率类和汇率类的期货。[②] 而汇率期货与期权产品方面，我国仅有的汇率期货期权产品在香港市场，虽然汇率产品的广泛推出与人民币汇率放开直接挂钩，目前尚不具备必要条件，但随着外汇改革步伐的加快，人民币的持续坚挺，在解决了政府信用和兑换问题的基础上，汇率产品应当以试点化的形式逐步推出，以释放其提高经济运行效率的巨大作用。

（二）我国金融衍生品市场的制度需求

1. 多种交易制度的内生需要

单一的交易制度是我国金融衍生品市场的显著特征之一，这在世界范围内是较为少见的。适合多种产品和各类投资人的交易制度的缺失已经成为我国金融衍生品市场发展的大敌。市场的单层次问题也较为突出，缺少衍生品场外交易将导致未来我国在发展远期合约与互换类产品时发生市场功能重大障碍。

金融衍生品市场的发育与多种交易制度有着紧密的内在联系。衍生产品在法律性质与交易模式上均与现货产品迥然不同，目前大量场外产品以合同形式存在，证券监管法制难以调控，因此，在市场监管理念与手段上也存在诸多不同。我们认为，针对股票现货的集中竞价机制与投资者指令驱动不能简单、重复地适用于未来的金融衍生品市场。衍生品相对于现货产品对市场投资者的专业判断能力和风险承担能力提出了更高的要求，且各类衍生品形式、内容差异巨大，所以市场主导的风险防控与投资者保护原则应当代替政府行政主导的监管模式。在这一过程中，证券商报价制度将发

① 李冬梅：《金融衍生品市场法律问题研究》，山东大学2007年硕士学位论文。

② 杨迈军：《深刻领会十一五规划建议，促进期货市场健康发展》，http://finance.sina.com.cn，最后访问时间2009年11月11日。

挥至关重要的作用:部分金融创新产品只可能适用证券商报价系统作为交易制度,比如期权类交易,只能以证券商报价制和信托制为基础。依先进国家之经验,甚至只能采以手报单的方式而排除了电子化交易和集中竞价的可能。从长远来看,只有引入证券商报价制度和信托制度作为基础,通过证券商的积极市场参与弥补投资者专业能力的不足以保证风险控制机制的有效运行,金融衍生品市场的发展才有可能真正走向成熟。具体到我国,金融期货交易所应当扩展其规模,大力发展期权、互换、远期合约交易,并根据这些产品的特点构造相应的交易制度。

应当指出的是,尽管我国目前法律对于场外的金融衍生品交易采取严格限制、甚至禁止的态度,但从世界各国衍生品发展的经验可知,社会实践需求使得完全消除衍生品场外交易的可能性几乎为零。事实上,允许场外衍生品交易,并在法律监管上加强控制,鼓励适合多种产品的多种交易制度的发展,才是法律制定者应当着力的方面。

2. 法律规则形成的制度需要

交易市场在发展过程中伴随着各类规则的制定与完善,在市场发育初期该类规范由市场主体在实践中不断摸索产生,逐渐形成一整套较为完整的规则体系。通常而言,这类规则体系在市场早期是自发形成或者基本上自发形成的,即使后发国家根据成例事先拟定了法规进行约束,实务活动也会在法规框架内衍化出更为具体的规则。因此,上述规范是在不断变动的过程中磨合而成的。在市场发展到一定阶段以后,随着交易规模的扩大和交易类型的增加,必然产生如下问题:市场形成之初,规则的制定缺乏法律依据或者在原有法律依据上发生了较大偏离,那么待这些规则成熟以后,司法机关是否承认其法律效力?

易言之,如何使市场规则具备法律规范的效力,进而上升为法律本身,是各国在市场发展中面临的难题,上述问题在金融衍生品市场的发展过程中显得尤为突出。依我国强调集中竞价交易市场的传统,几乎每一类产品都将形成一定范围的市场,每一市场又将需要一套较为完整的规则体系,比如期权交易与期货交易即存在较大差别,以各国已有之经验,实现期货交易的网络化和电子化较为容易,而期权交易则只能采取经纪人报价,甚至以手报单的模式。未来金融衍生品的发展必将导致名目繁多的产品和各种类型的市场的产生。若依现有体制,立法机关可能将承受大量立法工作的负担,对上述市场相应规则法律效力的形成与确定将成为十分棘手的问题。

我们认为,对于上述问题的解决,可以采取下列途径:第一,依据大陆法传统,将交易规则和交易惯例作为法律渊源之一,即所谓“法有规定者依其规定,法无规定者遵循交易习惯和惯例”。在法律制定时,将传统大陆法民商法典中的该条款列入立法体制中。如此,将根本上改变我国以往正部级行政机关才可能拥有实质立法权的成例。通过民商法的一般立法承认交易规则的法律效力,对于最高人民法院在法律适用上正确、统一处理也将有巨大的帮助。第二,将国际条约引入国内法适用。比如引入国际掉期和衍生品协会对 SWAP 等掉期产品的规则,直接用于规范我国相应衍生品市场的发展。这一做法不仅涉及国际规范的国内法化问题,而且在实际操作层面也存在较大障碍(这主要是国内市场与国际市场的巨大差异造成的,在基本的保证金杠杆率水平上尚且存在较大区别,遑论其他)。总体而言,该问题仍为本国法支配的领域,国际惯例和规则的适用范围有限。第三,通过证监会专门立法的形式,将交易所规则的内容纳入法律规定的范畴,这也是目前交易所方面试图采取的模式。深沪两市的交易所经过多年发展,规则体系较为成熟、操作性强,需确认效力的规则数量也较为可控。现阶段观察,这是一种可行的方法。相较而言,由于规则数量和种类的差异,未来金融期货交易所依此方式将面临较多困难。第四,专门赋予上海金融特区的地位,以建立国际金融中心为目标,使其拥有特区立法权,通过特区立法的形式认可相关交易市场的规则。这种方式关涉到上海国际金融中心建设的整体政策布局,可谓牵一发而动全身,短期内实现亦存在一定难度。

四、金融衍生品市场的交易制度

如前所述,适合多种产品和各类投资人的交易制度的缺失已经成为我国金融衍生品市场发展的大敌。市场的单层次问题也较为突出,缺少衍生品场外交易将导致未来我国在发展远期合约与互换类产品时发生市场功能重大障碍。科学合理的交易规则是金融衍生品市场正常运行的制度保障,也是金融衍生品市场具有良好运行机制的外在体现。在我国《证券法》第42 条规定了证券交易双边市场原则后,我国金融衍生品相关制度和市场建设将得以迅速发展。2006 年 9 月 8 日成立的旨在从事金融衍生品交易的中国金融期货交易所制定发布了一系列规则制度,根据我国《期货交易管理条例》和这些规则及我国目前期货市场的基本经验,我国金融衍生品市场的基本交易规则主要包括:场内竞价交易规则、保证金规则、合约标准化规则等。

(一) 场内竞价交易规则

国外金融衍生品交易多采取以场内交易为主(占 80% 以上)、场外(OTC 市场)交易为辅的基本格局。随着信息技术的发展,场外交易向场内交易转移的潮流日趋明显。[①] 而我国金融衍生品市场自产生伊始就采用了场内交易的模式。目前金融衍生品交易所制定的交易规则同样规定必须场内集中交易,不得进行场外交易。应当说,场内交易制度适应我国证券市场发育有限、金融衍生品市场尚处于发展初期的客观情况。因为金融衍生品作为金融衍生品中的重要品种,其交易具有的风险性不容忽视。当金融衍生品大量产生并规模交易时,因其规模巨大、发展迅速和复杂性隐含着内在危险,将致使每个人都处于衍生品交易的阴影中。[②] 金融衍生品的场外交易缺乏有效的监管,既无信息披露要求,又无上市审核要求,目前如何实现场外交易的有效监管仍然是世界各国资本市场发展过程中的难题。因此,场外交易因缺乏有效监管而风险巨大,而场内交易的监管制度相对完善、监管效果相对明显,我国金融衍生品市场发展初期采用场内交易模式有利于降低系统性风险,保障金融衍生品市场乃至整个金融市场的稳健和安全。

交易所作为专门进行金融衍生品合约买卖的场所,是金融衍生品市场的核心。交易所为金融衍生品交易提供交易场所和必要的交易设施,制定标准化的期货合约,为金融衍生品交易制定规章制度和交易规则,监督交易过程,控制市场风险,保证各项制度和规则的实施,发布开盘价、收盘价、最高价、最低价、最新价、涨跌、最高买价、最低卖价、申买量、申卖量、结算价、成交量、持仓量等与交易有关的信息,承担着组织、监督金融衍生品交易的重要职能。

---

① 赵辉、张业勤:《新时期我国金融期货市场初期发展设想》,载《金融财经》2008 年第 5 期,第 62 页。

② Henry. T. C. Hu, Misunderstood Deverivative: The cause of Informational Fialure and the promise of Regulatory Incrementalism, *Yale Law Journal*, Vol. 102, April, 1993, p. 1513.

我国金融衍生品交易实行竞价交易。交易均通过交易所计算机系统进行竞价,交易所系统将买卖申报指令以价格优先、时间优先的原则进行排序,当买入价大于、等于卖出价则自动撮合成交。撮合成交价等于买入价(bp)、卖出价(sp)和前一成交价(cp)三者中居中的一个价格。即:当 bp≥sp≥cp,则:最新成交价 = sp;bp≥cp≥sp,最新成交价 = cp;cp≥bp≥sp,最新成交价 = bp。集合竞价未产生开盘价的,以上一交易日收盘价为前一成交价,按照上述办法确定第一笔成交价。

本书认为,针对股票现货的集中竞价机制与投资者指令驱动不能简单、重复地适用于未来我国的金融衍生品市场。金融衍生品市场的发育与多种交易制度有着紧密的内在联系。在国际金融衍生品市场上,除竞价方式外,还存在着做市商的撮合成交方式,即证券商报价驱动方式。然而,我国证券市场还处在初级阶段,做市商制度尚未进入衍生品市场实践。但从未来市场发展来看,做市商制度进入中国证券市场,特别是创业板市场、三板市场与衍生品市场是发展的必然趋势。衍生品相对于现货产品对市场投资者的专业判断能力和风险承担能力提出了更高的要求,市场主导的风险防控与投资者保护原则应当代替政府行政主导的监管模式。在这一过程中,证券商报价制度将发挥至关重要的作用。只有引入证券商报价制度和信托制度作为基础,通过证券商的积极市场参与弥补投资者专业能力的不足以保证风险控制机制的有效运行,金融衍生品市场的发展才有可能真正走向成熟。

(二)保证金交易规则

金融衍生品交易施行保证金交易规则是国际金融衍生品交易市场上的惯例。期货交易所的会员经纪公司必须向交易所或结算所缴纳结算保证金,而期货交易双方在成交后都要通过经纪人向交易所或结算所缴纳一定数量的保证金。保证金的水平均由交易所或结算所制定,比率为期货合约价值的5%—10%,但也有低至1%或高达18%的情况。根据我国《期货交易管理条例》和目前期货市场的经验,金融衍生品交易实行8%的保证金交易规则,即证券期货交易者可以以面值8%的保证金买卖一面值的证券期货商品;法律允许期货经纪商在该8%的基础上另加收保证金,按照期货市场惯例,该保证金比例不应超过15%。可见,保证金交易规则是双重的:一方面,金融期货交易所将向所有从事证券期货交易的期货经纪人实行并收取交易额8%的交易保证金，另一方面，期货经纪人将向其客户收取交易额8%或者更高的交易保证金。

金融衍生品交易实行保证金规则具有重要意义和作用。首先，保证金规则是控制金融衍生品交易风险的主要工具。设立保证金的主要目的是当交易者出现亏损时能及时制止，防止出现不能偿付的现象。期货交易的保证金是买卖双方履行其在期货合约中应承担义务的财力担保，起履约保证作用。保证金制度使每一笔期货交易都有与其所面临的风险相适应的资金作财力保证，并能及时处理交易中发生的盈亏。这一制度为期货合约的履行提供了安全可靠的保障。其次，保证金规则发挥了金融衍生品的杠杆作用，有利于提高效率。由于期货交易的保证金比率很低，因此有高度的杠杆作用，这也是期货市场具有吸引力的重要原因。这一杠杆作用使套期保值者能用少量的资金为价值量很大的现货资产找到回避价格风险的手段，也为投机者提供了用少量资金获取盈利的机会。

金融衍生品交易中的保证金分为初始保证金和维持保证金。由于在期货交易中买卖双方都有可能在最后结算时发生亏损，所以双方都要缴纳保证金。双方成交时缴纳的保证金叫初始保证金，以后每天都要以结算所公布的结算价格与成交价格加以对照，调整保证金账户余额。因市场行情的变化，交易者的保证金账户会产生浮动盈亏，因而保证金账户中实际可用于弥补亏损和提供担保的资金就会随时发生变动。保证金账户必须保持一个最低的水平，称为维持保证金，该水平由交易所规定。当交易者连续亏损，保证金余额不足以维持最低水平时，结算所会通过经纪人发出追加保证金的通知，要求交易者在规定时间内追缴保证金达至初始保证金水平。交易者如果不能在规定时间内补足保证金，期货交易所有权将交易者的期货合约平仓了结，所导致的亏损由交易者承担。

而从我国2010年4月推出的沪深300股指期货的具体规定来看，沪深300指数期货各类合约的初始保证金率一般保持在合约价值的15%—18%，例如：内地IF1005合约的保证金率为15%，在关于沪深300股指期货合约上市交易有关事项的通知中，中金所规定股指期货近月合约保证金为15%，远月合约保证金为18%。这一比率与韩国KOSPI 200指数期货的初始保证金率相同，低于印度NIFTY指数期货的初始保证金率，但明显高于美国、欧洲及其他新兴市场的初始保证金率。[①] 而更值得注意的是，在中金所规定的保证金基础上，期货公司还会进一步加收3%—5%的保证金，以此计算，沪深300股指期货合约的最低保证金有可能达到合约价值的18%—23%，相较于国际发达市场的3%—8%，如此高的保证金比例虽然能够促进股指期货产品的平稳推出与稳定运行、降低杠杆幅度以减少市场未来潜在风险，但却极大地提高了股指期货合约的交易成本。根据国际成熟期货交易市场发展的基本经验及证券法的基本原理，期货合约交易保证金比例高于15%的，一般便认为是现货交易。目前我国沪深300股指期货交易的保证金比例已经接近甚至超过期货交易的临界值。从市场效率角度观察，我国股指期货畸高的保证金比例，将意味着我国市场投资者必须具备相当于国内市场保证金与境外市场保证金之比数倍的交易成本才可能与境外同类产品竞争，这必然增加市场交易者的机会成本，降低其市场参与意愿，从而减少股指期货市场的灵活性和流动性，进而影响股指期货市场功能的发挥，甚至会导致期货市场本身价值评价与引领现货市场价格的能力丧失；另外从股指期货的交易格局来看，投机与套期保值本为共生，二者发展的根基在于投资者的参与意愿，如果市场参与积极性在过高保证金比例的前提下持续走低，对冲交易与套期保值就无法形成对手盘，双边市场格局难以形成和健康发展，这同样不利于股指期货市场的长远发展，最终结果无异于将对市场的定价权拱手让人。从长远来看，在衍生品市场的发展过程中，市场的需求数量在很大程度上决定了市场的规模、交易所的盈利状况，并进一步影响到国内衍生品市场的有序发展。我国股指期货推出本已晚于境外市场，保证金比例过高将进一步使其发展在未来一段时间内受到国外市场的抑制。这样，原本需要在中国衍生品市场进行交易的投资者部分或者大部分分流到海外市场，中国股指期货衍生品市场的规模化便可能受到严重阻碍。

（三）合约标准化规则

金融衍生品合约由交易所设计，经主管机构批准后向市场公布。期货合约对基础金融工具的品种、交易单位、最小变动价位、每日限价、合约月

① 王乃生、喻博：《从国际标准看沪深300指数期货推出的安全性》，载《中国证券报》2009年10月21日。

份、交易时间、最后交易日、交割日、交割地点、交割方式等都作了统一规定,除某些合约品种赋予卖方一定的交割选择权外,唯一的变量是基础金融工具的交易价格。国际金融衍生品市场上影响较大的金融衍生品合约有美国芝加哥期货交易所(CBOT)的美国长期国库券期货合约、东京国际金融期货交易所(TIFFE)的90天期欧洲日元期货合约和香港期货交易所(HKFE)的恒生指数期货合约等。我国金融衍生品市场早期,1992年6月至1996年6月期间美元、英镑、德国马克、日元、港币的外汇期汇合约,1992年12月至1995年5月针对二、三年期可流通国债设计的国债期货合约,1993年3月至9月期间分别以深圳综合指数和深圳A股为标的的3、6、9、12月合约都是标准化合约。目前,中国金融期货交易所推出的沪深300指数期货合约是中国金融衍生品市场上的重要交易品种和最具代表性的标准化合约。

金融衍生品交易之所以施行合约标准化,除了同商品期货交易一样是为了减少当事人磋商过程,降低交易成本,提高交易效率外,合约标准化还便于交易双方在合约到期前分别作出相反的交易进行对冲,从而避免实物交收。标准化合约和对冲机制使期货交易对套期保值者和投机者产生强大的吸引力,他们利用期货交易达到为自己的现货商品保值或从中获利的目的。实际上绝大多数的期货合约并不进行实物交割,通常在到期日之前即已平仓。

金融衍生品的标准化合约也是一种合同。关于期货合约的法律属性,在商品期货合同的法律属性探讨上曾有"协议说"与"凭证说"两种观点。凭证说认为,期货合同是由商品交易所设计,经有关监督机构审批上市的一种规格化、标准化的法律凭证。协议说认为,期货合同是在经批准的交易所的交易厅内达成的,在将来某一特定时间买进或卖出某一商品或金融工具的协议,此协议受法律约束。日本《商品期货交易法》、我国的《期货交易管理条例》都表明了期货保约的契约性质,应当说目前期货合约系合同的一种已成为普遍共识。甚至,合同内容是否标准化已成为识别某合同是否是期货合同的一个重要标识。[①] 不过,金融衍生品合约有其特殊性,最明显的特征是金融衍生品合约系作为合同外主体的交易所制定,除价格和数量外合同条款均为固定。然而从合同需达成合意和合同交易过程中,可以看出金

---

① 杨光华:《美国期货管理法规概论》,中国商业出版社1993年版,第6、8页。

融衍生品合同的协议性质。金融衍生品合同一经签订,对双方当事人都产生法律约束力。①

(四) 客户交易编码制度

中国金融期货交易所规定实行客户编码制度,会员和客户应当遵守一户一码制度,不得混码交易。交易编码是指会员和客户进行期货交易的专用代码,由会员号和客户号两部分组成,共计十二位数字,前四位为会员号,后八位为客户号。如客户交易编码为001200000001,则会员号为0012,客户号为00000001。客户可以在不同的会员处开户,但在交易所内只能有一个客户号。其交易编码中会员号不同,客户号相同。会员在交易所系统中录入客户开户资料后,客户交易编码由系统自动生成,经交易所审核后方可使用。当出现客户备案资料不真实、客户被认定为市场禁止进入者、未按照交易所要求提供客户备案资料、客户申请注销或交易所认定的其他情形,客户交易编码予以注销。

在制度设计之初,针对客户编码制度曾有反对观点,认为期货市场的正常运行不是所谓的控制风险,而是靠体制运行来化解风险。层层结算、层层担保的保证金制度和逐日结算制度是分层次分散化解风险的关键制度,这种体制建立的基础是无客户编码。由于期货价格变动频繁、交易量巨大,国际市场上没有任何一家期货交易所实行客户编码制度。代理机构在其上一层的结算体系中,所有客户都是以一个户头来结算,推而广之,在期货交易所的任何一家公司,无论其代理机构数量有多少,客户有多少,都应以一个户头进行清算。因此,期货市场运行的客观规律性要求不应实行客户编码制度,实行这一交易体制无法实施层层分散风险、层层结算体系,也不能存在二级代理,因而也就不会有介绍经纪公司、投资顾问公司等各类中介机构的存在。② 然而官方意见认为实行客户编码制在衍生品市场发展初期有利于集中控制,能够及时处理尚处于萌芽阶段的市场风险。但随着未来金融衍生品市场的深入发展,目前的客户编码制度可能会受到市场实践的挑战。

---

① 李明良:《金融期货合同的法律属性——以股指期货合同为中心》,载《政治与法律》2008年第5期,第48页。

② 常清:《我国金融期货交易所无法实行结算会员制》,http:www.stockstar.com,最后访问时间2010年1月10日。

（五）套期保值额度审批制度

套期保值额度审批制度，是指交易所对套期保值申请者的经营范围和以前年度经营业绩资料、现货购销合同等能够表明其现货经营情况的资料进行审核，确定其套期保值额度。根据《中国金融期货交易所套期保值管理办法》的规定，客户申请套期保值额度的，应当向其开户的会员申报，会员对申报材料进行审核后向交易所办理申报手续。套期保值额度由交易所根据套期保值申请人的现货市场交易情况、资信状况和市场情况审批。批准的套期保值额度不超过其所提供的套期保值证明材料中所申报的数量。套期保值额度分合约进行审批，在合约最后交易日前（含）有效，有效期内可以重复使用。中金所有权根据市场情况对套期保值额度进行调整。申请人需要变更套期保值额度时，应及时向中金所书面提出变更申请。

套期保值额度管理实质与持仓限额制度有关。套期保值是金融衍生品的重要功能，以股指期货为例，其具有的套期保值功能，可以使投资者在股票现货价格与股指期货价格偏离过大时，采取相应套利策略，通过现货与期货市场做多或做空使两个市场的价格趋于均衡，促进股票现货市场价格的回归，缓解股市震荡的幅度和速率，保持市场交易秩序的相对稳定。金融衍生品交易实行套期保值额度管理，在实现投资者保值需要的同时，兼顾了市场风险的防范。

五、金融衍生品交易市场的结算制度

（一）会员分级结算制度

会员分级结算制度是国际期货市场的惯例。会员分级结算是指交易所与其结算会员进行结算，结算会员与其受托交易会员进行结算，交易会员则与其客户进行结算的制度。依此制度，从事证券期货交易的当事人仅为金融期货交易所的交易会员，任何当事人欲从事证券期货交易必须通过经合法批准的期货经纪人进行，客户与期货经纪人之间的关系为特定的经纪合同关系。根据我国《期货交易管理条例》的规定，与金融期货交易所进行每

日结算者必须为其结算会员，不具备金融期货交易所结算会员资格的期货公司必须通过结算会员与金融期货交易所结算。中国金融期货交易所借鉴国际成熟市场的经验，将结算会员分为交易结算会员、全面结算会员和特别结算会员三个种类，形成一个"金字塔"形。交易结算会员为自营和经纪业务办理结算交割业务：全面结算会员可以为自营、经纪业务以及非结算会员的期货业务（经纪、自营）办理结算交割业务，主要由资信好的大型期货公司担当；特别结算会员不具有经纪资格，只能为非结算会员进行结算，主要是由商业银行分支机构担当。金融期货交易所的全部结算会员必须按规定向金融期货交易所交纳风险准备金，并对其全部客户的交易向金融期货交易所负有结算担保责任。

我国金融期货交易结算引入分级结算制度，是对国际市场经验的合理借鉴，会员分级结算可以强化金融期货交易所的整体抗风险能力。在分级结算制度下，资金实力雄厚、管理经验丰富的机构才能成为结算会员，而其他不具备结算会员资格的非结算会员必须通过结算会员进行结算，从而形成多层次的风险管理体系。分级结算有助于市场逐级控制和吸收风险，有利于形成多元化、多层次的金字塔式风险控制体系，使很多局部风险在结算会员层面就得到化解，确保金融衍生品市场的平稳运行。①

（二）当日无负债结算规则

当日无负债制度又称逐日盯市制度，是证券期货市场中的重要结算制度，是证券期货结算的国际惯例。当日无负债结算是指每日交易结束后，交易所按当日结算价对每一结算会员、每一结算会员对非结算会员、会员对投资者的盈亏、交易保证金、交易手续费、税金等款项进行结算，计算盈亏。结算后，对应收、应付的款项同时划转，相应增加或减少保证金账户的资金数量。每个交易日的交易结束后，交易所的结算部都会进行结算，计算出每个合约的结算价，并以此计算每家结算会员的盈亏以及保证金变动应付应收情况，将结算结果发给结算会员。结算会员根据该结果制作自己每个投资者或不具有结算资格的会员的盈亏和保证金应收应付情况，发给投资者和

---

① 中国金融期货交易所：《为什么要引进分级结算制度》，载《北京商报》2008 年 1 月 11 日。

不具有结算资格的交易会员。交易会员同样要根据结算会员的结算单制作自己每个投资者的结算单,然后发给投资者。由于结算需要一段时间,结算单送达也需要一定时间,期货公司在投资者开户的时候都会约定用何种方式送达结算单。结算单不仅显示投资盈亏情况,更重要的是,它会显示保证金变动情况,特别是如果出现亏损需要追加多少保证金。

依据当日无负债规则,金融期货交易所应当在当日收市时,及时将结算结果通知其所有的期货交易会员并与之完成无负债结算,期货交易会员应当根据期货交易结算结果再与客户进行结算,并应当将结算结果按照与客户约定的方式及时通知客户。凡客户已经穿仓的,将按合同构成对期货交易会员的负债,期货交易会员有权要求该客户补充交易保证金,并以自有资金对交易所承担责任。

(三)结算担保规则

我国期货市场具有比较完善的结算担保机制,金融衍生品交易也采用了传统期货交易中的结算担保制度。从其构成内容来看既包括结算保证金,也包括备付保证金。结算保证金具有担保实现结算目的的功用,根据结算层级分级收取,交易所向结算会员收取结算保证金,在期货保证金存管银行开设专用结算账户,用于存放结算会员的保证金及相关款项。结算会员向交易会员收取的保证金不得低于交易所规定的保证金标准。结算会员有权根据市场运行情况和交易会员的资信状况调整对其收取保证金的标准。对于交易会员缴纳的结算保证金,结算会员应当在保证金存管银行开设期货保证金账户,用于存放其客户及受托交易会员的保证金及相关款项。结算准备金与交易保证金的根本区别在于结算准备金未被交易合约占用,而交易保证金已被交易合约占用。除了结算保证金外,在市场实践中还存在着结算备付金,这种备付金是为了保障参与人的结算风险而设,是目前证券结算领域最重要的担保机制。

交易所开立的结算保证金账户与交易所在结算银行开立的结算备付金账户法律性质不同。开立的结算账户涉及的当事人是交易所与交易会员,类似于存款账户,是具有实质债权债务关系的现金账户,法院在交易会员作为债务人对其财产实施强制措施时,可以要求结算机关协助执行。而结算备付金账户具有履约担保的性质。关于类似的证券结算备付金,最高人民法院2004年11月9日《关于冻结、扣划证券交易结算资金有关问题的通知》中规定:“对证券公司缴存在登记结算公司的客户结算备付金,人民法院不得冻结、扣划。当证券公司为被执行人时,人民法院可以向登记结算公司查询确认该证券公司缴存的自营结算备付金余额,对其最低限额以外的自营结算备付金,人民法院可以冻结、扣划,登记结算公司应当予以执行。”这表明了证券结算备付金没有转移所有权的担保性质。[①] 金融衍生品交易中的结算备付金也类同,应当视为具有相同法律属性,在司法实践中采取类似对待。

六、金融衍生品市场监管制度

(一)金融衍生品市场基本监管制度与原则

我国金融市场的监管选择实质审查主义,在股票和企业债券的发行上,实行严格的信息披露和实质的发行上市标准。从我国的市场发展状况看,实质审查主义在保证市场安全稳定中发挥了很大的积极作用。但是对于金融衍生品市场的发展应当采取新的监管模式,即混合监管原则。首先,在产品监管上,对新产品的推出,要采严格的审批主义;对既有产品的发行,可以采取实质审查主义兼充分披露主义;对已发行的产品上市监管,采实质审查主义。其次,对市场机构、证券公司、评级机构和其他中介机构采实质审查主义。最后,监管部门要充当“守夜人”的角色,对交易市场进行持续性的实质监管,坚决打击各种操纵市场、内幕交易等违法行为。

1. 对金融衍生品的监管

对创新金融衍生品采取实质审核原则,即推出任何创新金融衍生品,都要由监管者进行审批,进行实质性审核,必须符合以下要求:

(1) 预留必要的风险防范空间。

我国监管者对未来金融衍生品必须控制风险,使任何衍生品的交易规

---

① 毛国权等:《证券交易结算担保体系法律问题研究》,载中国证券登记结算有限责任公司《证券登记结算重大法律课题研究报告》,第458—459页。

则都留有风险防范空间。

（2）信息披露原则。

金融衍生品的价格提示是很复杂的，对于处于信息弱势一方的投资者而言，识别产品品质和风险都是很困难的。这需要市场中介机构发展出一系列的工具，使投资者能够了解金融衍生品的价值和风险。信息披露要包括发行人的信息披露，以及中介机构特别是评级机构的信息披露。必须要强制审计，审核产品评级，只有符合会计和评级要求才可以披露。要坚持申请者负责披露制，由申请金融创新的投资银行或申请人负责信息披露。

（3）配合承诺原则。

金融衍生品的推出要有市场交易机构、登记结算机构、交易经纪人机构的配合承诺，只有得到责任承诺的产品才可能得到核准。

（4）符合法律与社会公共利益原则。

应当推行对我国经济发展和金融秩序有重大作用的金融衍生品，而不是仅对个别证券有意义的金融衍生品。我国金融期货交易所应当推出影响全国经济走势与全国金融秩序的重要期货产品、期权产品、掉期或互换产品等，在股指期货的基础上逐步推出利率期货、汇率期货、违约掉期、国债期货。

2. 对金融衍生品市场的监管

金融衍生品的发行市场监管应采取核准制原则。对发行人的规模、盈利能力、偿付能力作出具体的规定，某些产品上市必须得到相关市场上市承诺函。对于投资者，要有门槛限制，针对机构投资人的规模和特定投资人的资产状况作出具体的要求。就证券公司而言，应对其资本充足率作出具体要求，对于其他证券业中介机构也应设有一定的门槛。

（二）金融衍生品市场特殊监管制度

在市场出现异常情况的特殊时期，金融衍生品市场应当实行特殊监管。所谓特殊时期特殊监管，是指金融衍生品市场出现系统性风险或突发事件时，使用市场规则调节或常规监管失败，如不及时采取非常规手段将进一步造成损失扩大，以致造成无法弥补的严重损失、市场动荡甚至金融危机而采用的临时性的风险控制方式。即由政府监管机构或交易所实行市场干预，采用非常规措施，使金融衍生品市场出现的非常规现象或局面及时终止，回复到正常有序的运行状态。质言之,金融衍生品特殊监管制度是一般性立法落后于市场具体发展这一基本规律的有效补充。特殊监管是金融衍生品市场的监管者或者组织者从市场监管的角度介入金融衍生品市场运行的特别形式,有别于政府监管机构或交易所常态性、基础性、持续性的治市监管行为,具有不确定性、时效性和有限性的特点。

作为矫正市场失灵的手段,特殊监管可以及时有效地终止风险蔓延,调控市场发展方向。世界金融市场接连围绕金融衍生品交易导致金融风险事件甚至金融危机,表明衍生品市场蕴含着巨大风险,除与基础市场一样存在着市场风险、信用风险、运营风险和法律风险外,金融衍生市场因其构造复杂的交易工具和交易活动产品还存在内在风险性。世界发达证券市场尚在寻求金融衍生市场风险控制的有效路径,我国处于金融衍生市场发展初期,更需要加强对风险控制的重视,尤其是对于可能造成整个市场动荡或更大危机的异常情况的发生,更需要进一步完善预警和监控体系。合理构建预警机制,在市场出现异常的紧急情况下,及时果断地采取特别措施,才能有效控制风险。我国金融衍生品市场在20世纪90年代初,随着金融体制的市场化改革开始出现,先后发展了外汇期货、国债期货、国债回购、商品交易所指数期货、配股权证、权证交易等,然而这些衍生品交易大部分因为问题和缺陷过多而被迫中断。比如在我国曾出现的国债危机的情形下,如果在导致危机的因素刚出现时就合理地预见到其对于市场的影响,并迅速地对相关责任人和当事人采取果断措施,那么我国的两次国债危机不可能导致愈演愈烈的破坏后果,造成市场损失的不断扩大。因此,特殊监管作为保障金融衍生品市场健康、稳定发展的必要手段,是防范与化解市场巨大风险的重要举措,我国金融衍生市场初建时期,应当重视市场异常情况的防范及有效控制措施的合理构建。

然而特殊监管作为与市场机制相悖的干预市场的方式,其适用必须是极其有限并经过严格程序议定的,否则将造成对正常市场秩序的破坏和干扰。只有在市场机制失灵或政府常规监管失效导致的金融不稳定或金融危机的特殊时期,才可以实行特殊监管。对于可以适用特殊监管的情形,证券监管机构应当分类列举,并加之严格的程序限制,以保证特殊监管措施的合理适用,不造成对正常市场秩序的破坏和干扰。总的来说,特殊措施包括改变涨跌停板幅度、提高保证金、调整开市收市时间、暂停交易,甚至在特别紧急情况下、发生重大风险事件时,可以完全忽略常规规则和制度的约束力,根据交易所的即时指令操作和运行,进行限期平仓、强行平仓及限制出金等。这些措施的具体采用,应当视异常情形紧急情况不同而定,比如在汇率重大变化,美元突然暴跌,石油等资源性产品价格发生重大变化的情形下,可以采用改变涨跌停板幅度、提高保证金等措施。在采用上述措施无效的情况下,再进一步采取更严厉的措施,如暂停交易等。而在发生类似巴林银行这样的突发事件或者系统性风险时,为保障市场安全通过规则性程序可直接采用临时停牌等严厉措施。

应当说,我国金融衍生品市场的建设在吸取教训、借鉴国外同业经验的基础上,已经关注到异常情况防范缺失的客观市场实际,加强了防范异常情况的研究和探索。我国的金融衍生品市场,在拟推出产品、进行市场交易之前,对异常情况进行了合理预见,确定了可以采用特别措施的具体情形。金融期货交易所将可以宣布进入异常情况,采取紧急措施化解风险的情形列举归纳为几种并规定了具体紧急措施的种类及其适用程序。具体来讲,如果发生因地震、水灾、火灾等不可抗力或者计算机系统故障等不可归责于交易所的原因导致交易无法正常进行的情形,交易所总经理可以采取调整开市收市时间、暂停交易等紧急措施。如果发生会员出现结算、交割危机,对市场正在产生或者将产生重大影响的情形,或者期货市场出现涨跌停板、单边无连续报价或者市场风险明显增大情况的,交易所可以采取调整涨跌停板幅度、提高交易保证金标准及强制减仓等风险措施化解市场风险。交易所采取强制减仓措施,应当经交易所董事会执行委员会审议批准。采取上述风险措施后仍然无法释放风险的,交易所应当宣布进入异常情况,由交易所董事会决定采取进一步的风险控制措施。同时,我国金融期货交易所为其他紧急情况预留了空间,在交易所认为应当采取特别措施的其他异常情况发生时,交易所董事会可以决定采取调整开市收市时间、暂停交易、调整涨跌停板幅度、提高交易保证金、限期平仓、限制出仓等紧急措施。在交易所宣布进入异常情况并决定采取措施之前,我国金融期货交易所应当向我国的最高证券监管机构——证监会报告。交易所宣布进入异常情况并决定暂停交易的,暂停交易的期限不得超过 3 个交易日,经证监会批准延长的可以除外。

除了我国金融期货交易所上述已经确定为规则的异常情况下的紧急措

施之外,随着金融市场的不断发展变化,为应对风云变幻的各种不确定异常情形的发生,保障市场安全,更多有效措施有待探讨和适时采用。比如在美国次贷危机发生后,美国 SEC 于当年 9 月禁止“裸卖空”(Naked Short Selling)操作,即券商在卖空股票后,必须立刻购买或借得相关股票以备交割,如果在交割期限内未筹得股票,券商将面临处罚。并且,在 2009 年 7 月 27 日,美国联邦证管机构决定将该项禁止裸卖空的临时性法令延伸为永久性有效。“裸卖空”是华尔街为增加市场流动性、扩大交易量的金融创新,在“裸卖空”操作中,投资者没有借入股票而直接在市场上卖出根本不存在的股票,在股价进一步下跌时再买回股票获得差价利润。这一投资手法被大量基金利用来打压股票,对美国金融市场造成剧烈冲击,被认为是次贷危机中雷曼兄弟这样的大型金融机构破产及某些股票受挫的重要因素。美国次贷危机引发国际资本市场的连续反常,使“裸卖空”操作在澳大利亚、荷兰、欧盟等世界各地的证券市场先后被或长或短停止操作,受到临时性或永久性的市场管制。我国在发展融资融券交易的过程中,对于“裸卖空”操作的危害应当予以警惕,在金融衍生品市场初建时期,即使允许裸卖空,一旦出现市场风险,应当及时禁止裸卖空操作,以避免风险加巨。

总之,随着我国金融衍生市场的建设和发展,市场风险是无可避免的,不排除某些市场异常情形下采取特殊监管。同时,应当引起重视的是,我国金融市场是在政府主导和推动下,自上而下建立并发展起来的。由于市场的先天不足以及市场发育的不成熟,在发展初期,市场运行缺乏有效的内在协调机制,以致市场的平衡发展较多地依赖各种干预手段。然而,引导和推动市场持久、健康地发展,更多地需要依靠市场合理配置资源,需要依靠市场机制和监管机制的发挥。因此,特殊措施的适用必须严格予以限制,诸如停止交易这样极其严厉的措施只有在极端情况下才能被采用,并且在特殊时期结束或异常情形消除之后,应当及时停止特殊措施,回复市场运行常态。

第七章　结　论

一、多层次资本市场的基本结构

2008 年美国金融危机的爆发对传统的经济制度和经济结构提出了前所未有的质疑和挑战，怎样进行资本市场结构优化和制度完善是现阶段摆在我们面前的重要课题。与此同时，新型经济的迅猛发展和国民经济增长点的战略转变，对资本市场这一重要的资源优化配置体系，提出了新的功能上的和效率上的要求。构建和发展多层次资本市场，是新经济发展的需求，是各国资本市场发展的必然趋势，也是当今时代背景下制度建设者们无法回避的主题。

（一）多层次资本市场的基本特征与框架结构

成熟的资本市场是多层次、多元化、功能多样化的市场，不同层次市场之间拉开档次、分工协作，形成覆盖面广、风险分散、结构科学，而又互相连通的无缝市场体系。

首先，顾名思义，多层次资本市场强调它的层次性。从宏观上来说，这种层次性体现了不同市场间的基本差异。2006 年 12 月 1 日，中国证监会主席尚福林公开提出了建立四个层次的资本市场架构，即：积极培育蓝筹股市场；大力发展中小企业板；积极研究、适时推出创业板市场；整合代办股份转让系统，探索和完善统一监管下的股份转让制度。依前章所述，本书以逐步改善主板市场上市公司结构，分步推进创业板市场建设和对三板市场的重新定位以及功能完善作为主要的研究对象[1]，强调对主板、创业板和三板三个层次市场的制度改进和结构创新。不同层次市场的上市条件各不相同，以满足不同类型和规模的融资者的需求；投资风险多样，以满足不同风险偏好、不同信息成本的投资者的需求；交易规则灵活有变，以促进不同性质和规格的中介机构多元功能的发挥；监管要求不同，以促进监管规则的科学性，降低监管成本，提高监管的效率和质量；信息披露规则不同，以适应不同层次市场不同风险程度的要求，有效保护不同投资者合法权益。从微观上来讲，同一市场里也会分出不同的层次，并通过市场内不同层次间的定级和升降，为市场内企业提供更加广阔的成长空间和激励企业发展的源动力，以此拓宽上市公司主体范围，促进市场内的股权流动，为资本市场的发展提供数量与质量上的双重保障。

其次，不同层次市场间具有流动性。多层次资本市场不是静止的、孤立的三个市场，而是一个完整的、交互的整体。公司企业处于不断地成长发展过程中，不同发展阶段的企业对融资有着不同的需求，资本市场的层次划分为企业在不同市场板块间的转化提供了必要条件。这种流动性有利于培养市场主体的风险意识，满足企业不同阶段的发展要求，也有利于提高资本市场上市公司的整体水平；同时转板机制的建立可以极大地节省企业的融资成本和管理主体的监管成本，促进资本市场健康发展，减少资源浪费。

最后，多层次资本市场与多种交易制度密不可分，其体系内部呼唤建立起与之相适应的多种交易制度，以往以投资者指令驱动为基础的单一集中竞价交易制度远远不能满足未来多层次资本市场的多样性要求和功能实现。

我国多层次资本市场的结构建设应立足于满足不同类型投资者的需求，以不同类型的企业的发展要求为基本出发点，应在相当大的程度上改变我国资本市场的现状，使其可容纳的融资对象既包括国有大中型企业，也包括成长性强的民营企业、主业突出的创业企业、具有成长潜力与发展前景的传统行业企业、成长性强且发展潜力大的大型企业、核心技术具有独创性和

---

① 董安生：《中国资本市场法治建设研究》，中国民商法律网，最后访问时间 2010 年 12 月 24 日。

领先性的各类企业[①]，建立主板、创业板、三板相对独立、层次分明的多层次资本市场体系。表 7-1 为三个层次市场的比较。

表 7-1 主板、创业板和三板市场的比较

	上市对象	投资者	性质
主板	大型成熟公司企业	风险适中者	核心
创业板	高风险成长型公司企业	风险爱好者	重要组成部分
三板	退市企业、原 STAQ、NET 挂牌企业以及不符合主板创业板市场上市条件的股份公司	风险爱好者	有力补充

第一，主板市场——资本市场体系中的核心部分，是资本市场体系的稳固基石，是建立创业板和三板市场的有力依托。主板市场对发行人的营业期限、股本大小、持续盈利能力、最低市值等方面的要求标准较高，主要为处于市场化阶段和产业化阶段后期的成熟企业进行融资和股权交易服务，上市企业特征为规模大、业绩稳定、市场风险较小。主板市场有着最广阔的融资空间，最广大的投资群体，是最稳定的交易平台。登陆主板，也成为不少初期创业板上市企业和三板企业提升知名度，展现自身实力的目标和途径。

第二，创业板市场是一个全新的市场，是资本市场体系的重要组成部分。它是为了适应新经济的要求和高新技术产业发展的需要，弥补现有市场功能上的缺陷而设立的新市场。因此，从定位上看，创业板主要为处于幼稚期后期和产业化阶段前期的成长性企业、高新技术企业、民营企业和中小企业提供融资和股权交易服务。创业板市场上市企业在经营规模上小于主板市场上市企业，业绩的稳定性方面较差，市场风险和成长性高于主板上市的企业。

第三，三板市场作为多层次资本市场体系的一部分，是对主板和创业板市场的重要补充。三板市场主要为处于初创阶段和幼稚阶段前期的企业进行融资和股权交易服务。其挂牌企业的规模、经营业绩和经营稳健性等方面通常低于创业板市场的企业，而公司经营风险和市场风险往往高于创业板企业。[②] 目前，三板市场一方面为退市后的上市公司股份提供继续流通的场所，另一方面也解决原 STAQ、NET 系统历史遗留的公司法人股的流通问

① 任志安：《中国证券市场层次结构创新研究》，载《市场经济研究》2004 年第 2 期。
② 陈露：《中国资本市场的层次构建与转板制度》，载《上海金融》2008 年第 9 期。

题，市场主体单一化，交易规则不统一，不利于增强投资者信心和发展壮大市场。随着上柜规则的严格化、交易规则的标准化，未来的三板市场必然会为不满足主板与创业板上市条件的股份公司提供融资场所，其将成为未来创业板市场乃至主板市场的优质企业培育室与蓄水池。它的存在对于整个资本市场的完整性有着重要的意义，为保持资本市场上市主体的多样性和实现不同市场间的流动性提供了有力保证。

建立多层次资本市场，即以主板市场为核心的同时，使创业板市场蓬勃发展、三板市场日趋完善，三个市场都是多层次资本市场不可缺少的有机组成部分。不同市场相互促进、互相流通的、完整的资本市场体系对于解决不同成长阶段的企业的融资需求，促进企业结构优化，推动整个资本市场的健康发展具有重要意义。

（二）建立顺畅的转板机制和严格的退市机制

多层次资本市场的生命力在于其流动性，包括同一市场上股权的流动性以及不同市场间股权的流动性。这里要讲的主要是不同市场之间的流动性。我们对多层市场之间的流动性设计如图 7-1 所示：

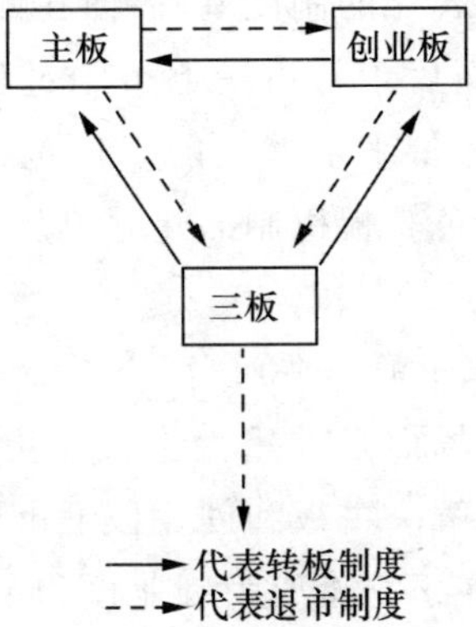

图 7-1　多层市场之间流通图

多层市场之间的流动性制度设计包括转入主板、创业板上市与退市两方面。如图所示，满足主板上市条件的创业板企业可以申请转入主板上市；满足主板或创业板上市条件的三板上柜企业可以申请转入主板或创业板上市。就退市制度而言，凡是不满足主板上市条件的主板企业或不满足创业板上市条件的创业板企业都可退到下级层次的交易市场中,解决后续流通问题;凡不满足三板上柜条件的三板企业退出三板市场,结束交易活动。

1. 转板制度的意义

对企业而言,不同层次的市场对应于不同成长阶段企业的融资需求和发展需要。当企业发展到一定阶段,现有的市场不能满足其成长需求,而企业也具备了目标市场的上市条件时,可以选择转入目标市场。目标市场为企业发展提供了适宜的融资空间和成长环境,这对于企业调整产业布局、优化增量资产的投向结构有重要的指导性价值,同时可以吸引更多的投资者以扩大融资量并提高股权流动性,有助于企业寻求到更优质的战略合作伙伴。

对资本市场整体建设而言,转板制度可以在不同层次市场间形成良好的流动机制,使多层次资本市场能够形成一个有机整体,有助于形成一个升降有序的市场环境,通过市场选择指导企业合理定位,各个层次的市场和企业成长周期相匹配,促进不同层次市场上市企业类型的标准化,为投资者提供更为科学的投资环境,实现资本市场资源优化配置效率的最大化。

从节省融资成本和监管成本角度而言,转板机制的建立为企业提供了直接在不同板块的市场间转化的制度基础;而在此前,由于不同市场间割裂的状况,先从原市场退市而后于新市场上市的过程无疑给企业增加了巨大的融资成本,也给监管主体带来了繁重的工作量,增加了监管成本,给社会资源造成了极大浪费。绿色转板机制的建立单从资源节约上就是对传统制度的一大改进。

2. 建立转板制度过程中的一些问题

转板制度对于三板市场而言的重大意义是毋庸置疑的,三板市场存在的价值不仅仅停留在帮助解决主板和创业板下市企业继续流通或者其他历史遗留问题的层面上,更在于它将成为创业板和主板上市公司的培养基地,为创业板和主板输送相应的优质上市资源。建立有效的转板制度对于提高三板市场投资者的信心与市场股权流动性、促进三板企业快速发展和结构优化、激励上柜企业乃至促进三板市场繁荣都有着重要作用。凡是满足了创业板或主板上市条件的三板企业向目标市场提出上市申请,经过监管部门审批后就可以顺利地转入主板或创业板上市。

然而就企业在创业板与主板之间的转化而言,理论与实践中还存在一些争议,主要涉及以下几个问题:首先,创业板市场并不完全是主板市场的下级市场,没有严格为主板培养上市主体的义务;其次,按照企业的成长过程来讲,有资质探讨转主板上市的创业板上市企业必定是走出了成长期,步入成熟期的大型企业,是整个创业板市场的中流砥柱,是当地交易所培养起来的明星企业。这样的企业转主板上市,必定会对创业板市场和原交易所造成巨大损失,所以创业板上市公司转主板上市相比三板企业来说复杂很多。针对这种情况,目前世界范围内创业板市场的解决方法主要分为两种形式:一是交易所在与创业板上市企业签订的上市协议中对企业未来的转主板上市以及退市作出明确规定和限制:规定在合理期限内,企业提出转主板上市或退市请求相应条件必须得到满足,且交易所有最终的决定权。二是规定创业板上市企业对满足条件下是否转板具有充分的自主选择权,但必须通过两个层次市场的实质性审查。承前所述,我国证券市场的发展格局及发展趋势为上交所做大做强主板市场、深交所深入发展创业板三板市场,因此在探讨未来转板制度的设计上,必须充分考虑到上述因素对于市场主体及监管方的影响,借鉴国际成熟市场的发展经验,构建符合我国市场发展实际情况的制度设计。

3. 建立退市制度的意义

退市机制的建立将引进优胜劣汰的市场竞争机制,有利于提高上市公司的整体质量和证券市场优化资源配置的效率、更有利于培养投资者理性的投资理念、维护广大投资者的合法权益,促进证券市场规范、健康、稳定发展,对完善资本市场具有重要意义。

没有退出机制的市场是一个有缺陷的市场,市场退出机制是完整的市场竞争制度的另一面。完整的市场竞争制度有两方面的含义:一方面是明确市场存续规则、鼓励竞争;另一方面是对竞争结果的裁定,即孰存孰转孰亡。缺乏市场退出机制会必将引致大量低效企业的存在,形成社会资源的极大浪费,导致整体经济效率的降低。退市机制的建立既能使那些经营不善、连续亏损的上市公司退出市场,同时又对现有上市公司的经营者起到警示作用,从而促进市场上企业素质的整体提高。

退市机制的建立将提高资本市场资源优化配置的效率。通过退出机制的建立使得有限的金融资源可以输入有效的经济实体中,从而达到通过市场的选择作用在全社会范围内优化资源配置的功能。

退市机制的建立有利于保护投资者利益。退市可以有效挤压市场泡沫、降低市场风险、抑制投机过度和狂炒垃圾股的现象，提高投资者风险意识、引导投资者理性投资。无论从推进股市的规范化建设、促进上市公司从公司改制、股票发行、股票交易到上市后公司运作、投资及资本经营、送配股等一系列行为的规范化，还是使股市功能有效发挥、拉开不同业绩的股票档次以及使行政机制对上市公司和股市运行的影响弱化等角度来看，都应该实施行之有效的退市机制。①

4. 建立退市制度应注意的问题

如前所述，由于地方政府利益所在，我国现有上市公司的退市必然受到所在地政府的隐性干涉。从把上市公司作为从政业绩、就业考核等因素考虑的地方政府角度来看，其管辖范围内上市企业的退市无疑是严重的负面经济影响。因此，当地政府的介入会使得退市机制会面临更多的隐患。针对这个问题应该制定明确、严格、操作性强的退市标准和退市程序，强调退市标准的数量化要求，并对全体上市公司一视同仁，以减少非客观因素的干预，解决上市企业久亏不下的怪现象。

在制定退市规则时，应注意以下几方面：

首先，要保证退市标准与上市条件的协调性，这是建立退市制度应该坚持的首要原则。建立与上市条件相协调的退市标准并不意味着上市条件与退市标准的完全等同，而是说通过量化与非量化因素综合分布的标准化退市制度消除上市门槛和下市标准之间的巨大差异，使企业从“前门”进入市场（达到入市标准）和从“后门”进入市场（收购上市公司壳资源）所付出的代价相差无几。如此，上市公司经营管理不善达到退市条件只有退市一途，“壳”资源不会具有任何价值，也不会对市场投资者的预期产生重大影响，这样就疏通了上市公司的退出渠道，降低了退市给市场波动性带来的影响。②

其次，要确立以量化因素与非量化因素综合评定的退市标准。退市标准包括量化标准和非量化标准，量化标准包括上市公司总资产、净资产、股票市值、营业收入、经营能力、公众持股人数、持股量、持股市值、最小报价等

① 参见王国刚：《退市股市规范化建设的重要举措》，载《中国证券报》2001 年 4 月 6 日第 4 版。

② 郭阳：《创业板退市机制研究》，上海大学 2005 年硕士学位论文。

方面的规定;非量化标准包括公司治理机制、信息披露等方面的要求。量化标准的确定性程度高,非量化标准则大多表现为上市公司管理与日常经营行为是否符合持续上市标准的程度问题,程度如何确定在各国市场实践中各不相同,但作为影响上市公司与投资者信心的重大事项,各种非量化因素在退市制度的构建中亦起着十分重要的作用。因此,要明确退市规则的量化标准,增强退市标准的明确性、可执行性,减少退市制度的执行中可能出现的任意性因素,同时辅之以法定的关键性非量化标准,尽量减少不合理的行政干预,促进资本市场的健康发展。

最后,风险程度越高的市场越应采取相对快速、严格的退市制度,以降低市场风险、维护投资者利益。由于创业板上市企业性质的特殊性,相比其主板市场来说,创业板市场应建立严于主板市场的退市标准。对于不符合上市条件的创业板企业[①],监管部门要快速反应、及时处理,防止市场风险的积累和扩大。对三板市场而言,建立有效的下柜制度也是非常必要的,对于连续亏损超过一定时间,并且没有破产重整可能性的企业,就应该适用合理下柜规则,以此形成对三板企业的约束机制,保持三板市场的活力。

建立健全各层次资本市场的退市标准,具体来说,即是细化退市程序,强调退市规则的量化标准,增强规则的可操作性,使之与市场准入机制协调一致,并辅之以规范性的非量化标准,针对各层次市场特点制定与之相匹配的退市制度,以充分发挥证券市场优胜劣汰的功能,提高其优化市场资源配置的效率,切实保护公众投资者的利益。

二、债券市场与金融衍生品市场同步发展

前文第五章与第六章分别结合我国实际情况,系统地分析和阐释了我国债券市场和金融衍生品市场的功能作用、发展现状以及市场运行监管的法律制度问题。第五章论述了债券市场的作用,提出债券市场是区别于股

---

① 这里所说的严于主板市场的退市标准,并非指字面意义上的量化标准,而是相较于主板市场退市规则对于上市企业的要求程度来看,创业板市场的退市规则对其上市企业应更趋重于成长性的严格要求。

票市场的另一种有效融资渠道。首先,发展债券市场可以促进金融体系的安全、稳健运行,有利于防范和化解金融风险。其次,债券市场具有价格发现功能,发展债券市场有利于形成定价基准,可以有力地推进我国利率市场化进程。再次,债券市场具有横跨资本市场和货币市场的独特功能,是有效连接货币市场和资本市场的桥梁和纽带。我国债券市场的现状决定了其发展的迫切性。与发达国家的债券市场相比,其仍然存在许多问题,如监管机制不统一、多头监管问题严重;交易所债券市场和银行间债券市场严重分离,缺乏联动性;企业债券发展严重滞后;信息披露制度亟待完善;信用评级缺乏独立性和权威性等。为完善我国债券市场的制度构架,应借鉴和吸收发达债券市场和新兴债券市场的先进发展经验。在市场模式及其运行机制的选择上,我国债券市场应当借鉴国际经验,采纳以银行间市场为主体,以交易所市场为补充,建立统一协调市场的模式。具体来说应达到:第一,高信用等级债券能够实现跨市场交易流通;第二,交易主体能够自由选择交易场所;第三,两个市场债券实现实时转托管和实时交易等基本条件。本书认为,促进两个债券市场互联互通的关键在于改良债券托管模式。国际 30 人小组提出的证券结算九条建议中,关于各国均应实现中央托管的建议就受到了国际市场的普遍认同与接受。理由在于集中托管才是债券市场最高层次和最大范围内的统一,也是提高交易结算效率、降低结算风险、保证市场健康发展的基石。我国债券市场互联互通的关键也在于统一债券托管。通过债券的统一托管,让投资者通过一个债券托管账户实现所持各种债券在不同市场的交易,以促进投资主体和债券品种在两个市场的自由流动。

我们认为,必须强调债券市场与衍生品市场同步发展这一基本观点,其意义不仅仅在于丰富市场产品类型,更在于通过二者的特性互补与协调发展能够为市场提供双向的“节拍稳定器”。简言之,债券市场对多重资本市场的重要意义在于,当市场疲软时提供稳定的收益保障以活跃市场。而衍生品市场对于整个多重证券市场的意义则在于在市场活跃时提供对冲工具和多种投资产品,在规避市场风险的同时,为投资者提供不同风险程度的投资标的以满足市场需求。另一方面,从两个市场的关系考察,债券市场上衍生产品对实体经济的推动还有着更为深远的意义。可以说,发展固定收益类的金融创新产品对于我国多层次市场的发展具有重大意义,债券市场中的衍生品交易是统一的固定收益产品发展的必由之路。现阶段,债券品种和市场流动性不足已成为制约我国债券市场发展壮大的主要原因。而在继续推出新的基础产品之外,推出新的衍生品,实现从基础产品市场向衍生产品市场发展,是丰富债券品种的重要途径。还可以想见,新的衍生工具的出现,又必然衍生出更多更新的交易品种和交易方式,多种交易产品必然要求与之相适应的多种交易制度的建立,从而推动市场的全面创新,大大增加基础产品市场的深度和广度,并进而提高市场的流动性,降低市场的风险。故而二者必须同步发展、缺一不可。国务院《关于推进资本市场改革开放和稳定发展的若干意见》就已经指出:“促进资本市场协调发展,要积极稳妥发展债券市场,丰富债券市场品种,稳步发展期货市场,研究开发与股票和债券相关的新品种及其衍生产品。”这就要求我国未来的市场实践要将债券市场与金融衍生品市场同步发展作为一个重要的建设准则。

从规模和品种上看,我国企业债券市场规模没有得到应有发展,无法与国债规模相提并论,主要原因在于债券市场细分不够,企业债券的信誉无法与国债相比,且利率的确定受发行制度的限制,故在相同的市场上国债的发行对企业债券产生明显的“挤出”效应。研究表明,我国国债的发行规模和GDP增长率之间存在较为显著的关系,国债的发行规模与节奏基本上和宏观经济增长态势相一致,而企业债券的发行规模与GDP和GDP增长率之间不存在正相关,不能与我国GDP的增长态势相一致。[①] 而仅就我国债券市场上占主流的国债而言,其市场化的程度也不能满足需要,我国新发行的国债主要用于弥补财政赤字,债务管理者很容易将其仅仅看成是一种筹资工具,而忽视了它还是一种资信高、流动性强并有稳定收益率的投资工具的特点。最为明显的表现是,资本市场是追求高度盈利的市场,收益率(在国债表现为利率)的变化对债券发行量应该起着决定性的影响,但是我国的市场现状则是无论利率怎样变化,国债发行规模都在逐年稳定扩大。

为了能为市场提供充足的可供交易的债券品种,我们认为对于企业债券市场和国债市场都应有所改进。企业债券层面,市场设定的准入标准应该放宽。随着《物权法》的出台,我国企业发行债券的担保物范围大大扩张,抵押部分增加了建筑物和其他土地附着物,如建设用地使用权;以招标、拍卖、公开协商等方式取得的荒地等土地承包经营权;生产设备、原材料、半成

① 耿志民:《中国证券市场制度研究》,中国金融出版社2008年版,第26页。

品、产品;正在建造的建筑物、船舶、航空器等交通运输工具以及法律、行政法规未禁止抵押的其他财产等。质押部分则包括可以转让的基金份额、股权、应收账款以及法律、行政法规规定可以出质的其他财产权利。故而,未来我们可以期待企业债券市场发行的活跃,不仅发行的企业应该大幅增多,而且对于能提供足值担保物的企业不应采取现行的类似于股票发行的询价方式来确定利率,而可以根据企业提供的担保物的价值结合发行规模来确定利率。① 这样,一方面有利于鼓励企业以自身财产为基础直接从资本市场上融资,对于我国众多固定资产数额较大而流动资产不足、市盈率不为市场看好的国有企业融资十分有利。债券市场上发行的公司不仅仅是"精品店",对于能提供安全担保、"老店新开"的企业也应为其提供从债券市场融资的渠道。

国债层面,应加快其市场化进程。首先可从发行制度上入手,通过分析市场供求关系确定合理的发行条件和利率水平,即债券利率市场化。同时,可以采取新的发行方式,如混合招标方式,既可以有效了解市场供求,又可以降低发行成本。其次应建立合理的国债利率结构②,提高长期国债利率,改变国债期限结构和利率结构倒置的现象,借鉴国际金融市场的成功经验增加浮动利率国债的发行量,改变国债利率紧盯银行的做法,结合通货膨胀水平、市场利率的发展趋势、投资者的投资意向和心理因素确定利率。

三、投资人分类管理制度

证券市场发展的基本动力来源于市场参与者的投资行为,而投资者的类型千差万别,专业水平与承担能力亦参差不齐。随着证券市场立体化、层次化的趋势,在其广度与深度不断拓展与加深的背景下,通过制度设计对投资者进行分类管理,以引导投资方向、疏浚市场渠道并提高市场效率成为各国证券市场不可回避的课题,因此,投资人分类管理制度的建立与完善往往

① 对于担保的另一种形式——保证,为了防止连环担保的发生,我们主张对于发行债券的企业如果主要提供保证形式的担保,现行的询价方式是十分合理的。

② 何德旭、高伟凯:《中国债券市场:创新路径与发展策略》,中国财政经济出版社 2007 年版,第 55 页。

成为衡量一国证券市场成熟度的重要标准。换句话说,投资人分类管理制度是将不同类型的市场投资者纳入多层次证券市场法制规范的制度外化,是多层次证券市场最基本的市场主体论。

随着全球资本市场多层次化的进一步发展,根据证券市场层次的不同建立投资者分类管理制度实为大势所趋。具体来说,随着主板市场、创业板市场、三板市场和场外交易市场这一基本构架下的多层次资本市场战略的逐步推进,世界各国证券监管部门均不同程度地建立了相应的投资人分类管理制度。以美国为例,按市场层次划分,美国的“多层次”证券市场可分为四级:第一级由纽约证券交易所(NYSE)和纳斯达克(NASDAQ)全国市场构成,是向大企业提供股权融资的全国性市场;第二级是美国证券交易所(AMEX)和纳斯达克小型资本市场,是向中小企业提供股权融资服务的全国性市场;第三级是由波士顿股票交易所、芝加哥股票交易所、太平洋股票交易所等组成的地方性股票交易所,它们构成了区域性交易所市场即学理上的三板市场;第四级是由 OTCBB 板块和粉单板块组成的,向实力暂时达不到前三级市场的小型企业提供股权融资的非交易所市场。纵观美国证券市场各层次的投资人结构,可以清楚地发现,随着市场层次的降低与风险的逐步提高,市场准入的要求逐步收严,形成了由散户为主到“散户 + 机构投资人”再到以机构投资人为主的基本管理模式。这种先进的投资人分类管理制度根据不同的市场层次通过法律的强制规定将全国投资者引导进入其适合的市场领域,同时辅之以不同的市场交易制度,在充分规避风险的同时极大地提高了金融效率。

而反观我国,主板市场长期以来对散户投资者与机构投资者在市场准入方面几乎未作甄别,造成了机构投资人投资“散户化”的弊端,新兴的创业板市场也并未建立起完善的投资人分类管理制度而被称为“类主板”、“又一个中小板”,极大地浪费了市场资源。如果说在基本上面向全体投资者的主板市场中建立投资人分类管理制度这一观点体现尚不明显,那么在我国创业板市场的未来发展中,在三板市场的逐步成形过程中,投资人分类管理制度的建立则必然成为构建多层次证券市场体系的基础性前提条件。

四、多种证券发行定价技术

综合前文所述,根据多层次证券市场发展的基本规律,不同层次市场由于基本功能定位、市场投资者以及拟上市企业发展阶段等因素的不同,必然导致发行定价技术的区别。

具体来说,主要为大型成熟企业提供融资平台和面向最广大投资者的主板市场在采用传统市盈率定价方法之外,可以借鉴国际成熟市场经验,积极引入 DCF、NPV 等先进发行定价技术,在为主板市场提供多种定价技术选择的同时,促进不同类型的大型企业上市,并为未来国际板的建立铺垫国际化轨道。

针对主要为中小企业及高成长性科技企业提供中小额融资渠道的创业板市场,则不应一味模仿主板市场的发行定价方式,而应从注重盈利的市盈率定价方式中走出来,引入和借鉴 DCF、EVA、实物期权法等国际成熟创业板市场的发行定价技术,并在此基础上建立起符合我国创业板市场具体现状的中小企业发行定价方法。

而未来建立的三板市场于多层次证券市场结构中处于承接主板与创业板市场退市企业以及为相较创业板市场上市公司更为稚嫩之企业提供小额融资这一基本功能定位之上,故其发行定价技术应较创业板市场更为宽松灵活。

概而论之,发行定价阶段是拟上市企业走向资本市场的必经之路,针对不同市场层次结构设置相应的灵活的发行定价技术是发展多层次证券市场的关键所在。在对上市公司的估值活动中,应当遵循根据公司的商业条件,选择合乎公司市值的模型进行估值和定价的基本原则。这是股票一级市场定价行政主导化向市场化转变的必然趋势,是发行定价技术的法律制度化的通道所在,也是充分发挥证券市场资源配置功能的基础性前提。

五、多种证券交易制度

目前,我国资本市场实践中占主导地位的证券交易制度,仍为交易所单一集中竞价证券交易制度。该状况是由我国单一的证券市场结构所决定的。尽管从证券交易所建立至今二十余年的时间内,我国的证券市场已经取得了举世瞩目的成就,成为世界上重要的证券市场之一,但我国资本市场仍然存在主板规模庞大、交易品种单一,中小企业板及创业板角色定位类主板等弊端。而在上述市场结构下,集中竞价交易制度具有一定范围内的优越性,也能够满足投资者的交易需求,从而使得监管层忽视了其他交易规则的意义。

资本市场发展至今,层次化、体系化已经成为基本特征与发展趋势。在此基础上,企业各发展阶段不同的融资需求、投资者类型与交易要求多样化以及市场定位的层次化促使监管层开始重视“逐步建立满足不同类型企业融资需求的多层次资本市场体系”的建设目标。而这一目标则必然呼唤建立起与之相适应的多种证券交易制度。主板市场、创业板市场和三板市场基于各自的功能定位、市场运行特点以及投资者类型与交易特点的不同必然需要不同的交易制度,以往的单一集中竞价交易制度已经远远不能满足多层证券市场的基本要求和功能实现。

(一) 建立多种交易制度以满足主板内部多元的交易需求

目前在我国的主板市场中,尽管从制度设计看来为竞价交易、大宗交易和协议交易(收购)等多种证券交易制度并存,但在实践操作中,主板市场交易制度仍为单一的电脑撮合连续竞价方式所主导;其他交易制度或者规则不合理,或者缺乏与其投资者或交易自身特点相适合的规则。证券市场投资者中既有机构投资者,也有个人投资者;既有散户交易者,也有大宗交易者;既有控制权交易者,也有非控制权交易人;既有风险爱好者,也有风险厌恶者。不同投资者的交易需求存在根本差异,应当有适合其自身投资需要的交易规则。我们不能硬性要求不同的投资者统一适应单一的证券市场、单一的交易制度和单一的交易品种,而要通过多种交易制度的设计来适应市场的发展规律,满足市场发展的要求。

1. 完善大宗交易制度

作为一种重要的证券交易设计机制,我国的大宗交易制度不仅发展条件和配套制度不完善,其交易价格也因目前采取盘后成交的场内撮合形式被限制在买方和卖方当日最高和最低成交价格之间,而当日无成交的,则以前日收盘价或收盘价加上一定范围幅度的调整为成交价。该种规定使大宗交易制度在一定程度上无法实现制度设计之初为大宗交易者提供便利、提高资源配置效率等积极意义。

面对投资者结构中机构投资者比重的上升与实力的不断增强,为了使大宗交易制度真正成为我国多层次证券市场体系建立的有力推动力量和重要组成部分,我们应当采取一系列措施降低大宗交易者的交易成本,提高其进行大宗交易的投资欲望与信心。

首先,应当尽快推出做空机制为大宗交易投资者提供避险渠道和资产配置多元化的途径,并通过做大做强国内主板市场来打通资源配置国内范围内的地区性屏障,以充分发挥其提高市场流动性、优化资源配置的基础性作用。

其次,目前的定价制度使我国大宗交易的定价依附于集中竞价交易,缺乏自己的成交规则。考虑到大宗交易客户的操作特性,毕竟其对交易量、即时行情、交易成本有着不同的要求,大宗交易的定价完全可以脱离场内集合竞价的规则,这符合批发价低于零售价的基本规律。因此,可以选择将大宗交易制度和证券商报价制度结合,即券商在得到客户委托以后,可以在大宗交易系统场内给出与主板市场不同的报价,如相比当日最低成交价给出一个向下一定比例的再次浮动,这才是合理的大宗交易价格形成机制。

最后,为了弥补大宗交易制度以丧失部分公平为代价换取市场效率的自身特性,信息披露制度还应当进一步深化。

2. 完善协议交易(收购)制度

控制权转让市场的发达与否是体现一国证券市场资源配置功能发挥程度的重要标准之一。虽然我国证券法中明确提出允许协议收购上市公司,但实践中的重重障碍却导致与国外市场相反的普遍状况,即协议收购很难成为我国上市公司收购的主要途径。这些障碍来自市场条件、法律、定价、行政约束等许多层面,也为制度建设指明了应当努力的方向。

第一,进一步打通我国主板市场目前存在的地域分割性,实现上市公司股票的资源整合与全流通是实现全国范围内上市公司股权的平等性与流通性以及控制权转让市场发展的基本前提。

第二，完善相关立法，逐步打破法规层面上对上市公司股份收购的枷锁，在股权交易层面上适度放松管制，从“公平+慢走”的交易规则逐步发展为兼顾效率与公平的交易规则。

第三，约束公司控制权转让中的行政性行为，逐步降低公权力介入公司合并的程度，尤其在协议收购定价方面。现行规则并不允许控制权交易双方就转让价格有自由的定价权利。该定价规则势必影响到证券市场的主要功能之一的发挥，即通过证券的流动有效配置市场资源，把上市公司交到最有效的管理者手中。所以，未来协议交易的定价可以以大宗交易的报价作为依据，也可以通过大宗交易系统来完成交易，而不必由法律硬性规定应当根据主板市场的成交价格并通过严格的计算方式而得出控制权转让过程中的价格。

综上所述，大宗交易制度与协议转让制度的完善有利于主板市场的全面健康发展，有利于营造适合不同类型投资者发展的市场环境，对我国证券市场的发展和投资者培养具有极为重大的现实意义。

（二）引入做市商制度是发展创业板市场的必要条件

创业板市场是多层次资本市场建设中的重要环节，也是证券市场细分的发展趋势的必然要求。创业板本质上在于为高科技和高成长性的创业型企业提供融资场所，其宗旨应是为中小企业在成长壮大过程中提供资本市场支持。因此，创业板无论在发行定价，还是交易制度方面均应当具备服务于该宗旨的特点，不能采用主板市场的单一集中竞价交易制度，成为又一个“类主板”。若继续推行单一交易制度，无论设立多少新市场，都将最终成为类主板市场，依然无法解决我国资本市场的现有问题，这也与发展多层次资本市场的战略目标相悖。

结合创业板的设计宗旨，本书第三章经全面分析得出结论：在设计创业板市场交易制度时应当首要考虑的目标为市场的流动性和稳定性。因为流动性和稳定性均是决定创业板市场能否持续运行，进而能否有效实现其经济意义的根本因素。

因此，我国创业板市场交易制度在价格形成机制上应选择报价驱动制而非指令驱动制，充分发挥报价驱动制活跃市场和平抑波动的优势，并在报价驱动市场的基础上采取做市商制度，甚至在相当范围内采取强制性做市商，即要求每一上市公司必须为自己的股票选定至少一名或两名做市商，与其签订做市协议，使其负有做市义务。

在报价驱动市场上实行做市商制度，是中国创业板市场交易制度未来的不二选择。原因在于：做市商制度对保持其做市的证券的价格连续性、市场活跃性和价格稳定性具有重要的作用，而且由于做市商的做市收入取决于其做市证券交易的频率，做市商普遍都有很强的动机向投资者推介自己做市的证券。该制度比较适合上市标准低、力图扶持风险较大的中小企业的证券市场，显然对于提高创业板中小企业的证券流动性具有十分重要的作用，这也是国外成熟创业板市场的基本经验。虽然我国创业板市场在开盘初期异常火爆，“三高”现象带来了创业板市场不需要做市商亦具备足够流动性的假象，但随着市场初期投机炒作热情的逐步冷却、市场基本定位与规则的逐步完善以及其他板块市场投资产品的逐渐丰富，我国创业板市场未来的发展必然也将遵循成熟创业板市场的发展规律。市场实践也印证了上述论证，随着破发的出现和上市公司股价的逐步合理化，理性地认识到未来创业板市场必须引入做市商机制是刻不容缓的命题。

当然，由于报价驱动制在透明度和有效性方面存在弊端，我们应当采取适当措施加强监管，如提高特许做市商的准入门槛，强化对做市商的监控，实行严格的信息披露制度等等，以尽力提高市场的有效性。

综上所述，设计我国未来创业板市场交易制度，在指令驱动和报价驱动两种价格形成机制中，应选择报价驱动制，并在此基础上借鉴国外成功经验，采取强制性的做市商制度。在市场参与者类型上，应构建一个以机构投资者为主、散户投资人为辅的投资人结构。唯有如此，才能有效发挥特定交易制度的优势，利于我国创业板市场的成功运作和持久发展。

（三）三板市场应采用与之相适应的报价交易制度

三板市场从长远看来，承担了为不符合主板、创业板上市条件的公司股权提供流通和融资平台，并在此基础上为主板和创业板培养、输送优质上市公司的孵化器功能，还可作为主板与创业板退市公司股权继续流通的承接器。因此，三板市场既是起点，又是终点。其意义重大，是多层次资本市场体系不可或缺的重要组成部分。

从目前市场发展现实来看，许多因素制约着三板市场的健康发展：第一，三板市场目前承载的投资对象多样化，投资者类型相对复杂，交易规则不统一；第二，全国联网将是日后三板市场发展的方向，但其市场内进行交易的多是高风险的新兴产业中小公司股权，投资者对市场缺乏了解、对行业缺少认识，本地不能成交的股份也很难在全国范围内找到交易对手；第三，现阶段三板市场规模小、容量有限，市场交易清淡，市场主力只需动用少量的资金便能推动股价上涨。[①] 总而言之，投资者信心不足、市场流动性缺乏，这必将持续影响三板市场基本功能的发挥。三板市场中，由于上柜公司实力较弱，不可能采取主板市场的集中竞价交易制度。因此，引入证券商报价机制和做市商功能将是提高投资者信心和流动性的有效之举。

在证券商报价机制下，由于券商对市场信息的了解程度远远胜过普通投资者，他们可以对包括投资对象在内的信息来源进行各方面的专业汇总分析，为不完全了解公司情况的投资者提供定价支持。经审核批准的券商，持续地向公众投资者报出某些特定证券的买卖价格（双向报价），事实上可以有效地提高交投的活跃程度，提高市场透明度[②]，规范市场交易规则，增强投资者信心。而做市商制度可以改善目前三板市场企业挂牌后股份流动性差，投资者持有风险高的现状。如此的交易制度安排结合严格的信息披露制度，可以切实保护投资者的利益，为三板市场发挥作用保驾护航。

另外，证券市场还可以参照由中国银行间交易商协会发布的 2008 年第 5 号公告《银行间债券市场做市商工作指引》中设计的最优报价次数等加分项来对报价表现突出的做市商予以加分并在此基础上建立创业板与三板市场的做市商激励机制，此举不仅可以鼓励做市商提高报价质量，而且可以建立起长久的创业板与三板市场对券商吸引机制。

（四）多种证券交易制度对券商业务能力提出了更高要求

未来多层次资本市场体系的建立必然造就不同的交易模式，也必将培育不同类型的投资者。一旦投资者指令驱动交易模式一统天下的状况被打

---

① 王珺、田增瑞：《产权市场与代办股份转让系统整合构建三板市场》，载《财税金融》2008 年第 3 期。

② 王适：《我国引入做市商制度的作用、障碍与问题》，载《经济纵横》2005 年第 5 期。

破,证券商报价驱动制得到逐步发展和广泛应用,对于广大券商来说,仅靠电子自动撮合交易系统获取的经纪收入肯定无法满足其对新增利润增长点的追求,而做市商各方面的专业资质要求也势必对其提出严峻的挑战。

因此,未来我国资本市场实行证券商报价驱动制给现存制度带来的一系列问题中最为显著的便是经纪人制度将面临重大挑战。

在证券商报价驱动制的基础上实行做市商制度,做市商作为特许的注册经纪人,要进场为其所负责的股票提供双向报价,在很大程度上参与证券价格的形成过程,为市场提供"即时流动性"。这需要经纪人发挥以下几种功能:第一,掌握尽可能多的市场信息,并利用专业知识、技术和经验去分析判断这些信息,为市场提供双向报价,并根据客户的需求和市场情况的变化不断调整其报价,使证券价格趋于合理。第二,防范风险。这包括两方面的含义:一是在经营过程中,从主观愿望出发,经纪人有着防范自身运作风险和有条件地帮助客户防范风险的意愿。这要求做市商不仅具备能合理报价的能力,还应当具备雄厚的资金实力、完善的管理制度和健全的风险控制能力。二是各类经纪人通过各自的风险防范,在客观上起着防范股市风险,增加市场透明度和投资者信心的作用。在做市商制度中,防范投资风险的机制直接关系到做市商的做市能力和盈利水平。第三,开发创新。在国外证券经纪人制度二百多年的发展历史中,只要有条件、有机会,经纪人就会不断地开发市场,创造新的交易产品,如 NASDAQ 的三个层次市场就是在经纪人的推动下逐步建立的。

另外,未来的三板市场若采取各区域性柜台交易市场与中央报价系统联网的组织模式,可能催生多层次经纪人制度。具体来说,为了降低交易成本,争夺客户资源,各会员经纪商将不得不在各地柜台市场派驻相关的报单员(即所谓"马甲")。从投资人角度看,交易制度的变革引起证券公司经纪业务的重大变化,产生类似美国传统的"街名"制度,即股票投资人可以将其股票名义权利登记在证券经纪人、金融中介人或其他受托人名下,而其权利则受到公司法、信托法和特别法规的保护,证券公司下属的部分经纪人将专门负责拉拢、联系客户。

一言以蔽之,要在未来林立的"报价商"和"做市商"角色中赢得一席之地,我国证券商的创新能力、风险控制能力、专业水平甚至与投资者的法律关系都将面临重大的挑战。

参考文献

一、中文文献

（一）专著类

1. 曹洪涛:《中国银行间债券市场:结构、行为、绩效》,经济科学出版社 2006 年版。

2. 陈欣:《衍生金融交易国际监管制度研究》,北京大学出版社 2006 年版。

3. 陈小平:《国际金融衍生品市场》,中国金融出版社 1997 年版。

4. 陈晓红、杨艳军、王宗润:《金融期货投资学》,清华大学出版社 2007 年版。

5. 董安生:《国际货币金融法》,中国人民大学出版社 1999 年版。

6. 范健、王建文:《证券法》,法律出版社 2007 年版。

7. 冯光华:《中国债券市场发展问题研究》,中国金融出版社 2008 年版。

8. 高峦主编:《资本市场蓝皮书——中国场外交易市场发展报告(2009—2010)》,社会科学文献出版社 2009 年版。

9. 耿志民:《中国证券市场制度研究》,中国金融出版社 2008 年版。

10. 韩世远:《合同法总论》,法律出版社 2008 年版。

11. 何德旭、高伟凯:《中国债券市场:创新路径与发展策略》,中国财政经济出版社 2007 年版。

12. 何杰:《证券交易制度论》,经济日报出版社 2001 年版。

13. 黄达:《金融学》,中国人民大学出版社 2003 年版。

14. 凯恩斯:《就业、货币和利息通论》,宋韵声译,华夏出版社 2005 年版。

15. 孔祥俊:《民商法热点、难点及前沿问题》,人民法院出版社 1996 年版。

16. 卢文莹:《利率期货与期权》,复旦大学出版社 2008 年版。

17. 任志刚:《衍生工具:市场发展及风险控制》,中国金融出版社 1996 年版。

18. 田超:《金融衍生品:发展现状及制度安排》,中国金融出版社 2006 年版。

19. 屠光绍:《交易体制:原理与变革》,上海人民出版社 2000 年版。

20. 王国刚:《建立多层次资本市场体系研究》,人民出版社 2006 年版。

21. 吴敬琏:《当代中国经济改革》,上海远东出版社 2003 年版。

22. 吴林祥:《证券交易制度分析》,上海财经大学出版社 2002 年版。

23. 徐冬根:《国际金融法律与实务研究》,上海财经大学出版社 2000 年版。

24. 杨光华:《美国期货管理法规概论》,中国商业出版社 1993 年版。

25. 姚秦:《债券市场微观结构与做市商制度——理论与中国的实践》,复旦大学出版社 2007 年版。

26. 叶永刚:《衍生金融工具》,中国金融出版社 2004 年版。

27. 袁东:《债券市场:交易制度与托管结算》,经济科学出版社 2005 年版。

28. 张宇润:《中国创业板市场法律规制研究》,中国检察出版社 2007 年版。

29. 赵万一:《证券法学》,中国法制出版社 1999 年版。

30. 周正庆:《证券知识读本》(修订版),中国金融出版社 2006 年版。

31. 曾宛如:《证券交易法原理》,台湾元照出版有限公司 2006 年版。

32. 邹德文等:《中国资本市场的多层次选择与创新》,人民出版社 2006 年版。

33. 中央国债登记结算公司:《债券交易与结算》,中国金融出版社 2008 年版。

34. 中国证券业协会:《证券市场基础知识》,中国财政经济出版社 2008 年版。

35. 中国证券业协会:《中国证券业发展报告》,中国财政经济出版社 2008 年版。

36. 中国证券监督管理委员会:《中国资本市场发展报告》,中国金融出版社 2008 年版。

37. 中国证券业协会编:《证券投资分析》,中国财政经济出版社 2008 年版。

38. 中央国债登记结算公司:《债券市场》,中国金融出版社 2008 年版。

39. 中国人民银行:《2007 中国金融市场发展报告》,中国金融出版社 2008 年版。

40. 中国人民银行:《2008 中国金融市场发展报告》,中国金融出版社 2009 年版。

41. 编写组:《中国银行间债券市场信评级行业年度报告(2008)》,中国金融出版社 2009 年版。

42. 国际清算银行:《巴塞尔银行监管委员会文献汇编》,中国金融出版社 1998 年版。

43. 中央国债登记结算有限责任公司债券研究会:《债券市场前沿问题研究》,中国市场出版社 2007 年版。

44. 〔日〕河本一郎、大武泰南:《证券交易法概论》,侯水平译,法律出版社 2001 年版。

(二) 论文类

1. 陈露:《中国资本市场的层次构建与转板制度》,载《上海金融》2008 年第 9 期。

2. 蔡双立、张元萍:《基于资本市场多层次框架下 OTC 市场的构建:美国的经验及其对中国的借鉴》,载《中央财经大学学报》2008 年第 4 期。

3. 高远、肖丹:《关于债券结算代理业务发展现状及向经纪业务转变的探讨》,载《河北金融》2008 年第 3 期。

4. 曹天伟:《利用实物期权法评估高科技企业的价值》,东北财经大学2004年硕士学位论文。

5. 陈霞:《创业板做市商制度研究》,四川大学2005年硕士学位论文。

6. 陈海明、李东、潘刚:《股票定价理论及对我国股票定价模型设计的启示》,载《南京航空航天大学学报》(社会科学版)2003年9月第3期。

7. 陈季冰:《创业板之"中国特色"》,载《西部论丛》2009年第11期。

8. 陈佳贵:《关于企业生命周期与企业蜕变的探讨》,载《中国工业经济》1995年第11期。

9. 陈晶晶:《场外金融衍生品市场的监管制度研究》,载《法制与经济》2010年2月。

10. 陈路:《政府监管与市场自律的平衡——美国证券市场发行审核与上市审核分离体制简析》,载《深交所》2006年3月海外市场版。

11. 陈朴、姜振寰:《国外债券信用评级的要点及发展趋势研究》,载《哈尔滨工业大学学报》(社会科学版)2009年5月。

12. 陈万明:《证券场外交易市场的法律规制》,西南政法大学2005年硕士学位论文。

13. 陈治:《中国公司控制权市场的理论背景与运行基础》,载《全国商情(经济理论研究)》2008年第12期。

14. 程红:《浅谈传统估值方法在高科技企业估值中的不适应性》,载《黑河学刊》2003年第4期。

15. 程玉峰:《证券交易制度比较研究——竞价制和做市商制》,浙江大学2001年硕士学位论文。

16. 丛正、王文荣、郭文超:《浅析我国金融期货的设立和运行》,载《商业时代》2007年第16期。

17. 董安生:《中国资本市场改革法律问题研究》,载《甘肃社会科学》2008年第5期。

18. 方晓雄:《沪深300股指期货与海外中国概念股指期货的竞争性分析》,载《新金融》2008年第2期。

19. 冯巍、陈向民:《我国新股发行对市场指数短期走势影响的实证研究》,载《上海证券报》2002年6月17日。

20. 冯巍:《海外做市商制度的实践及其相关理论问题综述》,载《证券市场导报》2005年1月。

21. 冯晓、崔毅:《创业板超募现象的制度性思考》,载《财会月刊》2010年第8期。

22. 高汉:《金融衍生工具法律监管的思考——以美国次级债危机为视角的分析》,载《金融与经济》2008年第9期。

23. 高增银:《从企业生命周期谈中国企业融资体系的完善》,西南财经大学 2005 年硕士学位论文。

24. 龚敏:《我国证券市场引入做市商制度之思考》,华东政法学院 2005 年硕士学位论文。

25. 郭阳:《创业板退市机制研究》,四川大学 2005 年硕士学位论文。

26. 韩德宗:《从制度变迁看我国证券市场层次结构的演进》,载《浙江社会科学》2005 年第 5 期。

27. 贺书彦:《两岸三地创业板市场法制之比较研究》,华东政法大学 2003 年硕士学位论文。

28. 胡明:《创业板证券市场交易制度和保荐人制度研究》,安徽大学 2003 年硕士学位论文。

29. 黄丽珠:《创业板市场有利于降低系统性金融风险——访王松奇博士》,载《金融时报》2001 年 6 月 2 日。

30. 黄益平:《我国上市银行衍生金融工具信息披露研究》,厦门大学 2009 年硕士学位论文。

31. 蒋欣、李全:《创业板超募现象解析》,载《中国金融》2010 年第 2 期。

32. 蒋学跃:《创业板 IPO 存量发行法律制度研究》,载《政治与法律》2010 年第 2 期。

33. 李碧花:《做市商制度与资本市场均衡发展》,载《财会月刊》2008 年第 30 期。

34. 李丹丹、苗燕:《货币经纪公司引导 债券市场价格作用凸显》,载《上海证券报》2009 年 8 月 27 日。

35. 李冬梅:《金融衍生品市场法律问题研究》,山东大学 2007 年硕士学位论文。

36. 李明良:《金融期货合同的法律属性——以股指期货合同为中心》,载《政治与法律》2008 年第 5 期。

37. 李仲翔、佟郁文:《基金投资者的分类监管》,载《中央财经大学学报》2002 年第 7 期。

38. 林洋:《东亚本币债券市场的发展与成效》,厦门大学 2007 年硕士学位论文。

39. 刘冰:《金融衍生品市场监管法律问题研究》,辽宁大学 2007 年硕士学位论文。

40. 刘冰:《中国控制权市场的现状及完善对策》,载《工业技术经济》2007 年 3 月总第 161 期。

41. 刘晓妍:《债券结算代理业务:中小企业融资的新思考》,载《金融与经济》2009 年第 4 期。

42. 刘道远:《多层次资本市场改革语境下证券交易制度研究》,载《法学论坛》2010 年 1 月。

43. 刘纪鹏:《融资融券机制将改变证券市场根本结构》,载《新京报》2006年2月24日。

44. 刘纪鹏、王晶晶、马莎莎:《条块结合建立资本市场"小学"体系》,载《中国证券报》2009年8月24日T01版。

45. 刘涛、冯张伟:《我国股指期货和融资融券做空机制比较》,载《科技创业》2008年第9期。

46. 刘涛:《融资融券改变了哪些"游戏规则"》,载《股市动态分析》2008年第18期。

47. 刘铁峰:《银行间债券市场信息披露制度研究》,载《中国货币市场》2009年第2期。

48. 刘文娟:《多层次资本市场建设的国际比较与经验总结》,载《哈尔滨商业大学学报》2010年第4期。

49. 刘向春:《我国金融期货市场法律制度研究》,北方工业大学2005年硕士学位论文。

50. 刘也:《他没有"过度投机"的概念——诺贝尔经济学奖得主默顿·H.米勒访谈录》,载《中国期货》1995年12月。

51. 刘颖:《权证法律问题研究》,暨南大学2007年硕士学位论文。

52. 鲁向东、张立洲:《金融业走向混业经营的战略构想》,载《财经问题研究》2002年第11期。

53. 罗婷:《我国金融期货市场发展问题研究》,湖南大学2003年硕士学位论文。

54. 马淑华:《上市柜前,须先上兴柜交易三个月》,载《经济日报》2002年6月20日。

55. 宁敏:《国际金融衍生交易法律问题研究》,中国政法大学2002年博士学位论文。

56. 潘昀:《创业板保荐人制度之研究》,浙江大学2003年硕士学位论文。

57. 潘睿:《我国创业板市场法律问题研究》,中国人民大学2010年博士学位论文。

58. 彭国嘉:《东京MOTHERS市场》,载《证券时报》2001年4月18日B01版。

59. 乔纳丹·泰纳鲍姆:《金融癌症:世界金融和经济秩序总危机》,载《经济社会体制比较》1996年第1期。

60. 任志安:《中国证券市场层次结构创新研究》,载《市场经济研究》2004年第2期。

61. 沈蔚:《完善证券公司代办股份转让系统的分析》,上海交通大学2007年硕士学位论文。

62. 舒玲敏:《我国三板市场法律制度探讨》,江西财经大学2003年硕士学位论文。

63. 苏瑾:《结算代理业务现状及发展建议》,载《中国货币市场》2004年9月。

64. 孙国锋:《银行间债券市场发展与中央银行货币政策调控》,载《金融研究》2000年第9期。

65. 孙宇:《银行间市场的价格形成机制——兼论做市商、经纪商的功能》,载《中国货币市场》2004年第5期。

66. 万金波:《美国场外证券市场法律制度及其对中国的启示》,厦门大学2006年硕士学位论文。

67. 王乃生、喻博:《从国际标准看沪深300指数期货推出的安全性》,载《中国证券报》2009年10月21日。

68. 王国刚:《退市股市规范化建设的重要举措》,载《中国证券报》2001年4月6日。

69. 王珺、田增瑞:《产权市场与代办股份转让系统整合构建三板市场》,载《中国集体经济》2008年第1期。

70. 王石:《中国金融衍生品研究与期货市场实践》,吉林大学2006年博士学位论文。

71. 王松奇等:《中国创业投资体系研究》,载《科技进步与对策》2000年第9期。

72. 王耀生:《我国二板市场的上市主体和投资主体研究》,载《内蒙古煤炭经济》2006年第4期。

73. 王毅:《具有中国特色的证券市场投资者结构缺陷问题研究》,载《特区经济》2009年10月。

74. 吴志团、赵佑启:《新三板市场发展路径选择》,载《中国证券报》2009年5月19日A12版。

75. 谢圣姬:《中国金融衍生品市场发展研究》,复旦大学2008年硕士学位论文。

76. 徐岚:《论创业板市场的保荐人制度》,对外经济贸易大学2003年硕士学位论文。

77. 许承明、王玉宝:《关于投资者分类与投资者情绪的新思考》,载《管理评论》2004年第12期。

78. 许凌艳:《金融监管模式的变革及资本市场统合法的诞生》,载《社会科学》2008年第1期。

79. 闫莉、李明祥:《我国三板市场亟需规范与发展》,载《化工技术经济》2004年10月第22卷第10期。

80. 杨文奇:《论我国国债发行利率对央行利率调整的预测作用》,载《金融研究》2004年第3期。

81. 姚辉、朱卫华:《取消股票发行市盈率限制的实证研究》,载《华东经济管理》2001年4月。

82. 袁东升:《美国小额发行制度移植研究》,华中科技大学2005年硕士学位论文。

83. 张立勇:《金融衍生品市场监管问题及对策》,载《湖北日报》2009年6月5日。

84. 赵辉、张业勤:《新时期我国金融期货市场初期发展设想》,载《金融财经》2008年第5期。

85. 中国金融期货交易所:《为什么要引进分级结算制度》,载《北京商报》2008年1月11日。

86. 中证指数有限公司:《沪深300指数问答》,载《上海证券报》2009年7月28日封五。

87. 主力军:《多层次资本市场法律体系研究》,载《法制与社会》2007年第1期。

88. 庄玉友:《日本MOTHERS:创业企业快捷上市》,载《证券时报》2008年4月2日A05版。

(三)网络类

1. 马婧妤:《28家创业板公司股价翻番背后:散户买入量占97%》,新华网,http://news.xinhuanet.com/fortune/2009-10/31/content_12363567.htm。

2. 王忠波:《海外创业板市场交易制度比较研究》,http://www1.jrj.com.cn/NewsRead/detail.asp?newsid=687908。

3. 黄河:《深交所连续推出改革方案 创业板呼之欲出》,http://www.stockstar.com/info/Darticle.aspx?id=SS,20060602,30389141。

4. 佚名:《新市场公布制度纲要 其正式名称为TOKYO-AIM》,东交所网站,http://www.tse.or.jp/cn/index.html。

5.《中国人民银行关于2008年度债券结算代理业务开展情况的公告》,中国债券信息网,www.chinabond.com.cn。

6. 佚名:《追踪全球最大规模IPO工商银行上市》,http://futures.money.hexun.com/1883942.shtml。

7. 常清:《我国金融期货交易所无法实行结算会员制》,http://www.stockstar.com。

8. 董安生等:《中国资本市场战略转型的法制环境:高透明度与国际化的法律与规则体系》,中国民商法律网,http://www.civillaw.com.cn/article/default.asp?id=32025。

9. 国泰君安研究所:《远大前程——2008年A股市场投资策略分析》,http://www.p5w.net/newfortune/fxs/baogao/clyj/200810/P020081008680200810086.doc。

10. 科技部副部长刘燕华在创业板启动仪式上的讲话:《创业板需要与之匹配的社会环境》,http://finance.eastmoney.com/090901,1208,1174605.html。

11. 末永敏和:《中国公司赴日本上市的法律与实务》,http://www.civillaw.com.cn/article/default.asp?id=38183。

12. 田超:《发展金融衍生品架构多层次资本市场》,http://www.jfdaily.com。

13. 佚名:《日本特定投资者制度》,http://www.cfmmc.com/Info/29263。

14. 杨鹏:《夯实基石创造中国证券市场发展新范式》,http://www.sina.com.cn。

15. 杨迈军:《深刻领会十一五规划建议,促进期货市场健康发展》,http://finance.sina.com.cn。

16. 朱宏任:《创业板公司必须符合两高新》,http://finance.ifeng.com/roll/20091023/1380757.shtml。

二、外文文献

1. Alan R Palmiter: *Securities Regulation Examples & Explanations*, 中国方正出版社 2003 年版。

2. Carmine Di Noia, The Stock-Exchange Industry: Network Effects, Implicit Mergers, and Corporate Governance, 33 *Quaderni di Finanza* 3(Italy), 1999, p.17.

3. Differentiated Regulatory Approaches: Future Regulation of Inter-Professional Business, October 1998, *FSA*, UK.

4. Final Rule: Exemption To Allow Investment Advisors To Charge Fees Based Upon a Share of Capital Gains Upon or Capital Appreciation of a Client's Account, Securities and Exchange Commission, Release No. IA-1731. File No. S7-29-97.

5. Henry. T. C. Hu, Misunderstood Deverivative: The cause of Informational Fialure and the promise of Regulatory Incrementalism, *Yale Law Journal*, Vol. 102, April, 1993.

6. Implementation of Article 11 of the ISD: Categorization of Investors for the Purpose of Conduct of Business Rules, November 1999.

7. Jean-Luc Soulier, Marcus Best, *International Securities Law Handbook*, 2nd edition, Kluwer Law International Press, 2005.

8. Lee, Charles, Andrei Shleifer, and Richard Thaler: Investor Sentiment and the Closed-EndFund Puzzle, *Journal of Finance*, Vol. 46, 1991.

9. Mertion H. Miller. "Do we really need more regulation of financial Derivatives?" Pacific-Basin Finance.

10. NASD: *Securities Regulation In The United States*, Third Edition.

11. S. Peltzman, Towards a More General Theory of Regulation, *Journal of Law Economics*, Vol. 19.

12. SECURITIES AND EXCHANGE COMMISSION [Release No. 34-40878; File No. SR-NASD-98-51].

13. SECURITIES AND EXCHANGE COMMISSION [Release No. 34-52291; File No. SR-NASD-2005-011].

14. Article 11 of the Investment Services Directive.

15. Stiglitz, J. &A. Weiss, Credit Rationing in Markets with Imperfect Information, America, 1981.